빛나는 다스림으로 혼란의 시대를 밝혀라

정명공주 화정,

신명호 지음

생각정거장

華

政

화
정 '빛나는 다스림'

정명공주의 대표적인 서예작품.
서궁 유폐시절 서예를 통해
인목대비의 비통함을 위로하고자 했다.
조선 최고의 여성 서예가로 평가될만큼
서체에서 힘과 기세가 펄펄 느껴진다.
공주의 막내아들이 물려받아 후세에 전해지게 되었다.

정릉동 행궁

서청, 즉조당

대비전

왕비전

석어당

동궁전

정문

정릉동 행궁 내부 소개

- **서청** 선조의 집무실, 인조 이후엔 즉조당으로 불림
- **석어당** 선조의 침실
- **왕비전** 인목 왕후의 처소. 정명공주, 영창대군이 태어난 곳
- **동궁전** 광해군과 세자빈, 광해군 아들의 처소로 쓰임
- **대비전** 서궁유폐 때 인목대비, 정명공주가 유폐된 곳

이 책의 주요무대가 되는 정릉동 행궁은 임진왜란 때 선조가 의주까지 파천했다가 돌아와 임시궁궐로 사용한 월산대군의 사저로, 양반 가옥의 형태를 띠고 있었다. 다섯채의 건물이 중심 역할을 하는데, 각각의 건물이 어떠한 역할을 했는지 살펴보면 다음과 같다.

- 석어당이라 불린 이 건물은 사랑채로서 선조의 침실로 사용되었다.
- 서청은 석어당 서족에 있던 별채로서 선조의 집무실로 사용되었으며, 인조가 이곳에서 즉위하여 이후 즉조당이라고 불렀다.
- 왕비전은 안채로서 인목대비가 왕비였을 때 이곳에서 생활하였으며, 정명공주와 영창대군을 출산한 곳이기도 하다.
- 동궁전은 석어당 동쪽에 있던 별채로, 광해군의 세자 시절 광해군과 세자빈 유씨 그리고 아들 등이 이곳에서 생활하였다. 광해군이 왕이 된 후에는 선조를 이어 석어당을 침실로, 서청을 집무실로 이용하였고, 왕비 유씨는 왕비전을 사용했으며, 광해군의 세자는 동궁전을 처소로 사용했다.
- 행궁 안쪽에 위치한 대비전은 인목대비가 대비 시절 생활하던 곳이다. 정명공주와 영창대군 역시 이곳으로 옮겨 생활하였다. 서궁유폐 때 인목대비와 정명공주가 유폐된 곳이 바로 이곳, 대비전인 것이다.

궁녀들은 각 주인들이 거처하는 건물의 행랑 등에서 거처하였다.
왕의 후궁은 왕의 침전이나 왕비전의 뒤편, 예컨대 선조의 후궁은 석어당 또는 왕비전 뒤편에 있는 건물에서 생활하였다.

주요 사건

	1602 선조 35	**1603** 선조 36	**1606** 선조 39	**1608** 선조 41	**1611** 광해군 3
사건발생 해					
정명공주 나이		1살	4살	6살	9살
주요 사건 내용	선조와 인목왕후 혼인	정명공주 출생	영창대군 출생	**2월 1일** 선조가 정릉동 행궁에서 승하, 유교칠신에게 영창 부탁 **2월 2일** 광해군이 정릉동 행궁 서청에서 즉위	**10월** 광해군 세자가 박자흥의 딸과 혼인

	1618 광해군 10	**1623** 광해군 15
	16살	21살
	1월 28일 인목대비 후궁으로 강등, 정명공주 서녀로 강등	**3월 13일** 인조반정 **3월 16일** 인조가 정명공주 부마간택 명령함 **3월 21일** 광해군 강화도에 위리안치 **3월 23일** 은덕, 갑이, 업난, 경춘, 중환, 천복 등 6명 사형 **8월 11일** 초간택으로 홍주원, 정시술, 조공직 등 9명 선발 **9월 26일** 삼간택에서 홍주원이 정명공주의 부마로 선발됨 **12월 11일** 정명공주와 홍주원의 혼례 거행

1613
광해군 5
|
11살

1614
광해군 6
|
12살

3월 영창 추대 세력 축출하는 계축옥사 발발

5월 6일 서양갑이 역모를 인정하고 김제남이 역모혐의로 체포됨

5월 8일 선조의 승전색 환관 민희건이 체포되어 유언장 조사받음

5월 16일 유교칠신 중 1명인 박동량이 유릉저주언급

5월 18일 인목대비의 측근궁녀들이 유릉저주조사차 체포됨

5월 21일 영창대군 폐서인 됨

5월 24일 선조의 지밀궁녀 응희, 정이, 향이 등이 사사됨

6월 1일 김제남 사사

6월 22일 폐서인된 영창대군이 대비전에서 강제 출궁됨

7월 3일 경춘이 유릉저주사건 증언

7월 26일 폐서인된 영창대군이 강화도에 위리안치됨

12월 영창의 강화도 위리안치를 인목대비가 알게 됨

12월 그믐 문 상궁 등이 강화도 영창에게 편지 보냈다가 체포됨

2월 10일 폐서인된 영창대군, 강화도에서 죽음

4월 꿈을 통해 인목대비는 영창의 죽음을 알게 됨

11월 정명공주, 마마에 걸렸다가 회복됨

1628
인조 6
|
26살

1632
인조 10
|
30살

1639
인조 17
|
37살

1649
인조 27
|
47살

1685
숙종 11
|
83살

1월 유효립 역모사건 인목대비가 수종사의 팔각석탑에 23구의 불상 조성해 봉안함

6월 28일 인목대비 승하

정명공주가 저주했다고 인조로부터 의심받아 측근 궁녀 체포됨

인조 승하

정명공주 세상을 떠남

7

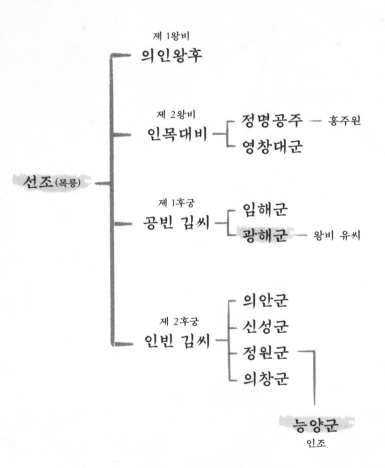

인물 관계도

제 1왕비
의인왕후

제 2왕비
인목대비 ─ ┌ **정명공주** ─ 홍주원
└ **영창대군**

선조(목릉)

제 1후궁
공빈 김씨 ─ ┌ **임해군**
└ **광해군** ─ 왕비 유씨

제 2후궁
인빈 김씨 ─ ┌ **의안군**
├ **신성군**
├ **정원군** ─┐
└ **의창군**

능양군
인조

정명공주와 관련된 궁녀들

선조	지밀궁녀	김 상궁(응희)-여종은 보롬이, 보삭이, 에이, 고은이
	지밀시녀	오씨(향이), 한씨(정이)-여종은 예환이, 가시, 나귀, 고온
인목대비	유모	춘근
	친정 몸종	김덕복, 김경옥
	지밀궁녀	변 상궁(예숙) 문 상궁(금란, 문득람의 여동생, 여종은 춘향과 허롱개) 정 상궁(옥지,대비의 몸종 역할) 백 상궁(예숙), 엄씨, 김씨, 숙장 등
	지밀시녀	방애일, 최여옥, 천함이, 계난이
	감찰상궁	천복이(여종은 우음덕), 정숙이(여종은 부전이)
	무수리	학천이, 명환이, 신옥이, 표금이
	수모	언금이, 향가이
	하급궁녀	춘개, 조금, 진옥
의인왕후	친정 몸종	경춘
	지밀궁녀	중환(차충룡의 여동생), 난이(여동생이 꽃향이)
	친정 여종	수란개(무당)
정명공주 방	보모상궁	권상궁(연이), 주상궁(숙이)
	몸종	춘향이
	하급궁녀	가야지, 연복이
영안위 방	궁녀	열이, 명례, 향이, 애옥 등
영창대군 방	유모	자근복, 향이, 근말치, 개이, 향개, 예양, 환이 등
	보모	덕복, 중환, 경옥, 최여옥 등
	하급궁녀	도섭이, 고은이, 가지, 곡개, 숙례, 여향, 춘단이, 천금이 등
광해군	지밀궁녀	김개시
	감찰상궁	애옥이, 꽃향이, 은덕이, 갑이 등
광해군 세자	지밀궁녀	업난이
유교칠신	선조 승하 후 영창대군 보호를 부탁한 7인의 신하	유영경, 한응인, 박동량,서성, 신흠, 허성, 한준겸

　정명공주의 인생을 쓰면서 묘한 인연을 느꼈다. 돌아보니 그 인연은 20여 년이 넘었다. 아직 20대이던 시절, 필자는 석사학위 논문주제로 고민했다. 한해에도 수없이 많은 석사논문이 쏟아져 나오던 시절이지만 고민이 많았다. 새로운 주제의 중요한 논문을 써야겠다는 부담 때문이었다.

　고민 끝에 잡은 주제가 '선조말, 광해군초의 정국과 외척'이었다. 1990년대 초만 해도 왕실이나 외척 같은 주제는 매력적이지 않았다. 그런데 무슨 인연 때문인지 '선조말, 광해군초'를 논문주제로 잡음으로써 인목대비, 정명공주, 광해군, 선조 등을 공부하게 되었고, 훗날 조선왕실을 박사학위 논문주제로 삼게 되기까지 했다.

　20여 년 만에 다시 정명공주의 입장에서 《광해군일기》, 《계축일기》, 《연려실기술》 등을 찬찬히 살펴보았다. 새삼 우리 조상들의 기록정신에 감탄했다. 특히 《계축일기》의 증거능력에 대하여 다시 보게 되었다. 궁중문학이라 생각했던 《계축일기》는 실록 못지않은 역사기록이었다. 지나치게 인목대비의 입장만 반영이 된 점을 제외하고는 등장인물과 사건 하나하나가 역사기록으로서 손색이 없었다.

이 책에서는 《계축일기》를 핵심 자료로 하고 《광해군일기》와 《추안급국안》을 보조 자료로 하여 정명공주의 인생을 살펴보았다. 그러다보니 정명공주와 궁녀들이 주인공이 되었다. 실제 정명공주의 인생에서 가장 중요한 존재는 인목대비, 광해군, 선조, 영창대군, 영안위 홍주원 이상으로 궁녀들이었다. 정명공주와 함께 사바세계의 환난을 함께 하며 울고 웃었던 사람들이 바로 궁녀들이었기 때문이다.

이 책은 매경출판 이영인 팀장의 제안으로 쓰게 되었다. 이 또한 인연이라 생각된다. 섬세한 감각으로 책의 방향과 내용을 다듬어준 이영인 팀장에게 다시 한 번 감사의 마음을 전한다. 아울러 예쁘고 깔끔하게 책을 만들어준 디자인팀에게도 감사의 마음을 전한다. 이 책을 통해 정명공주와 그 시대 궁녀들의 굴곡진 인생이 올바르게 인식되고 나아가 그 시대 역사도 올바르게 인식되기를 기대해본다.

을미년 봄, 부산에서
신명호

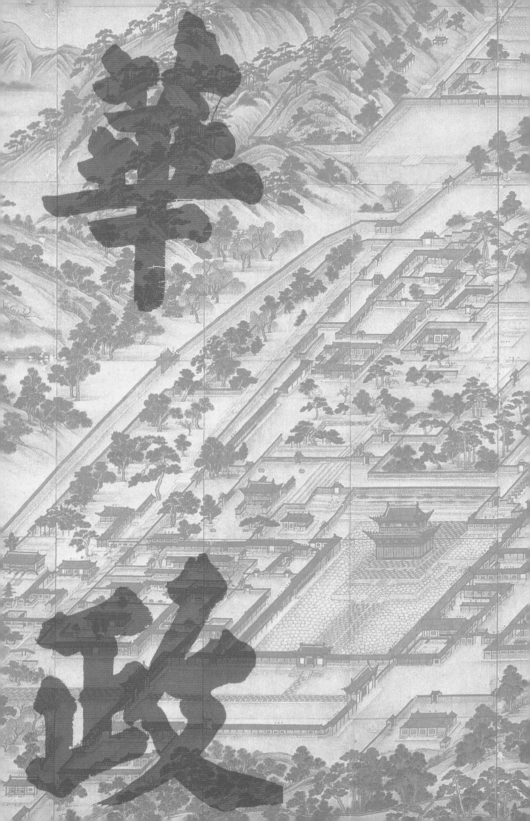

공주와 왕자의 탄생, 광해군의 극심한 견제

정명공주,
갈등 속에서 공주로
태어나다

　정명공주는 서기 1603년_{선조 36}에 태어났다. 간지로 보면 그 해는
계묘년이라, 정명공주는 토끼띠였다. 토끼띠는 착한 성품을 타고
나며 감수성이 뛰어나고 예능 계통에 재능을 보인다고 한다. 정명
공주 역시 다른 토끼띠들처럼 착한 성품에 뛰어난 감수성을 타고
났던 것 같다. 그러나 정명공주가 태어난 시점은 토끼띠들에게 전
혀 우호적이지 않았다. 공주의 생활환경 역시 전혀 우호적이지 않
았다.

　정명공주가 태어난 1603년은 임진왜란이 끝난 1598년_{선조 31}부터
겨우 5년 밖에 지나지 않은 시점이었다. 7년간 지속된 전쟁의 상
흔이 조선팔도 곳곳에 남아 있었다. 한양 궁궐 역시 그 상흔에서
자유롭지 못했다.

　선조는 임진왜란이 발발한지 겨우 보름만인 1592년_{선조 25}4월 29
일 밤에 한양을 버리고 북으로 파천했다. 개성, 평양을 거쳐 의주

까지 파천했던 선조는 1593년선조 26 10월 1일에야 다시 한양으로 돌아올 수 있었다. 파천한 지 1년 반 만이었다.

선조가 한양에 입성했을 때는 제대로 남아있는 궁궐이 없었다. 왜적들이 한양을 점령했을 때 경복궁과 창덕궁 등 모든 궁궐을 불태워 버렸기 때문이었다. 선조는 하는 수 없이 다른 곳에서 거처를 구할 수밖에 없었다. 정릉동의 월산대군 집이 그나마 온전하게 남아있어 그곳으로 가게 되었다. 1593년 10월 1일에 선조가 월산대군 집에 입주하면서 그곳을 정릉동 행궁으로 부르게 되었다. 행궁이란 임시 궁궐이란 뜻이었다. 정릉동 행궁은 전쟁이 끝나고 형편이 좋아져 정식 궁궐을 다시 지을 때까지 임시로 쓴다는 의미에서 붙은 이름이었다.

그러나 정릉동 행궁에 입주한 선조는 16년이 지나도록 정식 궁궐을 짓지 못했다. 그 사이 첫 번째 왕비 의인왕후 박씨가 세상을 떠나고 두 번째 왕비 인목왕후 김씨와 재혼했는데, 재혼 1년 만에 정명공주가 태어났다. 선조가 인목왕후 김씨와 재혼했을 때는 물론 정명공주가 태어났을 때에도 파란이 일어났다.

선조가 인목왕후 김씨와 정릉동 행궁에서 초야를 치른 때는 1602년선조 5 7월 13일이었다. 선조가 정릉동 행궁에 입주한 지 만 9년째였다. 당시 선조는 51세였고 인목왕후 김씨는 19세였다. 선조와 인목왕후의 재혼은 축복과 비극을 다 갖고 있었다. 홀로 된 선조가 왕비를 맞았다는 것은 그 자체로 축복이었다. 하지만 세자 광해군 쪽 사람들에게는 오히려 비극이었다.

당시 선조와 광해군은 왕과 세자, 아버지와 아들 사이임에도 불구하고 큰 갈등을 겪고 있었다. 임진왜란의 후유증이었다. 임진왜란 초반 한양을 포기하고 의주까지 파천했던 선조는 패전의 책임을 지고 왕위에서 물러나라는 압박을 받았다. 이런 압박에 밀려 선조는 수십 번이나 왕위를 후계자에게 전하는 전위傳位 의사를 밝혀야 했다.

이에 비해 광해군은 임진왜란 중 눈부신 활약을 벌였다. 의주까지 파천한 선조가 여차하면 중국으로 망명할 준비를 하는 동안 광해군은 전선을 누비며 의병들을 독려했다. 이런 광해군의 활약으로 임진왜란 초반의 열세를 만회할 수 있었다. 사람들의 마음은 선조에게서 떠나 광해군에게 몰렸다. 그러면서 선조의 열등감은 커지게 되었고 세자 광해군과의 사이에 갈등이 깊어졌다.

7년에 걸친 임진왜란이 끝났을 때 선조는 47살에 지나지 않았다. 왕위를 물려주기에는 너무나 젊었다. 반면 24살의 광해군은 이미 처자식이 달린 어른이었다. 을해년인 1575년선조 8에 돼지띠로 태어난 광해군은 13살 되던 1587년선조 20 한 살 아래의 부인과 혼인했다. 광해군 부인의 아버지는 유자신이고 어머니는 정유길의 딸이었다. 광해군은 임진왜란 발발 직후 세자에 책봉되었

으며 임진왜란이 끝나던 1598년_{선조 31} 무술년 개띠 해에 아들까지
보았다.

　임진왜란을 겪으면서 세자 광해군에 대한 선조의 열등감은 커
져갔고 미움도 커졌다. 광해군 쪽 사람들의 불안도 점점 커져갔
다. 당시 광해군은 장인 유자신과 처남 유희분 등 처가쪽 사람들
로부터 열렬한 지지를 받고 있었다.

　선조가 인목왕후 김씨와 재혼하자 광해군의 처가쪽 사람들은
혹시라도 인목왕후가 아들을 낳을까 두려워했다. 당시 선조와 세
자 광해군의 관계가 그렇게 정답지가 않은데다, 세자 광해군에게
불만을 품은 선조가 새로 태어난 아들을 세자로 삼을 가능성이 높
았기 때문이었다. 불운하게도 정명공주가 태어난 시점이 바로 그
런 때였다. 정명공주는 선조와 인목왕후가 재혼한 1602년_{선조 35} 7
월 13일로부터 딱 10개월 만인 1603년 5월 19일에 태어났다. 물
론 태어난 장소는 정릉동 행궁이었다.

　인목왕후의 친정아버지 김제남이 영창대군을 추대했다는 혐의
로 광해군 5년₁₆₁₃에 있었던 옥사를 기록한 일기인 《계축일기》는
조선시대 궁중문학의 백미로 평가된다. 특이한 사실은 이 책의 도
입부가 바로 인목왕후의 임신 이야기라는 사실이다. 그 이유는 광
해군때 계축옥사의 원인을 거슬러 올라가면 인목왕후의 임신에
까지 이르기 때문이다. 그래서 《계축일기》에는 인목왕후의 임신

에 대한 광해군 쪽 사람들의 반응이 생생하게 묘사되어 있다.

조선시대 왕비의 임신은 어의의 진맥을 통해 확인되었다. 따라서 조정 중신들은 왕비의 임신사실을 곧바로 알 수 있었다. 인목왕후는 1602년 가을에 혼인했는데 겨울쯤 임신했다. 그 사실을 광해군의 장인 유자신은 곧바로 알았다. 《계축일기》에 의하면 유자신은 인목왕후를 놀라게 하여 낙태시키려 했다고 한다. 어찌 그럴 수 있을까 의심스럽기도 하지만 그 정도로 광해군 쪽 사람들의 불안감이 컸다는 증거이기도 하다. 유자신은 자신이 할 수 있는 모든 방법을 동원했다. 어떤 때는 궁궐에 돌팔매질을 하게 하기도 하고, 어떤 때는 궁궐 사람들을 유인해 궁녀의 측간에 구멍을 뚫고 나무로 쑤셔대기도 했다.

당시 정릉동 행궁은 임시 궁궐이라 높은 담장이 없었다. 그래서 궁궐에 돌팔매질을 하는 일이 불가능한 것은 아니었다. 한밤중에 돌덩이가 날아들어 기와를 깨거나 사람을 다치게 했다는 소문은 충분히 인목왕후를 놀라게 했을 듯하다. 또한 야심한 밤에 측간에서 볼일 보던 궁녀들은 나무를 쑤실 때 나는 음산한 소리에 소스라치게 놀랐을 것이다. 혼비백산해 뛰어나온 궁녀들은 측간에 귀신이 있다며 소리소리 질렀을 것 또한 쉬이 짐작되기도 한다. 이런 일이 있을 때마다 임신 중의 인목왕후는 크게 놀랐을 것 역시 자명하다.

이뿐만 아니라 유자신은 궁궐 밖에 명화강도가 출몰한다는 소문을 내기도 했다. 다른 곳도 아닌 궁궐 주변에 명화강도가 출몰한다는 것은 한양의 치안상태가 그 정도로 불안하다는 뜻이었다. 그런 상황이라면 언제 명화강도가 궁궐에 쳐들어올지 몰랐다. 그러므로 이런 소문 또한 임신 중의 인목왕후를 불안하게 만들었을 것이 분명했다.

하지만 유자신의 노력은 큰 효과를 보지 못했다. 《계축일기》에 의하면 위와 같은 일들이 자꾸 반복되자 궁중에서도 유자신의 음모를 의심하게 되었으며, 처음에는 놀랐지만 나중에는 별로 놀라지 않았다고 한다. 이런 와중에 1603년 5월 19일에 정명공주는 무사히 태어났다.

그때 소식이 잘못 전달되어 대군이 태어났다고 알려졌다. 그러자 유자신은 소식을 가져온 사람에게 건성으로 대답하다가 다시 공주가 태어났다는 소식을 가져오니 그제야 불러 상을 주었다고 했다. 대군이 아닌 공주가 태어났다는 소식에 광해군 쪽 사람들은 가슴을 쓸어내리며 안심했던 것이다. 정명공주의 임신과 출산에 광해군 쪽 사람들은 울고 웃었던 셈이다. 이런 면에서 광해군에게 정명공주는 미움과 애정이 교차되는 대상이었을 것이다.

그러나 선조와 인목왕후에게 정명공주의 탄생은 크나큰 기쁨이었다. 특히 선조에게 크나큰 기쁨이었다. 정명공주가 태어났을

때 선조는 52살이었다. 당시로서는 매우 많은 나이였다. 정명공
주에 대한 선조의 사랑은 여러 면에서 파격적이었는데 특히 공주
봉작이라는 면에서 두드러졌다.

조선시대 국가제도를 규정한 최고법전인《경국대전》에 의하
면 조선시대 왕의 아들과 딸들은 이렇게 봉작되었다. 우선 왕의
본부인인 왕비가 출산한 아들은 대군大君이 되었다. 대군을 봉작하
는 연한은 따로 없었고 적당한 시기에 봉작하도록 하였다. 이에
비해 왕의 후궁이 낳은 아들은 군君이 되었는데, 이들은 7살이 되
면 봉작되었다. 공주와 옹주 역시 대군과 마찬가지로 봉작하는 연
한이 따로 없었다. 반면 왕손王孫과 군주郡主 그리고 현주縣主는 10살
에 봉작되었다.

대군과 공주 그리고 옹주의 봉작 연한을 따로 정하지 않은 것은
이들에 대한 봉작을 신축적으로 운영하기 위해서였다. 하지만 나
름대로의 원칙은 있었다. 즉 대군의 봉작은 대체로 왕자군이 봉
작되는 7세보다 이른 나이에 이루어졌고, 공주와 옹주의 봉작은
군주와 현주가 봉작되는 10세보다 이른 나이에 이루어졌다. 이에
따라 조선시대 공주 또는 옹주는 8살 전후로 봉작되는 것이 관행
이었다.

조선시대 공주 또는 대군의 봉작은 왕의 명령으로 거행되었다.
보통 왕은 공주 또는 대군의 작호爵號, 벼슬의 이름를 결정해서 통보하고

아울러 봉작에 따른 공상供上. 왕실의 생필품 등을 공급함과 전결田結. 토지의 단위 등을 거행하라고 명령하였다. 그 이유는 조선시대 왕의 자녀가 봉작된다는 것은 공식적으로 관작을 받는 것과 같았기 때문이다. 즉 대군과 군은 종친부의 관작을 받는 것이었고, 공주와 옹주는 내명부의 관작을 받는 것이었다. 관작을 받으면 그에 상응하는 토지와 녹봉을 받았다. 대군, 군, 공주, 옹주는 9품의 품계를 넘는 무품계無品階로서 서열상 영의정이나 좌의정, 우의정보다 높았다. 따라서 대군, 군, 공주, 옹주 등에 봉작되면 삼정승보다 더 많은 토지와 녹봉을 받았다. 그러므로 공주나 대군에 봉작되는 것은 형식적인 명예만 받는 것이 아니라 막대한 실익을 받는 것이었다. 반면 국가 재정에는 막대한 부담이 되었기에 일반적으로 공주 또는 옹주는 8살 전후에 봉작되었다.

그렇지만 정명공주는 8살이 아니라 2살에 봉작되었다. 조선시대에 비슷한 예를 찾아보기 힘든 파격적인 일이었다. 물론 정명공주에 대한 선조의 사랑이 가져온 파격이었다. 조선왕실의 관행에 비추어 본다면 공주의 작호인 정명貞明은 선조가 결정했을 것으로 짐작된다. 선조는 공주가 바르고貞 밝게明 자라나기를 기원하는 마음에서 정명이라 지었을 듯하다.

공주 또는 대군에 봉작되면 임명장인 교지敎旨를 받고, 봉작에 수반되는 토지와 녹봉을 받았다. 그와 동시에 독립적인 생활단위

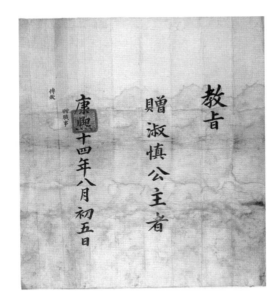

효종의 둘째 딸 숙신옹주의
추증교지 (追贈敎旨)
공주임명장 참고용,
한국학중앙연구원 장서각 소장

로 간주되어 '방房'이라고 불렸다. 예컨대 정명공주의 방은 공주방 또는 정명공주방으로 불렸다.

공주방 또는 대군방의 주인은 물론 공주 또는 대군이었다. 하지만 그들은 10살 미만의 어린이에 불과했다. 이에 따라 공주방 또는 대군방은 왕비의 처소 가까이에 마련되었으며 그곳에는 유모, 보모, 무수리, 각씨 등의 궁녀가 소속되었다. 공주와 대군에게는 합하여 10명, 옹주와 왕자에게는 합하여 9명의 궁녀가 배속되었는데, 공주의 경우를 좀 더 구체적으로 말하면 유모 1명, 보모 1명, 무수리 3명, 각씨 5명이었다. 이 중에서 유모와 보모는 직접

적으로 양육을 담당하는 궁녀였고 무수리 3명과 각씨 5명은 물을 긷거나 빨래 또는 청소 등을 담당하는 궁녀였다.

정명공주방에도 유모, 보모, 무수리, 각씨 등이 배속되었다. 어린 시절 정명공주를 키운 사람들은 바로 이 궁녀들이었다. 이들은 대부분 정명공주와 평생 동안 인연을 유지하는데 특히 보모와의 인연이 중요하였다. 왜냐하면 정원 1명의 유모는 상황에 따라 자주 교체되기에 인연이 지속되기 어려웠기 때문이다. 예컨대 유모 본인에게 병이 생기거나 또는 유모 집에 상이라도 나면 그 유모는 곧바로 교체되었다.

정명공주방에 배속된 궁녀 중에서 가장 중요한 보모는 권 상궁이었다. 권 상궁은 이름이 '연이'였다. 권 상궁은 인목왕후의 측근 궁녀로 있다가 정명공주방으로 옮겨가게 되었다. 따라서 인목왕후가 이들을 친근하게 부를 때는 연이였고 정중하게 부를 때는 권 상궁 또는 보모상궁이었다. 정명공주는 보모라고 불렀다.

정명공주방의 궁녀들 중 권 상궁 이외에 추가로 확인되는 궁녀로는 주 상궁과 춘향이, 가야지, 연복이 등이 있다. 주 상궁은 이름이 '숙이'로서 권 상궁을 뒤이어 정명공주방의 서열 2위 궁녀였다. 춘향이는 정명공주의 몸종으로서 서열 3위였다. 가야지와 연복이는 청소 등 잡일을 하는 궁녀였다. 이들 외에 유모나 각시 등은 확인되지 않고 정명공주가 영안위와 혼인한 후 영안위방에 배속된 궁녀로 열이, 명례, 향이, 애옥 등이 확인된다. 따라서 어린 시절 정명공주의 삶에 가장 큰 영향을 끼친 궁녀는 권 상궁, 주 상궁 그리고 춘향이, 가야지, 연복이 등 5명이었다. 이들 중에서도 서열 1위의 권 상궁이 정명공주방의 궁녀들을 통솔하며 공주의 양육을 책임졌다.

권 상궁은 인목왕후의 측근 궁녀이기도 하였다. 사실 권 상궁이 정명공주방을 책임지게 된 이유는 인목왕후의 신임 때문이었다. 당시 인목왕후가 가장 신임하던 궁녀는 친정에서 데리고 온 덕복이었다. 덕복이는 성이 김씨로서 인목왕후 친정의 여종이었다. 혼인 때 친정에서 몸종으로 받아 함께 입궁한 후 인목왕후가 가장 믿고 의지하는 궁녀는 단연 덕복이었다. 덕복이 외에 인목왕후가 크게 신임한 궁녀가 바로 권 상궁이었던 것이다.

2살 때 공주방이 구성된 이후로 정명공주는 권 상궁, 주 상궁, 춘향이 등의 궁녀들로부터 지극한 사랑과 정성을 받으며 자랐다. 나아가 인목왕후와 선조의 궁녀들 역시 정명공주를 몹시 사랑하였다. 물론 그들의 사랑보다 더 큰 사랑을 베푼 주인공은 선조와 인목왕후였다. 광해군 쪽 사람들 역시 어린 정명공주를 위험인물로 간주하지 않았다. 따라서 어린 시절 정명공주는 주변의 모든 사람들로부터 지극한 사랑을 받아 정신적으로 매우 여유로웠을 것으로 짐작된다. 뿐만 아니라 공주는 물질적으로도 매우 여유로웠다. 물론 그 물질적 여유는 부모의 재물에서 나오는 여유가 아니라 자신의 재물에서 나오는 여유였다.

앞에서 언급한 대로 공주방 또는 대군방 등이 구성되면 그에 상응하여 공상과 전결이 지급되었다. 공상이란 정부재정을 담당한 관아인 호조 및 선혜청이 공물貢物의 일부를 왕실재용으로 조달하는 것을 말하며, 전결은 공주방이나 옹주방 또는 대군방 등의 경제적 독립을 위해 지급되는 면세전으로서 이런 전결을 궁방전이라고 하였다. 1746년영조 22에 《경국대전》 시행 이후에 공포된 법령 중에서 시행할 법령만을 추려서 편찬한 통일 법전인 《속대전》에 의하면 대군과 공주가 받는 궁방전의 규모는 850결結이었다.

1결은 산출된 곡식이 지게로 약 100짐 정도 되는 규모의 토지로 평수로는 대략 5,000평, 쌀 수확량으로는 300말 정도로 추산된다. 따라서 1,000결이면 평수로 약 500만 평, 쌀 수확량으로 30만 말 정도 된다. 《속대전》에 의하면 궁방전에서 걷는 세금은 1결에서 쌀 23말을 넘지 못한다고 규정되어 있다. 이런 규정을 통해 궁방전에서 걷는 세금은 1결당 쌀 20말 정도는 충분히 되었음을 알수 있다. 따라서 공주방이나 대군방에 배당되는 850결의 토지에서 걷는 세금은 대체로 1만 7,000말 정도에 이르는 어마어마한 양이었음을 추정할 수 있다.

정명공주 역시 2살에 봉작되면서 공상과 전결을 받았다. 이와

관련하여 광해군의 일대기를 기록한 실록인《광해군일기》에서는
다음과 같은 기록이 있다.

족친위 김계남이 진술하였다.

"저는 김제남이 이조 좌랑으로 있었을 때 배종 하인으로 수행
하였습니다. 김제남이 부원군이 된 후 저에게, '배종 하인으로서
의 공로도 상을 주어야 하는데 또 나와 같은 성씨의 친족이기도
하다.'라고 말하며 족친위에 넣어 주었습니다. 그러나 저는 먹
고 살 길이 없었기에 상언하여 족친위에서 빠지고 다시 이조 서
리가 되려 하였습니다. 그러자 김제남이 저의 상언 문서를 찢어
버려 그렇게 하지 못했습니다. 갑진년1604, 선조 37과 을사년1605, 선조
38 사이에 김제남이 저를 정명공주방의 장무掌務로 임명하고 호
조 장부 중 주인 없는 노비와 묵은 저수지 등을 찾아보게 하였습
니다. 본래 술이나 먹고 놀던 사람이라 어떻게 해야 할지 대책이
없어서 호조판서 윤형에게 글을 올려 이 일을 말했습니다. 그러
자 윤형이 말하기를, '공주의 나이가 몇인가?'하였습니다. 제가
'2살입니다.'하자 윤형은 '2살 공주가 어찌 이런 일을 한단 말인
가?'하며 즉시 잡아 끌어내게 하였습니다. 이처럼 용렬하고 무
능하여 언문도 알지 못해 즉시 장무 자리에서 쫓겨났습니다."

《광해군일기》 권 120, 9년1617 10월 10일

위에 의하면 정명공주가 2살에 봉작되자 김제남은 자신이 신임하던 김계남을 장무로 삼아 호조 장부 중 주인 없는 노비와 묵은 저수지 등을 찾아보게 했다고 하는데, 그 이유는 물론 정명공주방의 전결을 확보하기 위해서였다. 조선후기 공주방에서는 경작지 850결의 면세권을 확보했는데 당시는 임진왜란 직후라 제대로 된 경작지가 별로 없었다. 이에 김제남은 주인 없는 노비와 묵은 저수지 등을 찾아내 공주방에 소속시키려 했던 것이다. 물론 이렇게 소속된 전결은 면세권 뿐만 아니라 소유권까지도 공주방에 소속되기에 이것은 불법이었다. 그러므로 이런 일은 은밀히 진행해야 하는데, 김계남은 노골적으로 진행하다가 장무에서 쫓겨났던 것이다. 어쨌든 위의 기록은 정명공주가 2살에 봉작된 후 외할아버지 김제남이 합법적, 불법적으로 전결을 찾아내려 했음을 알려 준다. 그 결과 얼마나 많은 전결이 정명공주방에 소속되었는지는 확인되지 않지만 적어도 850결 가량은 충분히 되었을 것으로 추정된다. 여기에 더하여 주인 없는 노비도 적지 않게 확보되었을 것이 분명하다. 이렇게 확보한 전결을 궁방전 또 노비를 궁방노라고 하였는데, 정명공주방의 궁방전과 궁방노는 김계남을 뒤이어 장무가 된 주군실朱君實이 관리하였다.

주군실이 850결의 토지에서 매년 걷는 세금을 줄잡아 결당 20말이라고 하면 총 1만 7,000말이 된다. 이 중에서 경비를 대략 절반으로 계산하면 8,000말 정도 남는다. 이것을 10말들이 가마니로 환산하면 800가마니이다. 여기에 궁방노들에게서 걷는 세금을 고려하면 매년 정명공주방에서 걷는 수입은 1,000가마가 넘었을 것으로 짐작된다.

한편 정명공주방은 기본적으로 주인공인 정명공주를 포함하여 유모 1명, 보모 1명, 수사 3명, 각씨 5명 등 총 11명으로 구성되었다. 정명공주의 의식주에 필요한 물자는 앞에서 언급한 대로 봉작 후 지급된 전결과 공상에서 마련되었다. 나머지 궁녀 10명의 생활에 필요한 물자 역시 왕실에서 공급하는 생필품인 공상供上으로 충당되었다.

국왕의 업무에 참고하도록 정부 재정과 군정의 내역을 모아 놓은 책으로 순조 때 편찬된 《만기요람萬機要覽》에 의하면 왕비에게 소속된 아지阿只, 상궁 등에게 선반宣飯과 의전衣廛 등이 공상되었는데 그 내용을 살펴보면 중미中米가 652석 12두 9승, 포태泡太가 328석 13두 6승, 감장甘醬이 84석 11두 3승, 간장이 6석 11두 8승, 등법유燈法油가 6석 11두 8승, 대구 102마리, 조기 5만 4,363개 등 일상생활에 필요한 모든 종류의 물자가 포함되었다. 조선시대 왕비에게 배속된 궁녀의 수가 대략 100명 정도였던 사실을 고려하면, 정명공주방에 배속된 10명의 궁녀들에게 들어간 공상 즉 선반과 의전은 왕비의 아지와 상궁 등에게 들어간 공상의 10분의 1정도쯤 되

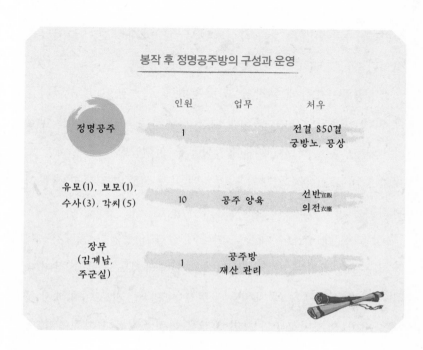

봉작 후 정명공주방의 구성과 운영

	인원	업무	처우
정명공주	1		전결 850결 궁방노, 공상
유모(1), 보모(1), 수사(3), 각씨(5)	10	공주 양육	선반宣飯 의전衣廛
장무 (김계남, 주군실)	1	공주방 재산 관리	

었을 것으로 생각된다.

정명공주 본인에게 들어가는 공상 역시 적지 않았다. 조선후기 공주들은 봉작된 후 5년 동안 매년 태太 100석과 미米 100석에 해당하는 돈을 공급받았다. 태 100석과 미 100석에 해당하는 돈이 바로 공주의 일 년 동안 의식주 비용으로 충당되는 공상이었다. 물론 이 외에 온갖 잡물들도 공상으로 충당되었다. 이런 사실로 미루어보면 정명공주는 봉작된 이후 공상, 궁방전, 궁방노 등에게서 들어오는 수입이 어림잡아 1,000석 이상은 넘었을 것이 확실하다. 이런 수입은 계속 축적되면서 급격하게 재산이 늘어났을 것이다.

정명공주는 2살에 봉작된 후 공주방에 소속된 10명의 궁녀들에 의해 양육되었으며, 봉작에 따른 전결과 노비 및 공상을 받았다. 정명공주는 2살 때부터 명실상부한 천석꾼으로서 막대한 토지와 노비를 소유한 거부가 되었는데 이는 선조의 지극한 사랑이 가져온 결과였다고 할 수 있다.

6살 되던 해 선조가 세상을 떠나기 전까지 정명공주는 자신이 천석꾼을 능가하는 거부라는 현실을 이해하지도 못했을 것이며, 주변 사람들 모두가 왜 자신을 그토록 사랑하는지도 이해하지 못했을 것이다. 정명공주가 그런 현실을 어렴풋이나마 이해할 수 있을 즈음인 6살 때 선조는 세상을 떠났고, 상황 역시 크게 변했다. 따라서 2살부터 6살이 될 때까지 정명공주는 자신의 의지와는 전혀 상관없이 결정된 생활환경이지만 그 환경 속에서 부모와 궁녀들의 사랑을 독차지하며 몸과 마음 모두 여유롭게 살았을 것이 분명하다.

영창대군,
선조의 대군으로
태어나다

　정명공주가 태어나고 3년 후인 1606년선조 39 3월 6일에 친동생 영창대군이 태어났다. 이해는 간지干支로 육십간지의 네 번째 해인 병오丙午였다. 그래서 영창대군은 말띠였다. 정명공주의 삶은 부모인 선조나 인목왕후보다는 오히려 영창대군의 삶에 더 큰 영향을 받았기에, 정명공주의 삶을 심층적으로 이해하기 위해서는 영창대군의 삶을 좀 더 들여다볼 필요가 있다.

　영창대군이 태어나던 해 선조는 55살이었고 인목왕후는 23살이었다. 조선시대 국왕의 평균수명이 46살 정도인 점을 고려하면 55살의 선조는 죽을 날이 얼마 남지 않은 만년이었다. 그런 선조에게 영창대군이 얼마나 큰 행복이고 희망일지는 굳이 설명이 필요하지는 않을 것이다. 선조는 죽기 전에 자신이 해줄 수 있는 모든 것을 해주고 싶어했을 것이다.

　그러나 이런 상황이 광해군 쪽 사람들에게는 심각한 불안이자

위기였다. 서자 출신의 세자 광해군이 가장 걱정하던 대로 영창대군은 적자였을 뿐만 아니라, 만년의 선조가 사랑에 눈이 멀어 무슨 일을 벌일지 알 수 없었기 때문이다.

인목왕후가 영창대군을 임신했다는 사실을 알았을 때부터 광해군 쪽 사람들은 또 불안감에 떨었음이 분명하다. 낙태시키기 위한 노력도 없지 않았을 것이다. 그럼에도 불구하고 영창대군은 태어났다. 《계축일기》에 의하면, 영창대군이 태어났다는 소식을 들은 광해군의 장인 유자신은 집에서 머리를 싸매고 누워 자나 깨나 인목왕후와 영창대군을 모해할 계책을 세웠다고 한다. 궁리 끝에 유자신이 한 일들은 이런 것이었다.

먼저 유자신은 세자 광해군을 위해 굿도 하고 점도 쳤다. 굿을 했다는 것은 세자 광해군이 반드시 왕이 되게 해달라고 빌었다는 뜻이며, 점을 쳤다는 것은 세자 광해군의 사주팔자는 물론 영창대군의 사주팔자를 보았다는 뜻이다. 당시 한양에는 수련개라고 하는 유명한 무당이 있었다. 이 무당은 국왕 선조는 물론 인목왕후, 세자 광해군 등 왕실 사람들을 단골로 두고 있었다. 유자신은 영험하다 소문난 수련개에게 부탁해 굿을 했다.

굿 외에도 유자신은 비결秘訣을 이용하기도 했다. 비결이란 앞날의 길흉화복을 얼른 보아서는 그 내용을 알 수 없도록 적어 놓은 글이나 책을 뜻하는데 조선시대 사람들은 이런 비결을 많이 믿고 또 이용하기도 했다. 예컨대 이성계가 조선을 창업할 때는 '목자득국木子得國'이란 비결이 유행했다. '목자木子'는 합치면 '이李'가 된다. 따라서 '목자득국'은 '이씨가 나라를 얻는다.'는 뜻의 비결이 된다. 또한 조선 숙종 때 장희빈이 권세를 잡자 '미나리는 사철이고, 장다리는 한 철이라.'는 비결가가 유행했는데, 장희빈은 장다리처럼 일시적인 것에 지나지 않아서 궁극적으로는 사철 푸른 미나리와 같은 인현왕후가 승리할 것이라는 예언이었다.

유자신은 '선목제 만목제'라는 참요를 지어 유행시켰다고 한다. 참요 안에 담긴 의미가 정확히 무엇이지 알기는 어렵지만 《계축일기》에는 유자신이 이런 참요를 유행시킬 때, '동궁의 친형이신 임해군께서 자식이 없음을 빌미로 하여, 인목왕후의 측근들이 임해군을 세자로 삼아 이번에 태어나신 대군께 보위를 전하려 한다.'고 떠들어 댔다고 한다. 이런 상황을 놓고 '선목제 만목제'를 생각하면 '선목제'는 임해군을 지칭하고, '만목제'는 영창대군을 지칭한다고 해석되며, 그래서 참요의 내용은 '먼저 임해군이 왕이 되고 후에 영창대군이 왕이 된다.'는 의미로 읽히게 된다. 이런 소문이나 참요는 유자신이 인목왕후와 영창대군을 모함하기 위해 만들어낸 자작극이라 할 수 있는데, 문제는 어떻게 해서 이 소문과 참요가 인목왕후와 영창대군을 모함하게 되는가이다. 만약 소문이나 참요대로 임해군이 왕이 되고 뒤이어 영창대군이 왕이 된다면 유자신이나 광해군에게는 전혀 이롭지 않기 때문이다.

　그런데 당시의 소문이나 참요가 인목왕후와 영창대군을 모함할 수 있는 것은 바로 임해군 때문이었다. 임해군은 비록 광해군의 친형이지만 난폭하고 무식하여 세자가 되지 못한 인물이었다. 게다가 임해군은 임진왜란 때 함경도에서 근왕병을 모집하다가 왜적에게 포로로 잡히기도 했다. 선조가 살아있는 한 임해군 같은 인물이 세자가 된다는 것은 상상하기 어려운 일이었다. 따라서 임해군이 세자가 된다는 것은 선조의 뜻이 아니라 다른 누군가의 뜻으로 그리 될 것이라는 의미였다. 그렇다면 다른 누구는 도대체 누구를 의미할까? 소문의 내용으로 본다면 의심받을 만한 사람은 임해군, 영창대군 그리고 인목왕후 김씨 등이었다. 소문에서는 임해군이 세자가 되고 영창대군이 그를 뒤이어 보위를 계승한다고 했기 때문이다.

　임해군, 영창대군, 인목왕후 중에서도 가장 의심을 받을만한 인물은 물론 임해군이었다. 갓 태어난 영창대군이나 선조의 왕비인 인목왕후가 그런 음모를 꾸미리라 의심하기는 어렵기 때문이었다. 따라서 위의 소문이나 참요가 유행하면 할수록 선조는 임해군을 의심하게 될 것이 분명했다. 혹 임해군이 아니라면 인목왕후 김씨를 의심하게 될 것 역시 분명했다. 노년의 선조인지라 젊은 인목왕후가 자신보다 아들 영창대군을 생각해서 그런 음모를 꾸미는 것이라 의심할 수도 있기 때문이다. 유자신이 지어낸 소문에서는 '인목왕후의 측근들이 임해군을 세자로 삼아 이번에 태어나신 대군께 보위를 전하려 한다.'고 했다는데, 이는 선조의 의심을 부채질하기 위한 내용임이 분명했다. 따라서 유자신의 의도대로 선조가 임해군이든 아니면 인목왕후든 누구를 의심하든 그렇게 되는 순간 영창대군에게는 불리할 수밖에 없었다. 그것은 역으로 광해군에게는 유리한 일이었다.

더구나 소문에서는 '동궁의 친형이신 임해군께서 자식 없음을 빌미로 하여, 인목왕후의 측근들이 임해군을 세자로 삼아 이번에 태어나신 대군께 보위를 전하려 한다.'고 했다는데, 사실 이 내용은 선조의 입장에서는 상상하기도 싫은 일이었다. 영창대군에게 보위를 전하기 위한 전제조건이 임해군의 세자책봉이라면 그것은 매우 심각한 일이었다. 우선 임해군이 세자에 책봉되려면 현재의 세자 광해군을 폐세자해야 했다. 당시 선조가 세자 광해군을 사랑하지 않음으로 해서 폐세자할지도 모른다는 의심은 충분히 가능했다. 그렇다고 해서 광해군 대신 임해군을 세자로 삼고 나아가 영창대군을 임해군의 후계자로 삼는다는 것은 상상하기 어려운 일이었다. 왜냐하면 조선시대 왕위의 부자상속이라는 관행에서 본다면 영창대군이 임해군의 후계자가 되기 위해서는 양자가 되어야 했기 때문이다. 따라서 임해군이 세자가 된다면 영창대군은 세손이 되거나, 아니면 임해군이 왕이 된다면 영창대군은 세자가 되어야 했다. 실제로 조선 초기에 태종이 1차 왕자의 난을 일으킨 후, 친형 정종을 왕으로 만들고 자신은 정종의 세자가 된 일이 있었다.

선조의 입장에서 영창대군을 임해군의 양자로 보낸다는 것은 있을 수 없는 일이었다. 그럼에도 불구하고 임해군이 세자 또는 왕이 되고 영창대군이 세손 또는 세자가 된다는 것은 사실 임해군이 왕자의 난을 음모한다는 뜻이나 마찬가지였다. 나아가 그런 임해군에게 인목왕후가 적극 동조한다는 뜻이기도 했다. 이런 의미를 알았을 때 선조가 임해군 또는 인목왕후에게 어떻게 하겠는가? 나아가 영창대군에게 어떻게 하겠는가? 이런 면에서 본다면 당시 유자신이 퍼뜨린 소문이나 참요는 인목왕후와 영창대군을 해치기 위한 고단수의 모략이었다고 할 수 있다. 이처럼 유자신이 굿도 하고 악의적인 소문도 만들어내고 또 참요도 만들어낸 이유는 물론 불안감과 위기의식이 그만큼 컸기 때문이었다. 그리고 그런 불안감과 위기의식의 밑바탕에는 선조에 대한 불신이 있었다.

선조가 세자 광해군에 대한 배려심이 좀 더 깊었더라면 세자의 불안감과 위기의식을 불식시키기 위한 모습을 보여야 했다. 그러나 선조는 오히려 반대로 행동했다. 영창대군이 태어난 후, 선조는 분명 유자신이 퍼뜨린 소문이나 참요를 들었을 것이다. 하지만 선조는 유자신의 모략에 빠져들지 않았고 세자 광해군을 의심했다. 사실 그런 소문이나 참요는 누가 이익을 보는지만 냉정히 생각해보면 주모자를 짐작하기는 어렵지 않다.

선조의 입장에서 세자 광해군이 영창대군과 인목왕후를 해치기 위해 악의적인 소문과 참요를 퍼뜨린다고 판단했을 때 보일 수 있는 반응은 크게 두 가지로 생각해볼 수 있다. 첫째는 세자 광해군을 그 지경으로까지 몰아넣은 자신의 처신에 대한 반성이다. 사실 냉정히 생각해보면 세자 광해군의 불신은 선조 자신 때문에 생겼다. 따라서 선조가 기왕의 태도를 바꾸고 세자 광해군의 입장에서 생각하고 행동했다면 광해군의 불신은 크게 줄어들었을 것이다.

둘째는 자신에 대한 반성보다는 오히려 세자 광해군에 대한 불신과 증오감을 키워가는 것이다. 선조는 인목왕후와 재혼한 후 세자 광해군에 대한 미움을 더욱 강하게 드러내곤 했다. 예컨대 세자 광해군이 아침에 문안드리고자 문 앞까지 와도 얼굴도 보지 않고 돌려보내곤 했던 것이다. 이 같은 선조의 태도는 정명공주가 태어나고 또 영창대군이 태어난 후에는 오히려 더 심해졌다. 세자 광해군의 입장에서 불안과 위기의식이 커지지 않을 수 없었다.

불행하게도 영창대군에 대한 선조의 사랑과 세자 광해군에 대한 선조의 불신은 반비례했다. 세자.광해군에 대한 불신이 크고 깊을수록 영창대군에 대한 사랑이 크고 깊었던 것이다. 이런 상황에서 선조는 영창대군을 행복하게 만들어 주기 위해 자신이 할 수 있는 모든 일을 하고자 했다.

그 첫 번째가 영창대군에게 많은 재산을 물려주는 것이었다. 조선시대 왕실 관행에 따르면 대군이나 공주는 봉작된 이후에야 자기 소유의 재산을 가질 수 있었다. 그런데 선조는 영창대군을 봉작하기 전에 이미 거대한 재산을 물려주었던 것이다. 선조는 영창대군이 태어난 지 3개월여 만인 1606년선조 39 6월 15일에 경중의 노비 30명, 외방의 노비 170명 합 200명과 전답 100여 결을 하사했다. 이어서 다음해 3월 15일에는 경중의 노비 50명, 외방의 노비 200명 합 250명과 전답 200여 결을 하사했다. 이 재산은 소유권이 영창대군에게 귀속된 명실상부한 재산이었다. 2살의 영창대군은 이미 노비 450명, 전답 300여 결을 확보한 재산가였다. 당연히 영창대군은 아직 어려 봉작되기 전이었다.

뿐만 아니라 선조는 영창대군을 제안대군의 후계자로 정함으로써 영창대군을 상상 이상의 재산가로 만들었다. 예종의 큰 아들인 제안대군은 평원대군의 후계자가 됨으로써 본인의 재산에 평안대군의 재산까지 확보했으며 대군이 살아있을 당시 "나는 평원대군의 후사後嗣가 되었으니, 나 또한 반드시 대군으로 후사를 삼겠다."는 말을 했다고 한다. 예종의 큰 아들로 태어나 성종,

연산군, 중종까지 4대에 걸쳐 60년 인생을 산 제안대군은 역대의 국왕으로부터 수많은 재산을 받음으로써 거대한 부를 축적할 수 있었다.

제안대군은 1525년중종 20에 아들 없이 세상을 떠났다. 이에 따라 제안대군의 재산은 주인 없는 상태가 되었다. 원래 조선전기에는 대군의 생활비 명목으로 직전職田, 월급, 장리長利에 쓸 자본금 등을 지급했다. 전체적인 규모는 조선후기 대군에게 지급하는 850결과 비슷했을 것으로 짐작된다. 이 직전과 월급, 장리 자본금 등에서 나오는 수입은 생활비를 쓰고도 많이 남으므로 보통 재산을 늘리는데 사용했다. 이렇게 형성된 대군의 재산 중 직전을 제외한 부분은 사후에 자녀들에게 상속되었다. 직전 중 3분의 2정도는 국가에 반납되고 나머지 3분의 1정도는 제사비용으로 사용되다가 4대가 넘으면 그것도 국가에 반납하게 하였다. 물론 이런 경우는 아들이 있는 경우였다.

문제는 아들이 없는 경우였다. 이럴 때 가장 쉬운 방법은 양자를 들여 대를 잇는 것이었다. 하지만 이런저런 사정으로 대를 잇지 못하거나 혼인 전에 죽은 경우에는 국가에서 재산을 환수하고 제사 역시 국가에서 맡아 치렀다. 따라서 제안대군이 아들 없이 죽었을 때 그의 재산은 국가로 환수 되어야 했지만 부인이 살아 있어서 그렇게 되지 않았다. 제안대군 부인은 제안대군 사후 4년이 지난 1529년종종 24에 세상을 떠났다. 당시 제안대군의 재산과 제사를 국가에서 환수할지 여부를 놓고 논란이 일었을 때, "나는 평원대군의 후사가 되었으니, 나 또한 반드시 대군으로 후사를 삼겠다."고 했던 제안대군의 말 때문에 환수되지 않았다. 이후 제안대군방은 수진궁壽進宮으로 불렸는데, 재산관리는 수진궁에 설치된 서제소에서 맡았다.

수진궁의 재산이 얼마나 되는지는 확인되지 않는다. 하지만 《광해군일기》에 '제안대군방에 재산이 많았다.'는 기록이 있으며, 조선후기 수진궁에 1,000결의 토지가 소속되었던 사실을 생각하면 수진궁에 적어도 전답 1,000결 이상, 노비 수백 명 이상이 있었을 것으로 추측된다. 이로써 영창대군은 2살 무렵에 이미 노비 1,000여 명, 전답 1,300여 결을 소유한 거대한 재산가가 되어 있었다. 이 재산 역시 정명공주방과 마찬가지로 장무가 임명되어 관리했다.

선조가 봉작도 하지 않은 2살의 어린 영창대군에게 이토록 거대한 재산을 물려준 이유는 무엇일까? 우선 생각해볼 수 있는 것은 선조가 세자 광해군을 믿지 못했기 때문이라 할 수 있다. 노년의 선조는 자신의 죽음이 멀지 않다는 사실을 잘 알고 있었다. 그런데 광해군이 왕이 된 후 영창대군에게 잘해줄 것이란 확신이 선조에게는 없었다. 그래서 자신이 살아 있을 때 미리 재산이라도 많이 물려주어야겠다고 생각했을 수 있다.

하지만 이런 상황을 세자 광해군 입장에서는 반대로 생각할 수
도 있었다. 즉 영창대군에게 미리 큰 재산을 주었다가 어느 정도
나이가 들면 대군이 아니라 세자에 봉작하려 한다고 의심할 수도
있었던 것이다. 이런 의심은 선조의 이율배반적인 행동이 더욱 부
채질하였다. 《광해군일기》에 의하면 선조는 세자 광해군에게 늘
검소해야 함을 강조하면서 재산을 주지 않았다고 한다. 임진왜란
직후의 상황에서 국왕과 세자가 검소함과 부지런함을 솔선수범
해야 할 것은 당연한 일이었다. 그러므로 정명공주와 영창대군이
태어나기 전의 세자 광해군은 검소해야 한다는 선조의 가르침을
성심으로 믿고 따랐을 것이다. 그랬던 선조가 막상 정명공주와 영
창대군에게는 법에도 없는 큰 재산을 주었다. 당연히 세자 광해군
은 선조의 말과 행동을 의심했을 것이다. 게다가 부유한 영창대군
의 재산과 빈한한 자신의 재산이 비교되면 될수록 그런 의심은 더
욱 커졌을 것이 확실하다. 이런 세자 광해군의 의심을 영창대군의
봉작 명칭이 더더욱 부채질하게 되었다.

조선시대 대군의 봉작 연한은 대체로 7살 이전에 거행되었다.
선조는 이미 정명공주를 2살 때 봉작했었다. 하지만 그것은 공주
였기에 가능한 일이었다. 영창대군은 대군이었고 또 적자였기에
2살에 봉작할 수가 없었다. 그래서 선조는 봉작 대신 거대한 재산

을 주었다고 할 수 있다.

하지만 당시 선조는 조만간 영창대군을 봉작할 마음이 있었다. 그 시점을 구체적으로 밝히지는 않았지만 이미 봉작명은 공언한 상태였다. 즉 대군으로 봉작할 때 '영창永昌'으로 하겠다고 했던 것이다. 이 '영창'이라는 봉작명이 세자 광해군의 불안을 부채질했다.

'영창永昌'이란 글자 뜻만 보면 '영원이 번창한다.'는 의미이다. 어느 부모치고 자녀의 영원한 번창을 기원하지 않은 부모가 있겠는가? 이렇게 생각하면 영창이란 봉작명에 별 의미를 부여하지 않을 수도 있다. 그런데 영창이란 봉작명은 중국에서 황제의 연호年號로 사용된 적이 있는 용어였다. 즉 동진東晉때 원제의 연호가 영창이었고, 당나라 때 예종의 연호가 영창이었다. 이처럼 중국 황제의 연호로 잘 알려진 영창을 선조는 왜 영창대군의 봉작명으로 정했을까? 게다가 실제 봉작도 하지 않았는데, 봉작명은 영창으로 결정했다는 사실을 선조는 왜 공포公布했을까? 긍정적으로 생각하면 영창대군에 대한 자신의 사랑을 공포함으로써 세자 광해군도 그 마음을 알아주었으면 하는 부모의 마음 때문이라 할 수 있다. 하지만 그 반대로 생각할 수도 있다. 선조의 마음을 이해하고 세자 광해군이 알아서 물러났으면 하는 마음 때문이라 생각할 수도 있는 것이다.

불행히도 세자 광해군은 선조의 마음을 이해하는 쪽이 아니라 의심하는 쪽이었다. 이와 관련하여 《광해군일기》에는 '광해군은 영창永昌이라는 두 글자가 황제의 옥새에 새겨진 글자라고 하여 여러 차례 인목대비에게 영창대군의 봉작명을 고쳐달라고 요청했지만, 대비는 선왕께서 명령하신 것이라고 고집하며 허락하지 않았다.'는 기록이 있다. 이는 영창대군의 봉작명 때문에 세자 광해군이 얼마나 의심하고 근심했는지를 잘 보여주고 있다.

영창이라는 봉작명에 대한 광해군의 열등감은 광해라는 봉작명을 짚어보면 좀 더 쉽게 이해할 수 있다. 광해光海는 조선시대 강원도 춘천의 별칭이었다. 즉 광해군은 '춘천에 봉해진 군'이란 뜻이다. 이에 비해 영창대군은 '중국황제처럼 영원히 번창할 대군'이란 의미였다. 봉작명만 보면 광해군은 강원도 춘천을 관할하는 작디작은 제후에 불과했음에 비해 영창대군은 천하를 호령하는 황제에 해당하는 것이다. 이런 점에서 광해군이 영창대군의 봉작명에 강한 열등감을 가졌음은 물론 그처럼 거창한 봉작명을 결정해준 선조에게 큰 불신을 가졌음을 짐작해볼 수 있다.

선조는 영창대군이 만 2살이 되기 직전인 1608년선조 41 2월 1일 세상을 떠났다. 다행인지 불행인지 그때까지 영창대군은 봉작되지 않았다. 영창대군은 광해군이 재위할 때 봉작되었다. 그 시점은 영창대군이 6살 되던 1611년광해군 3 12월 26일이었다. 조선시대 관행으로 대군은 7살 이전에 봉작되는데 영창대군은 7살이 되기 4일 전에야 봉작되었다. 그 정도로 광해군은 영창대군을 봉작하기 싫었다고 할 수 있다. 아마도 광해군은 억지로 영창대군을 봉작하면서 명칭이라도 바꾸고 싶어했을 것이다. 그러나 선조의 뜻임을 내세우는 인목대비의 반대에 막혀 부득이 영창대군으로 봉작했음이 분명하다.

어쨌든 영창대군은 대군에 봉작되면서 대군에게 지급되는 850결 내외의 토지를 받았을 것이다. 따라서 영창대군은 광해군 3년 12월 당시 겨우 6살에 불과했지만 이미 선조로부터 받은 노비 450명, 전답 500여결에 더하여 제안대군의 유산 그리고 대군 궁방전까지 장악한 거대한 재산가가 되어 있었다. 이 재산 역시 광해군의 불안을 폭증시키는 역할을 하였다.

대군에 봉작되면서 당연히 영창대군방이 형성되었다. 대군방에는 공주방과 마찬가지로 유모, 보모, 무수리, 각씨 등의 궁녀가 소속되었다. 그런데 영창대군방에 소속되었던 궁녀들은 광해군 5년1613의 이른바 계축옥사를 거치면서 대부분 고문을 받다가 죽었다. 그 과정에서 영창대군방의 궁녀들에 관련된 다양한 정보들이 《광해군일기》, 《계축일기》 등에 남게 되었다.

영창대군방에 소속된 유모 중에서 확인되는 인물로는 자근복, 향이, 근말치, 개이, 향개, 예양, 환이 등이 있다. 이 중에서 자근복, 향이, 근말치, 개이, 향개, 예양 등은 계축옥사 이전에 유모로 있다가 출궁한 궁녀들이었고, 환이는 계축옥사 당시 유모로 있던 궁녀였다.

또한 영창대군방에 소속되었던 보모로는 덕복, 중환, 최여옥, 김 상궁 등이 확인된다. 덕복은 인목왕후의 입궁시 함께 들어왔던 궁녀로서 왕후의 최측근 궁녀였다. 인목왕후는 바로 그 덕복을 영창대군의 보모로 보냈던 것이다. 그 정도로 왕후가 영창대군의 양육에 정성을 쏟았다고 할 수 있겠다. 이 외에 중환은 인목왕후궁에 있던 원로 상궁으로서, 최여옥은 인목왕후의 신임을 받던 궁녀 중 한 명으로서 보모가 되었다.

마지막으로 김 상궁은 여러 정황으로 볼 때 덕복의 동생인 경옥으로 짐작된다. 《계축일기》에는 보모상궁의 아우인 복이의 종 도섭이와 고운이가 등장하는데, 이 도섭이가 《광해군일기》에서는 덕복의 종 도서비道西非로 나타난다. 도섭이를 발음 그대로 쓰면 도서비이기에 도섭이나 도서비는 같은 인물이다. 《계축일기》에서 도섭이가 보모상궁의 아우인 복이의 종으로 기록되었고, 《광해군일기》에서는 도서비가 덕복의 종으로 기록된 사실에서 《계축일기》의 보모상궁은 바로 덕복이임을 짐작할 수 있으며 나아가 덕복의 여동생 역시 궁중에 있었음을 알 수 있다. 덕복의 성이 김씨이므로 덕복이나 그 여동생은 둘 다 김 상궁으로 불렸다. 덕복의 여동생은 인목대비 침실의 불을 담당했기에 경옥이라는 이름 외에 복이라고도 불렸다. 이런 사실에서 인목왕후가 가장 신임하는 덕복과 그 여동생이 영창대군의 보모였음을 확인할 수 있다. 따라서 영창대군방에서 서열 1위는 덕복이고 그 다음은 동생 김 상궁이었을 것이다.

한편 영창대군방에 소속된 보모의 여종들 역시 영창대군방 소속의 궁녀였는데, 예컨대 덕복과 김 상궁의 여종 도섭이와 고은이를 들 수 있다. 이외에 대군방의 여종으로 확인되는 인물 중에는 가지, 곡개, 숙례, 여향, 춘단이, 천금이 등이 있다.

영창대군은 봉작되기 이전인 2살 때에 이미 노비 1,000여 명, 전답 1,300여 결을 소유한 거대한 재산가였으며, 6살 때 봉작된 후에는 850결의 전답이 추가됨으로써 어마어마한 재산가가 되었다. 아울러 대군방이 형성된 후에는 인목대비의 최측근 궁녀 덕복을 필두로 하는 수많은 궁녀들에 의해 양육되었다. 이 같은 영창대군의 거대한 재산, 그리고 영창이라는 봉작명 나아가 인목대비의 최측근 궁녀 덕복이 통솔하는 대군방의 궁녀들 모두가 광해군의 불안을 키우는 요인들이 되었다.

봉작 후 영창대군방의 구성과 운영

영창대군

업무   처우

노비 1천여 명,
전걸 2천여 결,
공상

유모(1) - 자근복, 향이, 근말치,
개이, 향개, 예양, 환이 등

보모(1) - 덕복, 중환, 최여옥,
김 상궁 등

수사(3)

공주 양육

선반 宣飯
의전 衣廛

각시(5) - 도섭이, 고은이, 가지,
곡개, 숙례, 여향, 춘단이, 천금이 등

대군방 장무
(김봉길)

대군방
재산 관리

수진궁 장무
(이봉길, 한해)

수진궁
재산 관리

인목왕후,
광해군의
왕대비가 되다

인목왕후는 19살에 선조와 혼인한 후 1~2년 간격으로 계속해서 임신하고 출산했다. 1602년선조 35에 혼인한 인목왕후는 다음해인 1603년에 정명공주를 출산했고, 그 다음 해인 1604년에 또 공주를 출산했는데 사산이었다. 이어서 2년 후인 1606년에 영창대군을 출산했다.

불행히도 영창대군이 태어난 이후부터 선조의 건강이 급속도로 악화되었다. 영창대군을 보았을 때 선조의 나이가 이미 55살이었으므로 당시로서는 노년이기도 했다. 56살이 되던 해 3월부터 선조는 병석에 누웠는데 좀처럼 호전되지가 않았다. 10월 9일에는 침상에서 일어나 방 밖으로 나가려고 하다 기절하기도 했다. 56살의 선조는 이미 초겨울 바람도 견디지 못할 정도로 노쇠해져 있었다.

기절 이후 선조는 죽음의 공포를 느꼈다. 건강을 회복하기 위해서는 무엇보다도 요양이 필요했다. 골치 아픈 왕좌에 욕심을 부리다가는 진짜 죽을지도 몰랐다. 선조는 세자 광해군에게 왕위를 물려주거나 대리청정을 시키려고 했다. 아마도 당시 선조는 일단 건강을 회복한 후 대리청정을 취소할 생각이었을 것이다.

그런데 당시 영의정 유영경을 비롯한 대신들이 반대했다. 요양하면서도 충분히 국사를 돌볼 수 있다는 이유에서였다. 사실 조선시대에 국왕이 전위 또는 대리청정을 명령했다고 하여 신하된 입장에서 곧바로 수용하는 것은 불충으로 간주되었다. 따라서 전위 또는 대리청정 명령이 떨어지면 대신들은 일단 반대부터 하는 것이 관행이었다.

영의정 유영경은 전위 또는 대리청정 시키겠다는 선조의 명령을 비밀에 부치고 철회를 요청하는 상소문을 올렸다. 그것이 당시 관행이었다. 만약 선조가 진실로 전위 또는 대리청정을 원한다면 다시 명령을 내릴 것이고, 다시 유영경이 반대하는 과정에서 선조의 진심과 유영경의 충심이 자연스럽게 확인될 수 있었다. 그 시점에서 선조의 명령은 실행될 수 있었다.

그런데 무슨 일인지 위급하던 선조의 건강이 며칠 사이에 갑자기 좋아졌다. 그러자 선조는 기왕의 명령을 취소하고 다시 국정업무를 보기 시작했다. 약으로 원기를 보충하면서 충분히 버틸 수 있다고 판단했기 때문이었다. 선조는 진심으로 전위 또는 대리청정을 원한 것이 아니었다. 그러나 선조의 건강은 약으로 회복될 수 있는 상황이 아니었다. 좋아질것 같던 선조의 건강은 다시 악화되었다.

한편 선조가 세자 광해군에게 전위 또는 대리청정 시키려다 취소하자 광해군 쪽 사람들 사이에서는 온갖 추측이 난무했다. 유영경이 중간에서 선조의 뜻을 받들어 세자 광해군을 폐하고 영창대군을 추대할지 모른다는 위기의식도 팽배했다. 이에 세자 광해군 쪽 사람들은 세자의 왕위 계승을 기정사실화하고 유영경을 축출하고자 했다. 광해군의 처남인 유희분은 삼사 관료들을 사주하여 승정원 관료들과 내의원 어의들을 탄핵하게 하였다. 승정원 관료들은 전위 또는 대리청정 시키라는 선조의 명령을 삼사에 알리지 않았다는 것이 탄핵 이유였고, 내의원 어의들은 선조의 질병을 제대로 치료하지 않았다는 것이 탄핵 이유였다. 그러나 그런 이유는 핑계이고 실상은 영의정 유영경에 대한 탄핵이었다. 당시 유영경은 영의정으로서 내의원 도제조를 겸하고 있었기에 궁극적으로 왕의 명령을 비밀에 부친 것도 유영경 잘못이고 왕의 질병을 제대로 치료하지 못한 것 역시 유영경의 잘못이었다.

유영경을 축출하기 위해 광해군 쪽 사람들은 중앙의 삼사 관료들뿐만 아니라 지방의 유림들까지도 이용하고자 했다. 이때 가장 적극적으로 나선 인물들이 광해군의 처가 쪽 사람들과 함께 이이첨, 이산해 등 대북계大北系 인사들이었다. 이이첨은 자신의 측근을 경상남도의 대표적 유학자인 정인홍에게 보내 세자 광해군이 유영경 때문에 위태로운 처지라고 선전하게 했다. 이 결과 1608년 ^{선조 41} 1월 18에 정인홍은 유영경을 맹렬하게 비난하는 상소문을 올렸다. 뒤이어 유영경의 반박 상소가 잇따르면서 선조의 죽음을 앞두고 차기 왕위 경쟁이 본격화되었다.

이런 상황은 선조를 격분하게 만들었다. 신하들이 자신을 늙었다고 괄시하며 세자 광해군에게 줄을 선다고 생각했던 것이다. 정인홍의 상소문을 본 후 선조는 마음이 불안하여 '잠도 잘 수 없고 밥도 먹을 수 없다.'고 하였는데, 그만큼 분노가 컸을 것으로 짐작된다.

1월 26일 선조는 정인홍과 이이첨, 이경전을 귀양에 처하라고 명령했다. 정인홍은 근거 없이 사람을 모함했다는 죄목이었고, 이이첨과 이경전은 정인홍을 사주했다는 죄목이었다. 이대로 가면 다음에는 광해군의 처가쪽 사람들이 숙청될 것이고, 그 다음에는 어쩌면 세자 광해군까지도 숙청될 수 있다는 예상이 가능했다. 광해군 쪽 사람들의 불안과 위기의식은 극단으로 치달았다.

그러나 상황은 예상대로 흘러가지 않았다. 누구도 예상하지 못한 일이 2월 1일 오후에 발생했던 것이다. 지난밤 선조는 잠도 잘 자고 오전 일정도 아무 문제없이 처리했다. 그런데 점심 때 올라

온 찰밥을 들던 선조는 갑자기 기가 막히면서 위중한 상태가 되었다. 워낙 갑작스레 일어난 일이라 어떻게 손써볼 틈도 없이 선조는 승하하고 다음날 광해군이 왕위에 올랐다. 당시의 긴박했던 상황을 《광해군일기》에서는 이렇게 전하고 있다.

"김대래를 직제학으로, 목장흠을 집의로, 최유원을 전한으로, 황경중과 기협을 교리로, 성시헌을 부수찬으로, 이사경을 정언으로 삼았다.

병조에서 참하관을 평안평사平安評事로 삼을 것을 청하니, 전교하기를, '매번 참하관을 곧바로 승진하게 하면 조급히 나아가려는 습성을 조장하게 된다. 그렇게 하는 것은 불가하니 허락하지 않는다.' 하였다.

지평 신광립이 아뢰기를, '이정원 등은 요망하고 간사한 괴물 같은 무리로서 감히 나라를 교란시켜 넘어뜨리고자 정인홍의 거짓되고 음흉한 논설을 견강부회하여 남을 무함하여 해치려 했습니다. 그가 남의 사주를 받아 사람에게 화를 전가시키고자 한 죄는 통렬히 징계하지 않을 수 없습니다. 이정원을 멀리 유배하여 호오를 분명히 밝히소서. 평안도사 이성과 전 좌랑 정조는 모두 음험하고 간사한 사람들로서 이이첨, 이경전과 교결하여 심복이 되었는데, 정인홍이 거짓으로 날조한 소장을 올린 것을 이용하여 은밀히 자제, 사위, 친족들을 사주해 안팎에서 호응하게 하였습니다. 그리하여 이정원의 무리로 하여금 계속해서 음흉한 내용의 소장을 올리게 함으로써 괴물 같은 음모를 시험하였으니, 멀리 유배하소서.' 하였으나, 결재가 제때에 내려지지 않았다.

미시오후 1-3시에 찹쌀밥을 진어했는데 상에게 갑자기 기가 막히는 병이 발생하여 위급한 상태가 되었다.

왕세자가 입시하였다.

좌승지 최렴, 우승지 이형욱, 좌부승지 이경함, 우부승지 이덕온, 동부승지 유희분, 주서 김시언, 가주서 조국빈, 검열 박해가 차비문으로 들어 왔다. 도승지 유몽인은 추후 도착했다.

좌의정 허욱, 우의정 한응인, 완평 부원군 이원익, 영중추부사 이덕형, 오성 부원군 이항복, 행 판중추부사 윤승훈 · 기자헌, 행 지중추부사 심희수가 잇따라 들어왔다.

약방에서 강즙薑汁, 죽력竹瀝, 도담탕導痰湯, 용뇌龍腦, 소합원蘇合元, 개관산開關散을 올렸다.

영의정 유영경이 추후에 들어왔다.

왕세자가 열을 다스리는 약을 준비하라고 명하였다.

잠시 후 대내大內에서 전하기를, '대신과 원임 대신은 들어오라.' 하였다. 이에 원임 대신과 삼공, 육승지, 사관이 모두 중문中門 안으로 들어가 기다렸다.

대신들이 아뢰기를, '옛 예법에 의하면 부인의 손에서 운명하지 않는다고 했으니, 내외로 하여금 안정한 자세로 기다리게 하소서.' 하였다.

대신이 어의 허준 등을 데리고 들어가서 진찰을 하였으나 상의 기후는 이미 어떻게 할 수 없는 상황이었다. 대신들이 모두 울면서 나왔다.

조금 있다가 곡성이 대내에서 밖으로 들려 왔다. 주상이 승하하였다.

대신들이 물러나와 빈청에서 대기하였다.

대내에서 봉함된 유교遺敎를 빈청으로 내렸는데 이는 전일 미령할 때 봉함하여 두었던 글이다. 그 유교에서 세자에게 유시하기를, '동기들을 내가 살아 있을 때처럼 사랑하고 참소하는 말을 하는 사람이 있으면 부디 그 말을 따르지 말라. 이런 내용으로 너에게 부탁하노니, 모쪼록 나의 뜻을 깊이 유념하기 바란다.' 하였다.

동궁이 대신들에게 명령하기를, '지금 주상께서 정침에서 승하하였다. 그지없이 슬프다.' 하였다.

내전이 전교하기를, '국사는 잠시도 비워서는 안 되는 것이니, 계자啓字를 동궁에게 전하여 제반 일을 살피게 하는 것이 어떻겠는가?' 하니, 대신이 회계하기를, '전교가 지극하시니, 이는 국가의 복입니다.' 하였다.

　내전이 전교하기를, '어보御寶와 계자를 아울러 동궁에게 전부
해도 되겠는가? 어보를 전부하는 절차가 따로 있는가?' 하니, 회
계하기를, '내전께서 편의에 따라 어보를 전부하면 되는 것입니
다. 반드시 어떻게 하라는 절차가 있는 것은 아닙니다.' 하였다.

　왕세자가 하령下令하기를, '어보와 계자를 전부하여 주니 망극
한 가운데 더더욱 망극하다.' 하니, 대신이 회달回達하기를, '신들
도 또한 망극합니다.' 하였다."

《광해군일기》 즉위년, 2월 1일

　위에 의하면 선조는 2월 1일의 오전 일정을 평상시와 다름없이
소화했다. 아침 식사 후 편전으로 출근해 국정현안을 처리했던 것
이다. 예컨대 김대래 등에 대한 인사를 단행하였는데 김대래는 유
영경의 측근인물이었다. 선조는 정인홍, 이이첨, 이경전 등 대북
계 인사들을 숙청하고 그 대신 김대래 같은 유영경 측근들을 중용
했던 것이다. 또한 병조에서 요청한 참하관의 평안평사 임명을 불
허하고, 지평 신광립의 상소문을 접수하는 등 정상적으로 집무하
였다.

　《광해군일기》의 기록으로 볼 때, 2월 1일 점심 전에 선조가 본
마지막 문서는 지평 신광립의 상소문이었다. 이 상소문에서 신광

립은 이정원, 이성, 정조를 유배해야 한다고 주장했다. 이정원은 정인홍의 상소문에 뒤이어 유영경을 격렬하게 비난하는 상소문을 올렸던 인물이었고, 이성과 정조는 이이첨과 함께 정인홍으로 하여금 상소문을 올리게 했던 인물이었다. 따라서 신광립의 상소문은 정인홍, 이이첨, 이경전에 뒤이어 관련 인물들까지 숙청하라는 요구라고 할 수 있다. 선조는 이 요구에 대하여 심사숙고하느라 곧바로 결재하지 못했던 것이다. 아마도 선조는 점심식사를 하면서 이 문제를 좀 더 깊이 생각해보려 했던 듯하다. 신광립의 요구는 매우 복잡한 정치적 의미를 함축했기 때문이다.

만약 신광립의 요구대로 이정원, 이성, 정조를 유배하게 되면 자신의 전위 또는 대리청정 명령에 직간접으로 찬성한 사람들 모두가 처벌대상이 될 수밖에 없었다. 그것은 전위 또는 대리청정 명령은 거짓이었다고 스스로 고백하는 것이나 마찬가지였다. 국왕으로의 체면상 그렇게 할 수는 없었다. 그렇다고 자신의 명령이 진심이었음을 입증하기 위해 이들을 처벌하지 않게 되면, 그것은 또 정인홍, 이이첨, 이경전에 대한 처벌도 취소해야 된다는 논리로 비화될 수도 있었다. 이에 선조는 이 문제를 어떻게 처리할까 고민했음이 분명하다.

이런 고민을 하며 점심으로 찹쌀밥을 들던 선조는 갑자기 기가 막혀 혼수상태에 빠졌다. 위중한 선조 옆으로 제일 먼저 달려간 사람은 아마도 인목왕후였을 것이다. 조선왕실의 관행 상 왕과 왕비는 거처도 달랐고 식사하는 곳도 달랐다. 선조와 인목왕후 역시 거처하는 곳과 식사하는 곳이 달랐을 것이다. 인목왕후는 자신의 거처에 있다가 선조가 위중하다는 소식을 듣고 곧바로 달려갔을 듯하다. 어찌 손써볼 도리가 없게 된 인목왕후는 세자, 승지, 대신을 불렀을 것이다.

세자 광해군은 위중한 선조가 누워있는 방으로 곧바로 들어갈 수 있었다. 반면 승지와 대신들은 방 밖에서 기다려야 했다. 위중한 왕에게 어떤 약을 쓸지는 세자가 결정하는 것이 관행이었다. 따라서 당시 약방에서 올린 강즙薑汁, 죽력竹瀝, 도담탕導痰湯, 용뇌龍腦, 소합원蘇合元, 개관산開關散은 세자 광해군의 명령에 따른 것이라 보아야 한다. 이런 약들이 효과를 보지 못하자 광해군은 다시 열을 다스리는 약을 준비하라고 명령했는데, 이로 보면 당시 선조는 고열로 시달리고 있었음이 분명하다. 고열을 다스리는 약을 써도 효험이 없자 인목왕후는 선조의 임종을 대비하여 승지와 대신들도 들어오게 하였다.

그때 대신들은 '옛 법에 의하면 부인의 손에서 운명하지 않는다 하였으니 내외로 하여금 안정한 자세로 기다리게 하소서.'라고 요청하였는데, 이는 임종 직전의 선조 옆에 있는 인목왕후에게 물러가라는 요구였다. 왕후가 물러나야 남자인 어의가 자유롭게 들어

갈 수 있기 때문이었다. 그 유명한 어의 허준이 들어갔을 때 선조는 이미 운명한 상황이었다.

실록의 기록으로 볼 때, 선조의 승하는 자연사일 수도 있고 타살일 수도 있다. 노년의 선조가 과중한 업무와 스트레스에 시달리다 승하했을 가능성도 충분하고, 반대로 멀쩡하던 선조가 찹쌀밥을 먹다가 갑자기 위중해진 상태에서 세자 광해군의 명령에 따른 약을 쓰다 승하했다는 점에서 찹쌀밥과 약에 의혹의 눈초리를 보내는 것 역시 당연하기 때문이다. 이와 관련하여《계축일기》에는 '선조대왕께서 돌아가신 그때 약밥인지 고물인지를 잡수시고 갑자기 구역질을 하시다 위급해지셨다. 당시 근방의 궁녀들이 모두 광해군의 심복이었던 상황에서 선조대왕께서 독살되었을 것이라는 추정이 하나도 이상하다 할 수 없었다.'는 내용이 있다. 하지만 이런 의혹은 말 그대로 의혹일 뿐이고 확실한 물증이 있는 것은 아니다. 그렇다고 타살되지 않았다는 확실한 물증이 있는 것도 아니다. 따라서 선조의 승하가 자연사인지 타살인지는 여전히 논란으로 남을 수밖에 없다.

한편 위의 기록에 의하면 인목왕후는 선조의 승하가 공포된 직후 봉함된 유교를 빈청에 내렸다고 한다. 유교란 왕의 유언장을 의미하는데, 세자 광해군에게 남긴 것이었다. 이 유교는 선조의 유언이기에 강력한 권위를 가졌다. 문제는 '동기들을 내가 살아 있을 때처럼 사랑하고 참소하는 말을 하는 사람이 있으면 부디 그 말을 따르지 말라. 이런 내용으로 너에게 부탁하노니, 모쪼록 나의 뜻을 깊이 유념하기 바란다.'는 내용이었다.

위의 내용을 긍정적으로 평가하면 선조는 자식 특히 영창대군과 정명공주 생각으로 꽉 찬 좋은 아버지였다고 할 수 있다. 그러나 이런 평가는 어디까지나 영창대군과 정명공주의 입장에서나 그렇다. 살아있었을 때도 영창대군과 정명공주만 생각하던 선조가 죽음을 앞두고도 영창대군과 정명공주만 생각했다고 하면 세자 광해군의 입장에서는 분노가 치솟을 일이었다. 세자 광해군은 생전의 선조가 왕의 권위로 자신을 짓누르더니 승하해서까지 유언의 권위로 또 자신을 짓누르려한다고 생각할 수도 있었다. 게다가 인목왕후가 이런 유언을 세자 광해군에게만 은밀하게 전했다면 좋게 받아들였을 수도 있다. 그러나 인목왕후는 그렇게 하지 않고 빈청의 대신들에게까지 내렸던 것이다. 이는 세자 광해군을 믿지 못해 대신들에게도 알렸다고 오해를 사 도리어 역효과를 가져올 수도 있는 처사였다.

이에 대해 《계축일기》에서는 유교를 빈청에 내리자고 처음 말한 것은 인목왕후가 아니라 어떤 일개 후궁이었다고 하였다. 그때 인목왕후는 '지금 그 유언을 입 밖에 내지 않는 것이 좋겠소.'라고 했는데, 당황한 궁녀들이 여러 의견을 따라 우선 세자에게 알리고 조정에 이 사실을 전하려 뛰어나갔다고 한다. 어느 쪽이 진실인지는 알 수 없지만, 선조의 유언이 빈청에 알려지자 세자 광해군 쪽 사람들은 크게 격분했다. 선조의 유언은 해석하기에 따라 세자 광해군에게 아주 불리하게 작용할 수도 있었다. 만약 인목왕후가 세자 광해군을 신뢰했다면 이런 유교를 빈청 대신들에게 내리지도 않았을 것이다. 그럼에도 내렸다면 인목왕후가 세자 광해군을 신뢰하지 않는다는 뜻이 되고, 나아가 그런 뜻을 빈청 대신들에게 내렸다는 것은 선조의 유언을 무기로 대신들에게 뭔가 압력을 행사하려는 것으로 해석될 수도 있었다.

그런데 《광해군일기》에 의하면 빈청의 대신들에게 유교를 내린 직후 인목왕후는 '국사는 잠시도 비워서는 안 되는 것이니, 계자啓字를 동궁에게 전하여 제반 일을 살피게 하는 것이 어떻겠는가?' 하는 전교를 내렸고, 이에 대하여 대신들은 '전교傳敎. 왕의 명령가 지극하시니, 이는 국가의 복입니다.'라고 응답했다. 조선시대 계자啓字는 국왕의 결재문서에 찍는 도장이었다. 따라서 계자를 전한다는 것은 곧 왕위를 전한다는 것이나 마찬가지였다.

이에서 나아가 인목왕후는 '어보御寶. 임명서 등에 사용하는 왕의 도장와 계자啓字. 결재할 때 사용하는 왕의 도장를 아울러 동궁에게 전부傳付. 전해줌해도 되겠는가? 어보를 전부하는 절차가 따로 있는가?'라는 전교를 내렸고, 대신들은 '내전께서 편의에 따라 어보를 전부하면 되는 것입니다.

반드시 어떻게 하라는 절차가 있는 것은 아닙니다.' 하였다. 이에 따라 인목왕후는 세자 광해군에게 계자와 어보를 전해 주려하였고, 광해군은 '어보와 계자를 전부하여 주니 망극한 가운데 더더욱 망극하다.'며 사양하였다.

이런 내용만 보면 인목왕후가 먼저 자발적으로 계자와 어보를 전하려 했고 세자 광해군은 사양했던 것으로 보인다. 사실 조선시대 왕위 계승의 관행이 바로 이런 방식이었다. 평상시라면 당연이 이런 방식으로 해야만 했다.

그런데 내막은 전혀 달랐던 것이다. 예컨대 《계축일기》에는 '세자의 측근들은 즉시 세자 부부를 침전에 들게 하여 계자와 새보, 마패 같이 중대한 물건을 속히 내보내도록 하였다.'는 기록이 있다. 세자 광해군이 인목왕후로부터 계자, 옥새, 마패를 강압적으로 넘겨받으려 했다는 뜻이다. 그것이 사실이라면 세자 광해군 쪽 사람들이 인목왕후를 전혀 믿지 못했기 때문이라 할 수 있다.

이에 대해 인목왕후는 아무런 사심 없이 옥새를 넘겨주려 했는데 세자 쪽에서 공연한 의심을 했다고 항변한다. 예컨대 '만약 정말로 대비마마께서 영창대군을 왕으로 세울 생각이 있었다면, 다음 왕을 지목할 막강한 권력을 손아귀에 쥐고 있는 마당에 옥새를 내어 행사할 겨를도 없이 당장 세자에게 내보내셨겠는가?'라는 항변이 그것이다.

그러나 인목왕후의 항변에도 불구하고 세자 광해군 쪽 사람들은 전혀 믿지 않았다. 인목왕후가 선조의 유언을 핑계로 대신들과 혹시라도 무슨 일을 벌일지도 모른다고 의심했던 것이다. 광해군의 처남 유희분은 세자 광해군의 당일 즉위를 공작했다. 유희분은 측근 최유원을 사주하여 홍문관 관원들로 하여금 빈청의 대신들에게 몰려가 성종이 즉위한 전례에 의거하여 세자 광해군의 즉위식을 거행할 것을 요구하게 했다. 성종은 예종이 승하한 당일에 즉위했는데, 당시 예종의 후계자가 4살밖에 되지 않아 갑자기 후계자로 결정되고 즉위했던 것이다. 이런 사례를 세자 광해군에게 대응시킨다는 것은 사실 무리가 있었다. 세자 광해군은 10년이 넘도록 세자 자리에 있었고 나이도 34살이나 되었다. 따라서 기왕의 관행대로 선조의 승하 후 5일째 입관하고 즉위하면 될 일이었다. 그럼에도 불구하고 광해군 쪽 사람들이 성종의 사례를 근거로 당일 즉위를 주장한 것은 그토록 불안했다는 반증이라고 하겠다. 그들의 불안은 인목왕후와 영창대군의 존재에 더하여 선조의 유언 때문에 증폭되었음이 분명하다.

　홍문관 관원들의 압력을 받은 빈청의 대신들은 당일 즉위 대신 명일 즉위를 제시했다. 이에 따라 세자 광해군은 2월 2일에 즉위하게 되었다. 광해군이 즉위하면서 인목왕후는 왕대비로 추존되었는데, 왕대비가 길어서 대비로 불리기도 하였다.

그런데 광해군 즉위 직전에 인목대비는 빈청의 대신들에게 유교遺教 1봉封을 또 내렸다. 그 유교의 겉에는 '유영경, 한응인, 박동량, 서성, 신흠, 허성, 한준겸 등 제공에게 유교 한다.'라고 쓰여 있었다. 내용은 '부덕한 내가 왕위에 있으면서 신민臣民들에게 죄를 졌으므로 깊은 골짝과 연못에 떨어지는 것 같은 조심스러운 마음이었는데 이제 갑자기 중병을 얻었다. 수명의 장단은 운명이 정해져 있는 것이어서, 낮이 가면 밤이 오는 것처럼 감히 어길 수 없는 것으로 성현도 이를 면하지 못하였으니, 다시 말할 것이 뭐가 있겠는가. 단지 대군이 어린데 미처 장성하는 것을 보지 못하게 되었으니, 이 때문에 걱정스러운 것이다. 내가 불행하게 된 뒤에는 사람의 마음을 헤아리기 어려운 것이니, 만일 사설邪說이 있게 되면, 원컨대 제공들이 애호하고 부지扶持하기 바란다. 감히 이를 부탁한다.'였다. 이로 보면 죽음을 예감한 선조는 세자 광해군에게 주는 유언장 1통과 대신들에게 주는 유언장 1통을 남겼음을 알 수 있다. 둘 다 영창대군의 보호를 당부하기 위해서였다. 그 정도로 선조는 정명공주와 영창대군을 사랑한 반면 세자 광해군은 믿지 않았다.

갑작스럽게 선조의 승하와 광해군의 즉위를 당한 인목대비 역시 정명공주와 영창대군을 사랑한 반면 광해군을 믿지 않았다. 그래서 깊은 생각 없이 선조의 유언장 두 통을 대신들에게 알렸던 것이다. 비록 승하했지만 선조의 유언이 여전히 강력한 영향력을 발휘해 국왕 광해군을 통제할 수 있을 것이라 믿었기 때문이다. 이런 믿음은 인목대비가 선조의 궁녀들을 처리하는 과정에서도 나타났다.

조선시대 대전의 궁녀는 왕이 승하하면 3년상 후 출궁하는 것이 관행이었다. 그런데 인목대비는 선조와 의인왕후의 궁녀들 중에서 지밀 궁녀들을 자신의 궁녀로 받아들였다. 왜 그랬을까?

의인왕후의 지밀궁녀나 선조의 지밀궁녀는 인목대비에게 적대적이었을 것이다. 의인왕후에게 충성하던 지밀궁녀들이 의인왕후의 뒤를 이어 왕비가 된 인목대비에게 본능적인 적대감을 가질 것이라 추측할 수 있기 때문이다. 또한 선조의 지밀궁녀들 역시 인목대비에게 적대적이었을 것이다. 실제 조선시대 대전의 지밀 궁녀들이 왕비와 적대적인 관계를 맺는 경우가 많았다. 그래서 대비가 되었을 때 대전의 지밀궁녀들을 숙청하는 일이 적지 않았다.

그런데 인목대비는 그렇게 하지 않고 오히려 자신의 측근 궁녀로 받아들였다. 그 이유는 역시 자신의 권위를 높이기 위해서였다. 인목대비는 겨우 24살에 불과했다. 이에 비해 광해군은 33살이었고, 왕비 유씨는 32살이었다. 광해군과 왕비에 비해 상대적으로 어린 인목대비가 자신의 권위를 높일 수 있는 유효한 방법이 주변에 권위 있는 원로 궁녀들을 두는 것이었다. 당시 최고의 원로 궁녀들은 역시 국왕 선조의 지밀궁녀들 그리고 전 왕비 의인왕후의 지밀궁녀들이었다.

인목대비가 의인왕후의 지밀궁녀 중에서 받아들인 대표적인 원로 궁녀는 경춘, 중환, 난이였다. 경춘은 의인왕후가 입궁할 때 친정에서 데리고 들어간 궁녀로 인목대비보다 26살이나 위였다. 의인왕후의 최측근 궁녀였던 경춘은 경력이나 나이로 보아 최고의 권위를 자랑했다. 인목대비보다 12살 위의 중환 그리고 15살 위의 난이 역시 권위가 있었다.

한편 인목대비가 선조의 지밀궁녀 중에서 받아들인 대표적인 궁녀는 김 상궁과 여옥이였다. 김 상궁은 이름이 응희였는데 임진왜란 때 14살의 나이로 의주까지 선조를 호종護從, 보호하며 따라감한 경험이 있었다. 이 때문에 김 상궁은 어렸을 때부터 선조의 지극한 신임을 받아 당당한 권위를 누렸다. 김 상궁은 인목대비보다 5살밖에 많지 않았다.

이외에 인목대비가 거느리던 측근 궁녀로는 변 상궁, 문 상궁, 정 상궁 등이 있었고 감찰 상궁으로는 천복과 정숙이 있었다. 변 상궁과 문 상궁은 인목대비보다 20살 위의 원로 상궁이었으며 정 상궁은 몸종 역할을 하는 측근 궁녀였다. 천복은 인목대비보다 37살 위로 당시 대비전 궁녀 중 최고참 궁녀였기에 감찰 상궁이 되었고 정숙은 대비의 신임을 받아 감찰 상궁이 되었다. 이들 중에서 인목대비가 가장 신임하는 궁녀는 선조의 지밀궁녀였던 김상궁이었다. 높은 권위에 비해 나이가 비교적 어려 대화가 잘 통했기 때문이다. 따라서 광해군 즉위 당시 인목대비전 궁녀들은 김상궁을 필두로 하는 원로상궁들과 감찰 상궁 천복, 정숙의 통솔을 받았다고 할 수 있다.

정리하자면 광해군의 즉위에 따라 인목대비는 선조가 남긴 2통의 유언장을 광해군과 빈청 대신들에게 알린 것, 선조와 의인왕후의 지밀 궁녀들을 자신의 측근으로 받아들인 것으로 대응했다고 볼 수 있다. 이 같은 대응은 표면적으로 광해군의 효심에 호소하고 있지만 근본적으로 광해군에 대한 믿음이 없었기 때문이다. 그래서 인목대비는 선조의 유언장이 갖는 상징적 위력과 빈청의 대신들이 갖는 현실적 영향력을 방패로 광해군을 통제하고 정명공주와 영창대군을 보호하고자 했던 것이다. 이런 마음이 정명공주와 영창대군에 대한 선조의 마음이기도 했다. 그러나 이 같은 인목대비의 대응방법이 진정 광해군을 감동시키고 심복시켰는지 아니면 불신과 적대감을 증폭시켰는지는 미지수였다. 인목대비나 광해군 서로가 상대방에 대한 신뢰보다는 불신이 더 컸기 때문이었다.

인목대비전의 궁녀들

대상자	업무
김상궁(응희)-여종은 보롬이, 보삭이, 에이, 고은이 시녀 오씨(향이)	선조 지밀 (후에 인목대비지밀)
경춘-의인왕후 친정에서 들어온 궁녀 중환-차충룡의 여동생 난이-여동생이 꽃향이	의인왕후전 지밀 (후에 인목대비지밀)
변 상궁 문 상궁(금란)-문득람의 여동생, 여종은 춘향, 허룡개 정 상궁(옥지)-대비의 몸종 역할 시녀 방애일-방신원의 여동생 시녀 최여옥-최수일의 딸 천합이-시녀 계난이-시녀	대비전 지밀
천복-감찰 상궁, 여종은 우음덕 정숙-감찰 상궁, 여종은 부전이	궁녀들 감찰
학천이-수사 명환이-수사 신옥이-수사 표금이-수사 언금이-수모 향가이-수모 춘개 조금 진옥	대비전 잡무담당

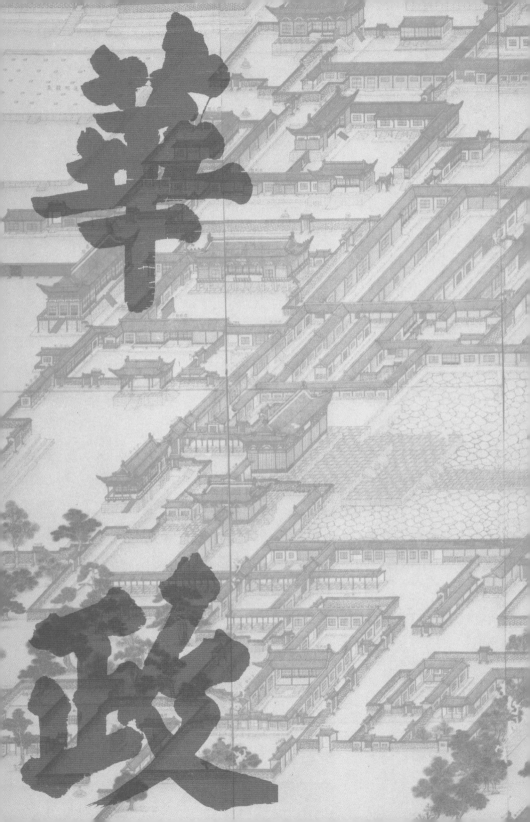

정명공주의 파란만장한 세월들

정명공주,
대비와 국왕 사이에
갇히다

　조선시대 사람들의 정신세계를 지배한 유교에서는 부모가 돌아가시고 최소한 3년간은 부모의 생전 생활방식이나 생전 사고방식을 바꾸지 않아야 한다고 가르친다. 그 이유는 세상에 태어난 사람은 적어도 3년간은 부모의 품안에서 자라나기 때문이라고 한다. 이런 가르침을 믿고 따르는 사람은 부모가 돌아가시면 3년간 상을 치르며 부모의 생전 모습을 추모하고 생전 생활방식과 생전 사고방식을 지키는 것이 당연한 도리라고 생각한다.

　광해군 역시 마찬가지였다. 선조가 승하하고 자신이 왕위에 올랐다고 해서 당장 선조의 생전 생활방식이나 사고방식을 바꿀 수 없었다. 오히려 국왕은 유교국가 조선의 대표자이기에 더욱더 솔선수범해야 했다.

　광해군은 선조의 승하 다음날인 1608년 2월 2일 오후 5시경인 경시庚時에 정릉동 행궁의 서청西廳에서 즉위했다. 현재 덕수궁 즉

조당卽阼堂이 당시의 서청이었다. 선조 생시에 침전은 석어당昔御堂
이었다. 이 석어당을 중심으로 서쪽에는 업무공간이 자리하고 동
쪽에는 중전공간이 자리했다. 서쪽의 업무공간에 있던 중심건물
이 즉조당인데, 석어당 서쪽에 있다고 해서 서청이라고 하였다.

지난 2월 1일에 선조는 침전인 석어당에서 점심을 들다가 위중
한 상태에 빠졌다. 이에 따라 석어당 동쪽의 중전에 머물던 인목
대비는 곧바로 석어당으로 갈 수 있었다. 선조는 석어당에서 승
하했지만, 빈전殯殿은 평상시 정전으로 이용되던 서청에 마련되었
다. 그래서 즉위식이 서청에서 거행되었다.

즉위 후 광해군은 여차에 머물며 선조의 치상에 전념했다. 그러
던 광해군은 삼우제를 지낸 뒤에 곡을 끝낸다는 뜻으로 지내는 제
사인 졸곡卒哭을 얼마 남겨두지 않고 졸곡 후에 동궁으로 되돌아
가겠다는 뜻을 밝혔다. 당시의 왕실관행으로 볼 때 이것은 수상한
일이었다. 관행대로 한다면 졸곡이 끝난 후에 후계왕은 선왕이 쓰
던 침전과 정전을 물려받아 써야 했다. 당연히 선왕의 왕비는 대
비가 되어 후미진 곳에 위치한 대비전으로 물러나고 중전은 새 왕
비가 사용해야 했다.

그러므로 선조의 졸곡이 끝나면 인목대비도 중전을 비우고 대
비전으로 물러나야 했다. 당시 인목대비와 함께 살던 6살 정명공
주와 3살 영창대군도 아직 어려서 인목대비와 함께 대비전으로

옮겨야 했다.

그런데 광해군은 선조가 사용하던 정전이나 침전을 쓰지 않고 동궁으로 돌아가겠다고 했던 것이다. 표면적으로는 '예로부터 열성들께서 거처하던 궁전은 본래 일정한 곳이 없다.'는 명분을 내세웠다. 광해군은 자신이 왕위에 올랐지만 동궁을 써도 아무 문제가 없다는 주장이었다. 선조의 졸곡이 끝난 후 광해군은 동궁으로 돌아갔다.

정릉동 행궁에 있던 광해군의 동궁은 1594년선조 27 9월 22일에 임시로 마련된 곳이었다. 정릉동 행궁은 본래 궁궐이 아니라 월산대군의 집이었기에 규모나 배치에서 궁궐과는 전혀 달랐다. 궁성도 없었다. 선조는 임시로 행궁 주변에 목책을 둘렀는데, 급한 대로 광해군의 동궁을 목책 안에 마련했던 것이다. 그 동궁이 어느곳에 위치했는지는 정확하지 않지만, 궁궐 구도상 동쪽 방향 어딘가에 자리해야 했다. 당시 정릉동 행궁의 구도로 볼 때, 동궁은 중전의 바로 앞쪽에 자리했을 가능성이 높다. 선조 생시 세자 광해군이 선조와 인목왕후에게 날마다 문안인사하기에 편리한 위치였기 때문이다. 선조 생시 인목왕후의 중전과 세자 광해군의 동궁은 매우 가까이 자리했다고 볼 수 있겠다.

선조의 졸곡 후에 인목대비는 행궁의 뒤편에 위치한 대비전으로 옮기고 광해군은 앞쪽의 동궁으로 옮겼다. 당시 대비전이 어느 곳에 자리했는지 확실히 알아내기는 어렵다. 다만 1896년 2월 11일 고종이 러시아 공사관으로 파천하면서 당시의 왕태후 홍씨_{현종의 계비 효정왕후}를 경운궁으로 옮겼는데, 당시 왕태후의 거처는 수인당_{壽仁堂}이었다. 즉 수인당이 왕태후 홍씨의 대비전이었던 것이다. 경운궁의 동북방향 끝에 위치한 수인당은 다른 건물에 비해 아주 크고 넓다. 그래서 수인당이 왕태후 홍씨의 대비전으로 이용되었을 것이지만, 그보다 더 중요한 이유는 그곳이 인목대비 생시 대비전으로 쓰였던 유서 깊은 건물이었기 때문이기도 하다.

이런 배경을 염두에 두고 즉위 후 광해군이 선조의 침전이 아닌 동궁으로 되돌아간 이유를 짐작해보면 그것은 아마도 선조와 인목대비에 대한 불만의 표시였을 것이다. 살아생전 선조는 침전인 석어당에서 거주했지만 승하 후 그 서쪽의 즉조당에 빈전이 마련되었다. 광해군의 동궁으로부터 보면 생전보다 더 멀어지게 되었다. 또한 인목대비 역시 중전을 떠나 동북쪽의 후미진 대비전으로 옮겨갔다. 결국 광해군은 제자리에 가만히 있는 대신 선조와 인목대비가 멀리 떠난 셈이었다.

아마도 광해군의 무의식 속에는 선조와 인목대비를 멀리 떠나보내고 싶은 욕망이 있었을 듯하다. 또한 인목대비가 이전에 비해 먼 곳으로 옮겨간 후에는 더 멀리 떠나보내려는 무의식이 꿈틀거렸을 것이다. 그런 면에서 즉위 후 광해군과 인목대비 사이의 문제는 공간적인 거리가 멀어진 데 있는 것이 아니라 심리적인 거리가 점점 멀어져 간 데 있었다고 할 수 있다. 그럼에도 불구하고 광해군은 유교국가 조선의 대표자로서 유교윤리를 솔선수범해야 했다. 대표적인 것이 세자 시절부터 선조와 인목대비에게 하던 하루 세 번의 문안이었다. 이 문안은 유교에서 가장 중요시하는 효도의 기본으로 간주되었기에 광해군은 즉위 후에도 그만둘 수 없었다. 오히려 선조 승하 직후에는 더 열심히 문안해야 했다. 그러나 마음에서 우러나지 않는 문안이 계속될 수는 없었다. 이와 관련해《계축일기》에는 이런 내용이 나온다.

"상감이 처음에는 하루에 세 번씩 인목대비께 문안을 자주 드리는 척하더니 차차 초하루와 보름으로 한 달에 두 번이 되고, 그것도 무슨 일이 있으면 핑계를 들어 거르기 일쑤였다. 또 문안을 드리러 와서도 대비께서 예사 말씀이나 또는 생각하고 있던 마음속 말씀이거나 혹 일가에 대한 걱정이라도 하실 양이면 자세히 듣지도 않고 '어떻게 되겠지요.'라고만 할 뿐이며 무슨 말씀을 의논이라도 하시려면 손을 내둘러 휘저으며 분부를 들을 생각도 하지 않고 그냥 일어나 휑하니 나가버렸다. 이런 일이 있은 뒤에는 한참만에야 문안을 드린답시고 와서는 머무르기는커녕 앉는 둥 마는 둥 일어나 버리니 모자간에 무슨 말 한마디가 있으리?"

즉위 후 광해군은 의무감으로 인목대비에게 문안인사를 갔었다. 그 의무감은 3년 상 기간 동안은 그런대로 유지되었다. 하지만 3년 상이 끝나갈 즈음부터 광해군은 그 의무도 무시하기 시작했던 것이다. 이는 광해군이 인목대비에게 마음속에만 품고 있던 불만과 불신을 노골적으로 드러나기 시작했음을 의미한다. 물론 광해군의 불만과 불신의 뿌리는 하루하루 자라나는 영창대군에게 있었다.

　　광해군이 즉위했을 때 영창대군은 3살에 불과했다. 말도 하지 못했고 걸어 다니지도 못했다. 광해군이 인목대비에게 문안 왔을 때 영창대군은 말 그대로 강보에 싸인 어린아기였고, 인목대비와 영창대군방 궁녀들의 극진한 사랑과 보살핌 속에 영창대군은 무럭무럭 자라났다. 선조의 3상이 끝날 즈음 영창대군은 다섯 살이었다. 그 정도면 스스로 걷고 스스로 말도 할 수 있었다. 광해군이 인목대비에게 문안을 오게 되면 이제 영창대군은 광해군에게 아는 체도 하고 말도 했을 것이다. 궁녀들 사이에서 자란 어린 영창대군에게 이복형 광해군은 반갑기도 하고 신기하기도 했을 것이다. 그런 영창대군을 보며 광해군이 어떤 생각을 했을까? 《계축일기》에는 광해군이 왕비 유씨에게 '대비전에 가면 영창대군의 소리가 너무 듣기 싫다고 말하곤 했다.'는 내용이 있다. 광해군은 무럭무럭 자라는 영창대군이 싫기도 했고 친근함을 표시하는 영창대군이 더더욱 싫기도 했던 것이다. 그래서 영창대군을 보지 않으려 문안인사를 소홀히 하기 시작했던 것이다.

당연히 이런 광해군에게 인목대비는 불안감을 느꼈다. 어떻게 해야 할까? 인목대비는 정명공주를 매개로 광해군과의 거리를 좁히려 했다.

선조의 3년 상이 끝날 즈음 정명공주는 8살이었다. 지금으로 치면 초등학교에 들어갈 나이였다. 제법 세상눈치도 늘고 꾀도 늘었을 것이다. 광해군이 왜 문안인사를 오지 않는지, 또 인목대비는 왜 불안해하는지 본능적으로 알아챘을 것이다. 정명공주는 본능적으로 인목대비와 광해군을 화해시키려 하지 않았을까? 그런 본능으로 정명공주는 이복오빠 광해군에게 더 살갑고 더 다정하게 대했을 것이다.

광해군은 인목대비전에 문안인사를 가지 않는 대신 가끔씩 인목대비와 정명공주를 초청해 함께 식사하곤 했다. 그런데 그때마다 영창대군은 데려오지 못하게 했다. 물론 영창대군이 보기 싫어서였다. 이렇게 모인 인목대비와 광해군 사이에는 분명 냉랭한 기운이 흘렀을 것이다. 그런 분위기를 누그러뜨리기 위해 8살의 정명공주는 온갖 애교를 부리지 않았을까? 그때 어린 정명공주의 바람은 그저 생모와 이복오빠가 사이좋게 지내는 것, 바로 그것이 전부였을 것이다. 그러나 정명공주의 바람과는 반대로 영창대군이 자랄수록 광해군의 불안은 더 커졌다. 철없는 영창대군은 이복형 광해군을 더 보고 싶어했고, 그에 반비례하여 광해군은 영창대군을 더욱 싫어했다. 이런 광해군과 영창대군의 갈등 상황을 《계축일기》에서는 이렇게 묘사하고 있다.

"하루는 영창대군이 '대전에 계신 형님 전하가 보고 싶어요.'하여 광해군이 대비전에 오셨을 때, 공주와 대군 아기씨를 앉혀 뵙게 하였다. '정명공주로구나. 이리 오너라.' 광해군은 정명공주를 안아보고는 계속해서 말하기를, '정말 똑똑하고 예쁘게도 생겼습니다.' 하였다. 그러나 영창대군에게는 말 한마디 건네지 않고 본체하지도 않았다. 영창대군이 민망하여 주춤거리니 대비마마가 말씀하시기를, '너도 앞으로 나가 보거라.' 하였다. 영창대군은 어렵사리 일어나 광해군 앞으로 갔다. 그러나 광해군은 고개를 들어 한 번 보려고도 하지 않았다. 그러자 영창대군이 밖으로 나와 울먹이며 말하기를, '형님 전하께서는 누님만 저리 귀여워하시고 나는 본 체도 않으시네. 차라리 나도 누님처럼 여자로 태어날 것을 왜 남자로 태어났을까!' 하였다. 영창대군이 그날 하루 종일 서럽게 울어 주변 사람들의 마음을 아프게 했다."

위의 내용대로 광해군은 인목대비와 영창대군에게는 적대감을 드러냈지만 정명공주에게는 친근감을 드러냈다. 물론 정명공주가 여자이기에 그랬을 것이다. 하지만 그 이상으로 눈치 빠른 정명공주가 광해군에게 살갑고 친근하게 굴었기 때문이기도 할 것이다. 그런 정명공주를 광해군은 몹시 예뻐했던 것이다. 그래서 광해군이 정명공주를 불러 안고 '정말 똑똑하고 예쁘게도 생겼습니다.'라고 했던 말은 진심이었을 듯하다. 어린 정명공주는 자신이 할 수 있는 최선을 다해 광해군을 기쁘게 하려 노력했을 것이다. 그것이 광해군과 인목대비 그리고 영창대군 사이의 관계를 좋게 만들 것이라 생각했기 때문이다. 그러나 어린 정명공주의 노력에도 불구하고 그들의 관계는 좋아지지 않았다. 오히려 시간이 지날수록 악화되었다. 어린 정명공주로서는 어떻게 해볼 도리가 없었다.

선조의 3년 상이 끝나고 1611년_{광해군 3} 10월에 광해군의 세자가 혼인식을 치렀다. 세자빈 박씨는 박자홍의 딸이자 이이첨의 외손녀였다. 이어서 두 달 후에는 영창대군이 대군에 봉작되었다. 대군 봉작 당시 영창대군은 6살, 정명공주는 9살, 인목대비는 28살이었다. 그리고 광해군은 37살, 왕비 유씨는 36살 그리고 세자는 14살이었다.

영창대군은 봉작되면서 대군에게 지급되는 850결 내외의 토지를 받았을 것이다. 따라서 영창대군은 광해군 3년 12월 당시 겨우 6살에 불과했지만 이미 노비 450명, 전답 500여결에 더하여 제안대군의 유산 그리고 대군 궁방전까지 장악한 거대한 재산가였다. 이 재산은 대군방의 서제소를 통해 관리되었는데, 그 서제소는 인목대비의 친정 즉 김제남의 집에 마련되었다. 이는 영창대군의 재산을 관리한 사람은 사실상 인목대비였음을 의미한다.

영창대군이 정식으로 봉작되면서 광해군의 불안감은 당연히 커졌다. 거기에다 영창대군에게 거대한 재산이 있으며 그 재산을 인목대비의 친정아버지 김제남이 관리한다는 사실 역시 광해군의 불안을 증폭시켰다. 그런데 인목대비는 자신의 재산은 물론 정명공주의 재산까지 친정아버지에게 맡김으로써 광해군의 불안과 의혹을 더욱 키웠다.

조선후기 왕비는 입궁 후 대략 1,000결結 정도의 궁중에 소속된 토지인 궁방전宮房田을 받았다. 인목대비 역시 선조와 혼인하면서 이에 준하는 궁방전을 받았다. 이 궁방전은 서제소書題所에서 관리했는데 그곳의 최고 책임자는 차지次知 또는 장무掌務라고 하였다. 인목대비가 궁 밖에 거주했다면 서제소는 인목대비의 거처에 마련되었을 것이다. 하지만 인목대비는 궁 안에 있었으므로 그렇게 할 수 없었다. 이에 따라 조선시대 왕비 또는 대비의 서제소는 대체로 친정에 마련되었다. 인목대비 역시 서제소를 친정에 마련했다.

조선시대 왕비 또는 대비의 친정집은 본방本房, 본궁本宮, 신본궁新本宮 등으로 불렸다. 당시 인목대비의 친정이 명례동에 있었기에 그곳은 명례 본궁 또는 명례 신본궁 등으로 불렸다. 인목대비는 오윤남이라는 사람을 명례 본궁의 서제소 차지로 임명하여 재산을 관리하게 했다. 따라서 오윤남이 차지에서 쫓겨나기 전까지 대비의 재산은 친정아버지 김제남 그리고 본궁차지 오윤남을 통해 관리되었다.

이렇게 인목대비는 자신의 재산뿐만 아니라 정명공주의 재산, 영창대군의 재산 그리고 수진궁의 재산 전부를 친정아버지 김제남에게 맡겨 관리하게 했다. 비록 김제남 본인은 큰 재산가가 아니었지만 인목대비로부터 재산관리를 위임받으면서 그의 손에 들어간 재산규모는 상상을 초월할 정도로 커졌다. 그 규모가 정확히 어느 정도인지는 확실하지 않지만 적어도 노비 1천명 이상, 전답 4천결 이상은 되었을 것으로 짐작된다. 게다가 재산의 규모가 워낙 크다보니 매년 늘어나는 재산도 무시무시했다. 이런 상황이기에 광해군이 인목대비의 재산을 불안한 마음으로 주시했을 것은 쉽게 예상이 된다. 인목대비가 광해군의 불안감을 해소하려면 재산이 지나치게 늘지 않도록 주의할 필요가 있었는데, 특히 영창대군의 재산이 너무 늘어나지 않도록 조심할 필요가 있었다.

1874년 제작된 조선 중기 학자 민인백의 시문집인 《태천집泰泉集》에 의하면 광해군이 즉위한 후, 영창대군에게 창진痘疹, 발진이 생기자 서경주가 김제남에게 편지를 보내 '크게 역병을 앓는 아이에게 아무 혈에 침을 놓으면 죽지 않고 소경이 된다고 하니 반드시 그 법에 따라 침을 놓으십시오.'라고 권했다 한다. 그때 김제남이 웃으면서 '나는 서경주를 지혜롭다고 생각했는데 그렇지 않구나. 죄도 없는 대군을 어찌 소경으로 만든단 말인가?' 하며 무시했다고 한다. 이는 서경주가 당시 영창대군 때문에 불안해하는 광해군의 심리를 정확하게 꿰뚫고 있었음에 비해, 김제남과 인목대비는 그렇지 못했거나 아니면 그냥 무시했음을 암시한다.

설상가상 인목대비와 김제남은 영창대군을 위해 재산을 크게 늘렸다. 그것이 영창대군을 위하는 길이라 생각했기 때문이다. 이와 관련하여 실록에는 '인목대비는 재산을 모두 김제남에게 부탁하여 영창대군을 위해 관리하게 하였는데, 김제남은 사양하지 않고 도리어 재물을 긁어모으고 이자를 불렸으며 집을 짓고 전원을 넓히어 자신의 몸을 살찌게 하였다.'는 기록이 실려 있다. 당연히 영창대군의 재산이 늘어나면 늘어날수록 광해군의 불안감도 팽창했으리라 예상할 수 있다.

《계축일기》에 의하면 광해군은 선조가 승하한 1608년 초까지만 해도 인목대비전의 궁녀들에게 매우 잘했는데, 3년 후인 1611년^{광해군 3}부터 조금씩 냉랭하게 대하더니 나중에는 본체만체 했다고 한다. 그 이유는 선조의 3년 상이 끝나고 1611년 10월에 광해군의 세자가 혼인했는데, 뒤이어 12월에 영창대군이 대군에 책봉되면서 세자와 대군이 본격적으로 대비되기 시작했기 때문이다. 광해군은 세자에게 '내가 살아 있는 동안은 비록 이 궁전에 열 명의 대군이 있더라도 두려워할 것이 없다. 그러나 영창대군은 너와 조카지간이 아니냐? 예전에 세조께서는 단종이신 조카를 죽이고 왕위에 올랐으니 나는 그런 일이 생길까 두렵구나. 내 반드시 영창대군을 없애고 너를 편안하게 살게 하리라.' 했다고 한다. 또한 광해군의 측근 궁녀인 김개시는 '영창대군의 세간이나 수진궁의 물건들이 반드시 우리에게 돌아올 것이야.'라고 말했다. 이런 말들은 광해군과 측근들이 영창대군의 존재 자체뿐만 아니라 영창대군의 막대한 재산에 불안감을 갖고 있었음을 보여준다. 따라서 광해군의 불안감을 해소하기 위해서는 영창대군이 돈도 없고 능력도 없는 사람이 되어야 했다. 서경주가 영창대군을 소경으로 만들자고 한 의도가 바로 그것이었다.

만약 인목대비와 김제남이 차마 영창대군을 소경으로 만들 수 없었다면 대신 재산이라도 없애야 했었다. 예컨대 광해군의 세자가 혼인할 때, 영창대군의 재산을 선물 명목으로 다 헌납하고 대군을 거지같은 왕자로 만들었다면 광해군의 불안감은 크게 해소되었을 것이다. 그러나 인목대비와 김제남은 그렇게 하지 않고 거꾸로 재산을 불려나갔다.

인목대비와 김제남의 입장에서는 어린 영창대군이 무슨 죄가 있다고 소경을 만들거나 거지로 만들어야 하는지 납득이 가지 않았던 것이다. 게다가 영창대군의 재산은 불법으로 획득한 것이 아니라 모두 정당한 절차로 획득한 것이었다. 광해군이 제대로 된 왕이라면 당연히 인목대비에게 효도해야 하고 또 영창대군과 우애로운 형제관계를 맺어야 한다고 기대하고 또 그렇게 주장하기만 했다. 이런 기대와 주장은 당연한 것이지만, 그것은 광해군의 입장과 불안감을 전혀 헤아리지 않은 것이기도 했다. 인목대비의 일방적인 기대와 주장 그리고 광해군의 일방적인 불안감은 화해되지 못한 채 비극으로 치달았다.

영창대군이 공식적으로 책봉되던 당시 정명공주는 9살이었다. 친동생 영창의 대군 책봉은 어린 정명공주에게 큰 경사로 느껴졌을 것이다. 그러나 그런 경사 후에 광해군, 인목대비, 영창대군 사이의 관계는 점점 더 악화되었다. 9살의 정명공주는 분명 혼란스럽고 두려웠을 듯하다. 그러나 어린 정명공주가 그 혼란과 두려움을 극복할 방법은 전혀 없었을 것이고, 그렇기에 정명공주의 혼란과 두려움은 더더욱 커져갔을 것이다.

영창대군의 재산,
철퇴가 되어 돌아오다

　1612년광해군 4은 간지로 임자년이었고 띠로는 쥐해였다. 정명공주는 10살이 되었고 영창대군은 7살이 되었다. 한해만 더 있으면 영창대군은 8살이 될 나이였다. 조선시대 남자들에게 8살은 중요했다. 바로 이때부터 소학에 들어가 공부하기 시작했기 때문이다. 중국 동한東漢 시대 반고班固 등이 편찬한 책으로 유교경전의 뜻을 해설한 《백호통白虎通》이라는 책에서는 소학에 입학하는 나이가 하필 8살인 이유를 이렇게 설명하였다.

　"옛날에 남자가 15살 때 대학에 들어간 이유는 무엇인가? 그것은 남자아이는 8살에 유치幼齒가 빠지고 영구치가 나오기 시작하며 지식을 갖기 때문이다. 이때 소학에 들어가 글자를 쓰고 수를 계산하는 것을 배운다. 여자아이는 7살에 유치가 빠지고 영구치가 나온다. 여자아이의 7살과 남자아이의 8살을 합친 15살에 음양이 갖추어짐으로써 청소년이 되고 의지가 분명해진다. 그러므로 15살이 되면 대학에 들어가 경전을 공부한다."

《백호통》 벽옹辟雍

남자아이는 8살에 영구치가 나오고 지식을 갖는다는 사실은 동양의학의 상식이었다. 그래서 과거 우리나라나 중국에서는 남자아이가 8살이 되면 소학에 입학시켜 공부하게 했다. 이로써 남자아이는 부모의 울타리 안에서 보호받던 존재에서 독립된 존재로 거듭나기 시작한다. 아울러 남자아이의 독립을 준비하기 위해 이즈음 혼인을 시켰다. 실제 조선시대 세자와 왕자들은 8살을 전후로 혼인했다.

광해군 4년에 접어들면서 자연스럽게 정명공주와 영창대군의 혼인문제가 거론되기 시작했다. 이를 두고 온갖 소문이 돌았다. 예컨대 정명공주의 부마는 어느 가문으로 내정되었고, 영창대군의 부인은 어느 가문으로 내정되었다는 소문이었다. 그 소문에 더하여 왜 그 가문이 내정되었는지를 두고 온갖 추측이 덧붙여졌다.

이런 소문들은 근거 없는 유언비어일 수도 있지만 사실일 수도 있었다. 인목대비가 정명공주와 영창대군의 혼처를 은밀하게 알아보았을 가능성이 농후하기 때문이다. 이런 소문은 충분히 악의적으로 해석될 수도 있었다. 특히 광해군에게 그럴 수 있었다.

광해군 입장에서 생각하면 정명공주와 영창대군의 혼인문제는 당연히 자신과 상의해야 할 일이라고 생각할 수 있었다. 왕이었기 때문이다. 반면 인목대비의 입장에서는 자신이 대비이기에 굳이 광해군과 상의할 일이 아니라고 판단했을 수도 있다. 혹은 인목대비는 자신이 미리 확인해서 결정한 후 나중에 알려줄 생각이었는지도 모른다.

그러나 이런 인목대비의 태도를 두고 광해군은 충분히 오해할 수 있었다. 그렇지 않아도 영창대군은 이미 큰 부자였다. 그런 영창대군이 유력한 가문의 사위가 된다면 어떻게 될까? 선조의 적자라고 하는 영창대군의 신분에 더하여 영창대군의 거대한 부 그리고 유력한 가문의 정치력이 결합된다면 그야말로 호랑이에게 날개를 달아주는 꼴이었다. 인목대비는 최소한 광해군이 이런 의심을 품지 않도록 해야 했다. 이와 관련하여 《계축일기》에는 이런 내용이 실려 있다.

"선조 대왕께서 돌아가신 후, 세상 사람들 사이에 요사스런 소문을 퍼뜨리는 사람이 많았다. 대비마마께서는 이 소문이 혹시라도 왕실과 혼인할 가문이나 여러 친족의 귀에 들어갈까 염려하여 왕에게 의논하였다. '공주와 대군의 장인이 될 사람은 인자하고 덕이 많아야 하니, 중전의 가문에서 정하는 것이 좋겠소.' 그러자 왕이 대답했다. '소자가 어찌 권세를 등에 업고 날뛰는 숱한 간신들을 믿고 칭찬하겠으며, 또 돌아가신 아바마마의 가르침을 잊겠습니까? 혼사는 마땅히 그리 하겠습니다.' 하였다."

위에 의하면 인목대비는 광해군에게 정명공주와 영창대군의 혼처를 중전 가문에서 구하겠다고 했다. 그때 광해군은 그리 하겠다고 대답했다. 이 대답대로 했다면 정명공주와 영창대군의 혼처는 중전 가문 즉 유씨 가문에서 정해졌을 것이다.

그런데 당시 중전 가문은 그럴 의사가 전혀 없었다. 오히려 혼인이 가까워진 영창대군에게 큰 위기감을 느꼈다. 그들은 만약 영창대군이 혼인하게 되면 어떻게 될지 촉각을 곤두세웠다. 《계축일기》에 의하면 광해군의 처남인 유희량이 당시의 유명한 점쟁이 신경달에게 대군 팔자를 물었는데, 신경달이 '영창대군마마라면 보위를 이으실 만하지요.' 대답했다고 한다. 광해군 쪽 사람들의 두려움이 바로 여기에 있었다. 그들의 입장에서 생각하면 영창대군이 혼인하면 처가 쪽의 도움까지 받게 되어 왕이 될 수 있다고 해석할 수 있기 때문이다. 그렇다면 영창대군이 혼인하지 못하게 하거나 아니면 혼인하기 전에 없애야 하지 않을까? 《계축일기》에는 신경달의 말을 들은 유희량이 '사람을 시켜 일부러 죽이는데도 안 죽겠느냐? 어떻게든 죽이고 말리라.' 했다고 한다. 그들은 왜 이렇게까지 극단적이었을까?

1612년광해군 4 봄에 인목대비의 둘째 남동생 김규金珪가 혼인했다. 하필 김규의 부인이 서성의 손녀이자 서경주의 딸이었다. 바로 선조가 유언장에서 영창대군을 부탁한 7명 신하 중의 한 명이 서성이었다. 광해군은 서성의 손녀를 김규의 부인으로 맞이한 배후는 인목대비라고 의심했다. 선조는 단순히 7명의 신하들에게 영창대군을 부탁했지만, 인목대비는 그 7명의 신하들과 혼인관계를 맺어 더욱 밀착하려 했다고 의심했던 것이다. 그렇다면 인목대비의 저의는 무엇일까? 광해군은 혹 선조와 인목대비 그리고 7명의 신하들 사이에 무슨 밀약이 있었던 것은 아닐까 하는 의혹에서 자유로울 수 없었다.

불안해진 광해군은 서성의 손녀가 김규의 부인이 되는 것을 막으려 했다. 어느 날인가 광해군은 서경주의 장모인 인빈 김씨를 불러 '서경주가 김규를 사위로 삼고자 합니까?'하고 물었다. 인빈 김씨는 '몸이 대궐에 있어서 집안일은 모릅니다.'고 대답했다. 광해군이 인빈 김씨에게 이런 질문을 한 이유는 알아서 혼인을 막아달라는 암시였다. 하지만 인빈 김씨는 무시했다. 혼례 날이 다가오자 광해군은 인빈 김씨에게 '반드시 서경주에게 말하여 김규를 사위로 삼지 못하게 하십시오.'라고 노골적으로 말했다. 광해군이 이렇게까지 나오자 인빈 김씨는 즉시 서경주에게 알렸다. 그러나

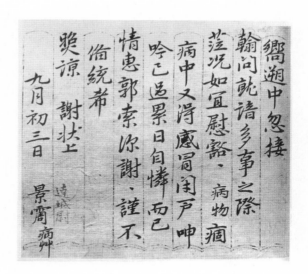

서경주의 친필,
한국역대명인필적

서경주는 '저는 후환이 있으리라는 것을 잘 압니다만, 이미 선왕
의 명령을 받았는데 지금 저버린다면 장차 무슨 면목으로 지하에
서 선왕을 알현하겠습니까?' 하고는 김규를 사위로 맞이했다.

  이런 상황이 광해군에게는 어떻게 보였을까? 서경주는 자신의
명령을 거역하고 선조의 유언을 따랐다. 사실 광해군이 인빈 김씨
를 통해 김규를 서경주의 사위로 삼지 못하게 하려 한 것은 인목
대비를 떠보기 위한 책략일 수도 있었다. 진정 인목대비에게 다른
마음이 없다면 자신이 그렇게 반대하는데 굳이 김규를 서경주의
사위로 들일 필요가 없었다. 게다가 인목대비는 대비이고 또 김규
의 누이이므로 대비가 나서서 막으면 쉽게 해결될 일이었다. 하지

만 인목대비는 모른 체하고 움직이지 않았다. 당연히 광해군은 인목대비가 배후에서 선조의 유언을 내세워 혼인을 강행했으리라 의심했을 수 있다.

그렇다면 만약 선조가 생시에 영창대군을 위해 7명의 신하들에게 별도의 유언을 내렸다면 어떻게 되었을까? 그 7명의 신하들은 분명 자신의 명령을 듣지 않고 선조의 유언을 따르지 않았을까? 그들이 자신의 명령을 따르지 않는 명분은 선조의 유언이지만 실제 그 배후에는 인목대비가 살아 있기 때문이 아닐까? 인목대비는 겉으로는 왕비의 가문에서 정명공주와 영창대군의 혼처를 구하겠다고 하지만 실제는 선조의 유언을 핑계로 7명의 신하 중에서 구하려는 것이 아닐까? 혼인문제를 묵과하면 그것으로 끝일까? 광해군은 이런 의혹과 불안에 휩싸였음이 분명하다.

서경주는 이같은 광해군의 의혹과 불안을 눈치챘다. 마침 그 즈음 영창대군에게 창진이 생겨났다. 서경주는 김제남에게 편지를 보내 '크게 역병을 앓는 아이에게 아무 혈에 침을 놓으면 죽지 않고 소경이 된다고 하니 반드시 그 법에 따라 침을 놓으십시오.'라고 권했다. 그러나 김제남과 인목대비는 무시했다. 김제남이나 인목대비는 광해군의 의혹과 불안을 제대로 몰랐거나 무시했던 것이다. 그러나 광해군 그리고 그 측근들의 의혹과 불안은 상상이상으로 컸다.

광해군 4년 겨울, 광해군의 장모 정씨가 대궐에 들어와 왕비 유씨와 사위 광해군을 불러 3일간 자정이 넘도록 함께 머리를 맞대고 무엇인가 의논하다가 출궁했다는 소문이 돌았다. 정씨는 연말을 맞아 궁에 들어왔다고 추측할 수 있었고, 그것이 사실이라면 크게 신경쓸 일은 아니었다. 인목대비는 그렇게 생각했다. 그래서 별로 주의를 기울이지 않았다.

　그렇게 시간이 흘러 1613년^{광해군 5}이 되었다. 정명공주는 11살이 되었고 영창대군은 8살이 되었다. 인목대비는 30살, 광해군은 39살이었다. 계축년에 접어들면서 인목대비는 정명공주와 영창대군의 혼인문제에 온 정신을 쏟았다. 아마도 정명공주와 영창대군 역시 어떤 배우자를 만날까 하는 생각으로 한껏 들떠있었을 것이다.

　그런데 계축년 정월부터 궁중에는 괴소문이 돌기 시작했다. 임해군과 유영경이 광해군에게 죽음을 당한 것이 억울하고 분해서 그 부인들이 저주를 한다는 소문이었다. 당시 인목대비도 이런 소문을 들었다. 그러나 대수롭지 않게 생각했다. 그럴 수 있겠다고 판단했던 것이다.

　광해군 5년 3월 어느 날, 거금을 지닌 행상인이 조령에서 은자 수백 냥을 빼앗기고 살해당했다. 살인강도들은 현장에 있던 사람들을 모두 죽여 증거를 없앴다고 생각했지만 실수였다. 극적으로 살아남은 춘상이라는 사람이 몰래 살인강도들의 뒤를 밟아 은신처를 알아낸 후 포도청에 신고했다.

현장을 기습한 포졸들은 혐의자 몇 명을 체포했다. 그 중에 덕남이라는 노비가 있었다. 고문이 두려웠던 그는 매를 맞기 전 아는 대로 자백했다. 그에 따르면 살인강도는 박응서, 서양갑, 정협 등으로 그들은 모두 서인 명문대가의 서자들이었다. 덕남의 진술에 따라 4월 25일 박응서가 체포되었다. 그는 당일로 '저희들은 천한 도적이 아니라 은자를 모아 무사들과 결탁한 다음 반역하려 했습니다.'는 취지의 고변서를 올렸다. 이 고변서로 박응서는 단순 살인강도에서 모반대역 죄인으로 돌변했다.

그날 저녁 광해군은 박응서를 직접 조사했다. 박응서는 자신을 비롯한 서양갑, 정협 등이 서자차별에 불만을 품어 역모를 꾸몄다고 했다. 서양갑을 우두머리로 하여 장차 군사 300여 명을 모아 대궐을 습격해 옥새를 탈취 후 곧바로 대비전에 나가 수렴청정을 요청하고 영창대군을 왕으로 옹립 후 서양갑이 영의정이 되는 등 서자들이 권력을 잡으려 음모했다고 주장했던 것이다. 이 주장에 따르면 역모 주모자는 단연 서양갑이었다.

4월 28일 체포된 서양갑은 혹독한 고문을 당했지만 역모를 인정하지 않았다. 다음날에는 서양갑과 박응서의 대질심문이 있었다. 실록에 의하면 이때 앞뒤 말이 어긋난 사람은 서양갑이 아니라 박응서였다고 하는데, 이는 박응서의 고변이 무고라는 의미였다.

만약 그때 광해군이 냉정하게 판단했다면 사건은 무고로 처리될 수도 있었다. 그렇게 되었다면 박응서는 무고죄로 사형되고 서양갑, 인목대비, 영창대군 등은 무혐의로 끝날 일이었다. 그러나 그렇게 되려면 인목대비와 영창대군에 대한 광해군의 신뢰가 있어야 했는데, 불행히도 광해군에게는 신뢰가 없었다. 광해군은 박응서, 서양갑 등이 서인 명문가문의 자제라는 사실을 크게 의심했다. 왜냐하면 선조가 유언장에서 영창대군을 부탁한 7명의 신하가 대부분 서인 명문가문이기 때문이었다. 광해군은 혹시라도 박응서, 서양갑 등이 7명의 신하 나아가 인목대비 등과 연계되지 않았을까 의심했던 것이다. 여기에 더하여 당시 광해군 쪽 사람들은 영창대군의 거대한 재산 그리고 영창대군이 혼인하면 왕이 된다는 이야기 등을 가지고 왕의 의심을 부채질했으리라 짐작된다. 그래서 박응서의 고변은 이이첨 등 광해군 쪽 사람들의 자작극으로 의심받기도 한다. 어쨌든 광해군은 측근들의 부추김으로 의혹과 불안을 증폭시켰음이 분명하다.

대질심문 이후 며칠간 계속된 모진 고문에도 서양갑은 역모사실이 전혀 없다며 버텼다. 그러자 광해군은 그의 생모, 친형, 친누나 등을 체포하게 했다. 그의 눈앞에서 생모와 친형을 고문해 자백을 받아내려는 심산이었다.

5월 2일, 서양갑의 생모 사경思敬이 체포되었다. '만약 바른대로 자백하면 네 어미가 죽지는 않을 것이다.'는 광해군의 회유에 서양갑은 침묵으로 응수했다. 격노한 광해군이 그의 생모를 고문하게 하자, 공포에 휩싸인 그녀는 '네가 역모를 도모하지 않았다 하더라도 승복할 경우 너는 죽더라도 나는 살 것이니 어째서 승복을 하지 않느냐?'라며 울부짖었다. 그러나 서양갑은 '군사부일체이거늘 하지도 않은 일을 어떻게 승복한단 말입니까?'라며 버텼다. 대가는 참혹했다. 서양갑은 자신의 눈앞에서 생모가 모진 고문에 몸부림치는 참상을 바라보아야했다. 3일에도 같은 일이 벌어졌고 하루건너 5일에 또 같은 일이 벌어졌는데, 그날 그의 생모와 친형이 고문을 받다 죽었다. 하지만 모진 고문에도 서양갑은 죽지 않고 살아남았다.

5월 6일 아침, 심문을 앞둔 서양갑의 얼굴은 무덤덤했다. 별일 아닌 듯 얼굴에 묻은 피를 닦아내기까지 했다. 이날 몇 차례 고문을 받던 그는 갑자기 자백하겠다며 박응서와의 대질을 요구했다. 서양갑은 '박응서가 자금을 얻고자 상인을 죽였다고 했지만 그 일은 그가 계획한 것이 아닙니다. 박응서 등은 김 부원군김제남의 집에서 은화를 많이 얻은 후 격문을 붙여 소동을 일으키고자 계획했습니다.'라고 하면서 역모를 제일 먼저 창도唱導. 인도한 사람은 바로 김 부원군이며, 역모에 필요한 자금의 공급원 역시 김제남이라고 주장했다. 이는 그동안 역모의 주모자를 서양갑이라 했던 박응서의 주장을 정면으로 반박하는 것이었다.

서양갑은 자신의 주장을 증명하기 위해 오윤남과 그의 처를 끌어들였다. 광해군이 그토록 불안해하던 인목대비와 영창대군의 재산 관리인이 다른 사람도 아닌 서양갑의 입에서 나오는 순간 사실상 김제남은 물론 인목대비, 영창대군의 운명은 끝난 것이나 마찬가지였다. 서양갑의 말이 거짓인지 아니면 사실인지는 별로 중요하지 않았다. 광해군을 불안하게 만드는 존재인 영창대군과 인목대비 그리고 그 불안을 증폭시키는 영창대군의 재산을 한 번에 처치할 수 있다는 것이 중요했다.

실록에 의하면 서양갑은 생모와 친형이 자신의 눈앞에서 고문을 받고 죽던 날 저녁에 '내가 앞으로 온 나라를 뒤흔들어 어미와 형의 원수를 갚겠다.' 했다고 한다. 광해군이 자신의 어미와 형을 죽였으니 자신도 광해군의 어미와 형제를 죽이겠다는 뜻이었다. 서양갑은 광해군이 왜 그토록 집요하게 자신을 고문하는지 눈치 챘을 듯하다. 즉 광해군은 서얼들이 단독으로 역모를 도모했다고 믿지 않고 누군가 배후가 있다고 의심했음을 눈치챘던 것이다. 이런 의심의 심연에는 물론 인목대비와 영창대군 그리고 그들의 재산이 있었다. 이를 눈치 챈 서양갑은 확실한 복수를 위해 본궁차지 오윤남과 그의 처를 끌어 들였다.

서양갑은 오윤남이 자신과 박응서의 먼 친척이라 평상시 잘 알았으며, 자신이 김제남을 알게 된 것은 2년 전 김제남이 동작정銅雀亭에 머물 때 오윤남을 통해서라고 했다. 이 동작정은 원래 연산군이 동작나루 주변에 지은 정자였다. 이 정자를 중종이 제안대군에게 주었는데, 영창대군이 제안대군의 후사가 됨으로써 영창대군 것이 되었다. 동작정은 자리도 좋고 건물도 화려하여 연산군 때부터 명승지로 꼽혔다. 조선시대에 유명한 호당湖堂 즉 동호東湖의 독서당이 바로 이곳이었다. 조선후기에는 동작정이 다시 국가에 환수되어 유하정流霞亭이라고 불렸다. 조선 말기의 문신 이유원李裕元의 문집인《임하필기》에서는 유하정의 내력을 이렇게 전하고 있다.

"유하정은 두모포에 있는데, 곧 옛날의 호당湖堂으로서 내각에 속해 있었다. 정조 이후로는 사연賜宴하는 일이 없었는데 철종조 때에 사연하라는 명령이 있었다. 날짜를 가려 임금이 신하들에게 술을 내려 주고 여러 대신으로 하여금 잔치에 참석하도록 하였는데, 붉은 슬갑과 붉은 신발들이 위의가 가지런하여 도성의 남녀들이 앞 다투어 나와 구경을 하였으니 그야말로 태평성대를 아름답게 꾸미는 형상이라고 할 수 있었다."

《임하필기》, 춘명일사春明逸史, 유하정유연流霞亭遊宴

동작정은 임진왜란 때 한양방어를 위해 국가에 징발되어 동영
東瑩 건물로 쓰였다. 그러다가 1611년광해군 3에 김제남은 동작정이
영창대군 소유라고 주장하여 동영으로부터 되찾아 원래 자리에
다 세웠다. 서양갑은 그때 오윤남을 동작정에서 만나 김제남을 알
게 되었다고 주장했는데, 결국 지난 2년 동안 오윤남을 매개로 김
제남의 지휘를 받아 역모를 도모했다는 뜻이었다. 서양갑은 역모
를 도모하게 된 동기와 방법에 대하여는 이렇게 진술했다.

"오윤남의 처가 늘 신에게 말하기를 '영창대군이 장성하면 보
전하지 못할 것이 분명하므로 인목대비가 이 때문에 항상 눈물
을 흘립니다. 이런 때에 만약 누군가가 구해 준다면 어찌 이를
우연으로만 돌리겠습니까?'라 하고, 또 그녀가 말하기를, '김 부
원군은 졸렬해서 제대로 생각을 밝히지도 못한 채 지나치게 두
려워하고 있습니다. 그대들이 여러 친구들과 결탁하고 만에 하
나라도 이 일을 성사시킨다면 어찌 다행스럽지 않겠습니까?' 하
기에, 신이 대답하기를 '김 부원군께서 만약 거둬 쓰시고자 한다
면 사람 얻는 일이 무엇이 어렵겠습니까? 지금 같은 때 돈만 있
으면 사람을 사귀기가 매우 쉬우니, 돈만 있으면 성사시킬 수 있
습니다.' 하자, 오윤남이 말하기를, '김 부원군은 이름만 거창하
지 실제로 비축한 것은 없습니다. 만약 돈을 얻고자 하면 인목대

비가 개인적으로 간직한 것이 있으니 그것은 혹 얻을 수 있을 것입니다. 게다가 인목대비의 도량은 김 부원군과 같지 않습니다.' 하였습니다."

《광해군일기》 권66, 5년1613 5월 6일

위의 내용이 사실이라면 역모의 진짜 주모자는 김제남이 아니라 인목대비였다. 오윤남의 처에 따르면 김제남은 역모에 필요한 자금도 없고 배짱도 없기 때문이었다. 그렇다면 김제남이 역모를 도모하게 된 것은 인목대비의 후원이 있었기에 가능했다고 판단할 수 있다.

하지만 서양갑의 진술은 거짓일 가능성도 컸다. 무엇보다도 은밀해야 할 역모를 도모하는 김제남이 서양갑을 만나보지도 않고 진행했다는 진술은 신빙성이 크지 않았다. 서양갑이 어떤 사람인지도 모르면서 오직 오윤남의 말만으로 서양갑을 믿고 역모를 도모했다면 김제남은 아주 무모한 사람이라고 할 수 밖에 없기 때문이다.

한편 서양갑은 김제남이 자신들에게 역모를 사주한 사실을 박응서도 알고 있다고 했다. 이에 광해군이 '서양갑의 말이 이러한데 너는 어찌하여 대두목에 대해서 언급하지 않았는가?'라고 심문하자 박응서는 '지금 김제남과 역모를 통했다고 말했는데 이는 바로 신을 얽어 넣으려 끄집어낸 말입니다. 오윤남은 신과 지극히 소원한 친척인데 신이 어찌 알겠습니까?'라고 대답했다. 서양갑의 말은 거짓이라는 주장이었다.

그러나 광해군은 그렇게 생각하지 않았다. 인목대비에게 오래전부터 품었던 불신과 의혹이 폭발했던 것이다. 광해군은 서양갑의 자백을 듣고는 크게 놀란 나머지 군사들을 동원하여 궁성을 에워싸게 하고 딱따기를 두드리면서 밤낮으로 호위하게 하였다. 이미 광해군은 냉정한 판단력을 잃은 상태였다.

이날 대사헌 최유원이 앞장서서 김제남과 그 아들 김내의 관작을 먼저 삭탈하고 서양갑의 진술에 나온 사람들을 아울러 체포하여 조사할 것을 요청했다. 최유원은 광해군의 처남인 유희분의 최측근이었다. 이런 사실로 미루어보면 김제남 등을 체포해 조사할 것을 주도한 사람은 유희분이 분명하다. 최유원의 요청은 즉시 광해군의 허락을 받았다.

이날 당일로 김제남은 부원군의 관작을 박탈당하고 체포되었다. 그의 아들 김내도 체포되었다. 오윤남과 오윤남의 처 그리고 아들 오강도 체포되었고 영창대군방의 재산관리인, 수진궁의 재산관리인 등도 체포되었다. 이날 얼마나 많은 사람들이 체포되었는지 의금부 옥사로 부족해 전옥서의 옥사로 옮겨 수금되는 사람도 적지 않았다. 오뉴월 무더위로 찜통 같은 감방에서 죄수들은 눕지도 못하고 앉은 채 괴로워하다 지레 죽어 나가기도 했다.

　체포된 김제남은 서양갑을 알지도 못한다고 주장했다. 조사 중 서양갑을 처음 보게 된 김제남은 '네가 서양갑이냐?' 라며 따져 물으려고 했다. 그러나 광해군의 명령에 의해 서양갑은 즉시 하옥되었다. 광해군은 혹시라도 김제남과 서양갑이 말을 꾸밀까 두려웠던 것이다. 서양갑은 자신이 끌어들인 사람들과 대질심문도 받지 않은 상태였다. 서양갑은 그날로 철물 거리에서 몸을 찢어 죽이는 형벌인 거열형을 당했다. 이제 서양갑이 생전에 했던 말은 모두가 사실로 굳어졌고, 그가 끌어들인 사람들은 변명할 방법이 없었다.

　그런데 당시 체포된 혐의자들 중에서 결정적인 혐의자는 오윤남이었다. 왜냐하면 서양갑이 김제남을 알게 된 것은 2년 전 김제남이 동작정에 머물 때 오윤남을 통해서라고 주장했기 때문이다. 하지만 체포된 오윤남은 2년 전 동작정에 왕래한 일이 전혀 없다고 주장했다. 자신은 이미 몇 년 전 본궁차지에서 쫓겨났으며 그 후로는 동작정은 물론 김제남 집에도 출입하지 않았다고 했다. 이같은 오윤남의 주장은 사실일 가능성이 높았다. 오윤남이 본궁차지였을 때는 분명 김제남의 은밀한 측근이었지만 본궁차지가 아니라면 측근일 가능성이 적었다. 그러나 그것을 증명할 방법은 전혀 없었다. 유일한 방법은 서양갑이 자신의 말을 뒤집는 것인데 서양갑은 이미 죽고 없었다.

5월 6일 당일부터 사간원과 사헌부에서는 역적의 추대를 받은 영창대군을 법대로 처벌하라 요구했다. 법대로 처벌하라는 것은 죽이라는 의미였다. 아울러 김제남도 법대로 처벌하라 요구했다.

당시 인목대비도 친정아버지 김제남과 동생들이 체포되었다는 소식을 들었다. 대비는 뜰로 내려가 거적을 깔고 광해군에게 글을 썼다. 뜰에 거적을 깐 이유는 자신이 죄인이라는 뜻이었다. 이유 여하를 막론하고 자기 때문에 친정아버지와 동생들이 갇혔으니 죄인이라는 뜻이었다. 인목대비는 박석薄石에 머리를 부딪치며 광해군에게 글월을 올렸다.

"영창대군으로 말미암아 이런 화가 내 부모님과 동생들에게 미치다니, 어찌 차마 듣고 앉아만 있을 수 있겠소? 여기 내 머리털을 베어서 증표로 줄 터이니, 내 아들을 데려다 마음대로 하시오. 그리고 대신 내 아버님과 동생을 놓아 주소서. 자식으로 인하여 어버이께서 화를 당하시다니, 차마 살아서는 못 보겠소이다."

위의 내용을 보면 인목대비는 자신의 머리털을 잘라 물증으로 보내며 영창대군을 내주겠다고 맹세했다. 그 대신 친정아버지와 동생들을 풀어달라고 요구했다. 조선시대 사람들에게 머리털은 목숨을 상징했다. 인목대비는 친정아버지와 동생들을 살리기 위해 자신의 목숨과 영창대군을 내놓을 정도로 절박했던 것이다.

　그런데 이런 행동은 언뜻 보면 효성의 발로로 이해될 수도 있지만 광해군의 입장에서는 전혀 그렇지 않았다. 긍정적으로 보면 인목대비는 친정아버지를 살리기 위해 자신의 목숨과 아들까지 내놓겠다고 했다. 그런데 그 인목대비는 명분상 광해군의 적모嫡母였다. 그 인목대비는 효를 내세워 자신의 목숨과 아들까지 내놓겠다고 하는데, 그렇다면 그 아들인 광해군은 어떻게 해야 한단 말인가? 사실 인목대비의 행동은 광해군을 불효막심한 사람으로 매도하는 것이었다. 이런 인목대비에게 광해군이 좋게 반응할리 없었다. 광해군은 이런 답장을 보냈다.

"어찌 그런 말을 하시는지요? 나는 형님이신 임해군을 정성껏 대접했는데, 형님께서 당신 병으로 돌아가시자 저보고 '형을 살해하였다' 하셨다지요? 그리고 돌아가신 아바마마는 제가 약밥에 독을 넣어 그리 되신 거라 하셨지요? 또 선대의 궁인을 알지도 못하는데, 제가 '아비와 형을 살해하였고 음증淫烝까지 하였다.' 소문 내셨다지요? 이런 말들이 모두 마마가 계신 곳에서 나왔다 하니, 모름지기 원수는 같은 하늘을 이고 살아갈 수 없는 법입니다. 더 이상 글월을 보내지 마십시오. 그리고 아직 어린 영창대군이야 무엇을 알겠습니까?"

위의 내용은 당시 광해군이 인목대비에게 어떤 생각을 하고 있었는지 생생하게 보여준다. 당시 광해군은 자신이 선조를 독살하고 임해군을 죽였을 뿐만 아니라 선조의 궁인과 정을 통했다는 악의적인 소문에 시달리고 있었다. 그런데 그 소문의 출처를 광해군은 바로 인목대비라고 의심하고 있었던 것이다. 그렇다면 인목대비는 왜 그런 소문을 냈을까? 분명 영창대군을 왕으로 만들기 위함이라는 것이 광해군의 의심이었다. 그런 광해군에게 효도를 핑계로 이런 행위를 하는 인목대비가 어떻게 보였겠는가?

광해군에게 거절당한 인목대비는 다시 왕비 유씨에게 글을 보냈다. 인목대비에게 왕비 유씨는 며느리였다. 그런데 그 왕비 유씨가 '서양갑과 박응서의 아비가 다 서인西人으로, 마마의 아버님 되시는 연흥부원군과 같은 무리인데 어찌 모른다고 하시옵니까? 일이 이렇듯 분명하니 다시는 제게 말을 붙이지 마옵소서.'라는 답장을 보내왔다. 왕비 역시 인목대비를 원수로 생각하고 있었던 것이다.

5월 21일, 광해군은 영창대군을 폐서인廢庶人했다. 영창대군은 대군의 신분에서 평민의 신분이 되었다. 그에 따라 대군의 신분으로 갖고 있던 모든 재산과 의전을 박탈당했다. 선조가 살아생전 주었던 그 막대한 재산은 국가에 몰수되어 광해군 차지가 되었다. 선조와 인목대비는 거대한 재산이 영창대군을 지켜줄 것이라 기대했지만 전혀 그렇지 못했다. 오히려 그 거대한 재산이 영창대군의 몰락을 재촉했다. 그런 면에서 영창대군의 재산은 방패가 아니라 오히려 철퇴가 되어 돌아왔다고 할 수 있다.

이어서 6월 1일, 광해군은 김제남을 사사했다. 그날 인목대비의 친정어머니 노씨는 맨발로 대비전의 담장 밖으로 달려가 '아무개야, 아무개야. 어찌하여 너는 아비를 구해주지 않는단 말이냐?'라며 울부짖었다. 인목대비 역시 이 울부짖음을 들었을 것이다. 그러나 인목대비는 어쩔 도리가 없었다. 광해군은 김제남을 사사하면서 왕의 명령이 담긴 문서인 전지傳旨를 내렸다. 당시 광해군이 인목대비에게 어떤 생각을 하고 있었는지 또 김제남에게는 어떤 생각을 하고 있었는지가 그 전지에 잘 나타나 있는데 이런 내용이었다.

"역적의 괴수 김제남이 앞장서서 역모를 꾸민 정상이 역적들의 진술에 숱하게 열거되어 죄가 다 드러났으므로 잠시라도 천지 사이에 목숨을 부지하도록 놔둘 수 없다. 역적을 토벌하는 의리는 지극히 크고 엄중하니, 형벌의 기구는 이러한 무리를 위해서 설치한 것이다. 역적들의 우두머리는 서양갑인데 김제남은 또 서양갑의 우두머리이다. 서양갑의 머리는 이미 베어서 매달았으나, 김제남은 아직도 사지가 멀쩡하므로 혈기를 지니고 있는 부류들이 너나없이 마음 아프고 뼛속이 저리어 그의 살을 씹어 먹고 그의 가죽을 깔고 앉으려고 한다. 역모를 꾸민 무리들이 어느 시대라고 없겠는가마는, 흉측한 역모의 상태가 이 적도들보다 더 심한 자들은 없었다. 이 역적이 감히 서양갑 등과 안팎으로 내통하여 한 동아리가 되었으므로, 음험하고 비장한 꾀가 비록 귀신이라 하더라도 그 단서를 헤아릴 수 없을 정도였다. 국구가 된 몸으로 앞장서서 역모를 시도했으니, 춘추의 의리로 단정 짓는다면 누구나 그를 죽여야 할 것이다. 역모는 천하에 큰 죄악이다. 임금을 넘보아서는 안 된다고《춘추》에 나타나 있으며 부도한 짓은 한漢나라 법에 엄히 다스리도록 되어 있다. 그런데 더더구나 적들에 앞장서서 선동한 자야 말해 무엇 하겠는가. 무신년선조 41. 1608에 비로소 역모의 마음이 생겼고 김직재에게 틈이 생기기를 바랐다. 오랫동안 꾀를 쌓아 오다가 은밀히 역모를 도모하였다. 그리하여 몰래 무뢰한 서자들과 손을 잡고 불만을 품은 무사들을 모집하였다. 거짓말로 선왕의 밀지가 있었다고 속이고 대비의 권세를 빙자하였다. 이의李珹. 영창대군를 옹립하려는 계획이 은미하여 헤아릴 수가 없었고 담장 안에서 화가 무르익으니 조석 사이에 변이 일어나게 되었다. 그런데 다행히 조상들이 묵묵히 도와주신 데에 힘입어 흉측한 역적들이 벌을 받게 되었다. 모두가 김제남이 앞장서서 선동했다고들 하니, 역모한 정상을 다시 의심할 게 없으며, 엄한 형벌로 국문하는 것은 법으로 보아 당연한 것이라고 하였는데 삼사의 그 의논이 정말로 옳은 것이다. '물건을 던져 쥐를 잡고 싶지만 그릇을 다칠까 염려된다.'는 말이 옛날의 유명한 훈계 속에 들어 있으므로 내 차마 형벌을 가하지 못한다마는, 조정의 의논 역시 엄하니 사사하여 공론에 답한다."

선조의 유언장,
저주가 되어 돌아오다

　광해군과 그 측근들이 서양갑의 주장에 그토록 심각하게 반응한 이유는 무엇보다도 선조의 유언장 때문이었다. 선조는 7명의 신하들에게 유언장을 내려 영창대군을 부탁했다. 그 유언장은 광해군뿐만 아니라 당시 사람들 모두에게 막대한 권위를 가졌다. 말 그대로 선왕의 유언이었고 또 부왕의 유언이기 때문이었다. 충과 효를 최고의 가치로 중시하는 조선에서 부왕의 유언장은 그 무엇에도 앞서는 권위를 가졌다.

　서양갑의 주장을 사실로 인정하고 조사를 확대하는 광해군의 입장에서 선조의 유언장은 양날의 칼이었다. 선조가 유영경, 한응인, 박동량, 서성, 신흠, 허성, 한준겸 등 7명에게 내렸다는 유언장의 내용은 영창대군을 부탁한다는 것으로서 별로 문제될 것이 없었다. 그런데 만에 하나 이것 말고 또 다른 유언장이 있다면 어떻게 되겠는가? 또 만에 하나 그 유언장이 단순히 영창대군을 부탁하는 정도가 아니라 그 이상을 명령하는 것이라면 어떻게 되겠는가? 더구나 인목대비나 7명의 신하가 혹시라도 알려지지 않은 유언장을 내밀고 자신들은 선조의 유언을 지키기 위해 그리 했다고 주장한다면 어떻게 되겠는가? 만약 그런 일이 발생한다면 그들에 대한 조사는 곧 부왕의 유언에 반하는 행동이 되고 나아가 광해군의 즉위는 선조의 유언에 어긋나는 행동이 될 수도 있었다. 그럴 경우 광해군은 이럴 수도 없고 저럴 수도 없는 곤란한 상황에 빠질 것이 분명했다.

5월 6일 김제남이 체포된 다음날, 사간원에서는 선조의 유언장을 받았던 7명의 신하들을 처벌하라 요구했다. 밝고 성스러웠던 선조가 영창대군을 보호하라는 유언장을 내린 것은 분명 사리에 맞지 않기에 7명의 신하들은 마땅히 변명했어야 하는데 지금껏 그렇게 하지 않았다는 죄목이었다. 사간원의 요구는 유활이 주장했는데 그는 광해군의 처남인 유희분의 측근이었다.

그런데 7명의 신하들이 선조의 유언장을 받고도 변명하지 않았다는 죄목은 억지스러운 면이 컸다. 그들은 단지 선조의 신임을 받는 신하들이었기에 유언장을 받았을 뿐이다. 만약 그들이 변명한다면 선조의 유언장이 가짜였다거나 아니면 자신들은 영창대군을 보호할 의사가 전혀 없었다고 공언해야 하는데 그것은 신하의 도리상 할 수 없는 일이었다. 따라서 사간원의 요구는 겉으로

7명의 신하들 처벌이었지만 실제는 유언장이 가짜라고 주장하기 위한 사전포석이었다.

광해군은 사간원의 요구대로 7명에게 죄를 지은 신하들의 벼슬과 품계를 떼는 삭탈관작削奪官爵을 시행했다. 뿐만 아니라 7명의 신하 가운에 이미 죽은 사람도 삭탈관작 하라고 명령했다. 선조의 유언장은 가짜이고 그런 유언장을 받고도 가만히 있었던 7명의 신하들은 역적이라는 의미였다. 이에 따라 선조의 유언장을 위조한 사람이 누구인가로 초점이 옮겨갔다.

5월 8일, 사헌부에서 선조 때의 승전색 환관 민희건을 체포해 조사할 것을 요구했다. 선조가 승하하던 당일, 민희건이 어필을 모사摹寫 하여 밀지라고 사칭하고 유영경에게 주어 영창대군을 보호하게 했다는 죄목이었다. 요컨대 민희건이 선조의 유언장을 위조했다는 주장이었다. 하지만 체포된 민희건은 이렇게 진술했다.

"선왕께서 승하하시던 날 김 상궁이 신과 이덕장을 불러 종이 한 장을 보이면서 말하기를 '이것은 유서이니 밖에 전하시오.' 하기에, 신이 대답하기를 '나는 이미 승전색에서 체차되었으니 감히 맡을 일이 못되오.' 하였습니다. 그래서 이덕장이 그것을 가지고 주상광해군께 가서 보고한 후 승정원인지 아니면 밖에 어느 곳인지에 내려 보냈습니다. 신이 비록 글씨를 잘 쓴다고 하더라도 선왕의 필법과는 하늘과 땅처럼 같지 않습니다. 신이 베껴 쓴 비망등본備忘謄本이 모두 사알방司謁房 한 곳에 있으니 조사해 보면 알 수 있을 것입니다. 신이 그 당시에 듣건대, 선왕께서 내가 살아 있을 때처럼 동기를 사랑하라고 분부하신 것을 한 귀인에게 맡겨 성상께서 즉위 하시기를 기다려 전해 드리도록 하였고, 7명의 신하에게 내린 유교遺敎는 대비에게 전하도록 했다고 하였습니다. 대저 대군을 보호하라 분부하신 것은 사랑하고 보살피게 하려고 하신 것에 불과할 뿐이니, 그 사이에 무슨 다른 의도가 있겠습니까? 그리고 환관이나 궁첩을 모르는 재상이 진정한 재상이라고 할 수 있을 것인데 유영경은 꼭 그러했다고 할 수 없었으므로 신이 그를 비루하게 여겼습니다. 그런데 어떻게 감히 그와 함께 흉악한 역모를 꾸미겠습니까? 이밖에는 다시 드릴 말씀이 없습니다."

《광해군일기》 권66, 5년1613 5월 15일

위에 내용대로 민희건은 자신의 필적과 선조의 필적이 완전히 달라 위조할 수 없으며, 자신은 유영경과 친하지 않아 함께 일을 도모하지 않았다고 주장했다. 실제 민희건과 선조의 필적은 같지 않았다. 《광해군일기》에 의하면 선조의 유언장이 빈청에 내려졌을 때, 그곳에 있던 신하들은 모두가 눈물을 흘렸다고 한다. 유언장은 선조의 필적이 확실했기 때문이다. 따라서 만약에 선조의 유언장이 위조되었다면 민희건은 위조자가 아님이 분명했다.

그런데 당시 광해군이나 측근들이 이런 사실을 모를 리 없었다. 그럼에도 불구하고 민희건을 지목해 조사한 이유는 혹시라도 선조의 유언장이 또 있는지, 아니면 선조의 유언장을 다른 누군가가 위조했는지 확인하기 위해서였다. 민희건의 진술을 들은 광해군은 선조의 유언장이 어떻게 작성되었는지 낱낱이 조사할 것을 명령했다. 이에 민희건은 '신이 김 상궁에게 듣건대 어필로 직접 쓰실 때 인빈仁嬪이 종이를 잡았고, 한 귀인이 입시했다고 하였습니다.'라고 진술했다.

이 진술은 선조 승하 시 유언장이 어떻게 작성되었는지 알려주는 중요한 기록이다. 우선 선조가 승하할 때 함께 있던 인물은 인목대비 이외에 김 상궁, 인빈 김씨, 한 귀인 등 4명이었음이 확인된다. 김 상궁은 선조의 지밀궁녀로서 이름이 응희인데 선조의 신임을 한 몸에 받던 인물이었다. 인빈 김씨는 선조가 살아생전 가장 사랑하던 후궁으로서 의안군, 신성군, 정원군, 의창군 등 4명의 왕자와 정신옹주, 정혜옹주, 정숙옹주, 정안옹주, 정휘옹주 등 5명의 옹주를 생산한 인물이었다. 한 귀인은 선조의 지밀궁녀로서 이름이 정이인데 한 상궁이라고도 불렸다. 선조의 임종을 지킨 이 4명의 여성들 즉 인목왕후, 김 상궁, 인빈 김씨, 한 귀인이 바로

선조의 최측근이었다. 선조가 유언장을 쓸 때, 인빈 김씨가 종이
를 잡았고 한 귀인이 입시했다는 말은 인빈 김씨와 한 귀인이 후
궁으로서 수발을 들었음을 의미한다. 선조는 인빈 김씨와 한 귀
인의 수발을 들으면서 유언장 2통을 써서 하나는 광해군에게 전
하고 또 하나는 7명의 신하들에게 전하게 했던 것이다. 이를 통해
보면 선조의 유언장은 더 이상 없는 것이 확실했다.

사실 광해군과 그 측근들이 확인하고자 했던 것이 바로 이것이
었다. 그들이 가장 우려한 것은 혹시라도 선조의 유언장이 더 있

을지도 모른다는 사실이었다. 그런 우려는 선조의 유언장을 위조한 인물이 혹 인목대비는 아닐까 하는 의심에서 나왔다. 왜냐하면 인목대비의 필적이 선조의 필적과 유사했기 때문이다.

수많은 어필御筆을 남긴 선조는 17세기 이후 국왕 어필의 전형을 수립한 왕으로 평가받고 있다. 선조의 어필은 '한석봉 천자문'으로 유명한 한석봉의 필법에서 많은 영향을 받았다고 한다. 사실 한석봉을 조선시대 최고의 서예 작가로 후원한 사람은 선조였다. 한석봉의 필법을 좋아한 선조는 그의 작품을 병풍으로 만들어 책상에 늘어놓고 아침저녁으로 감상했다. 뿐만 아니라 선조는 한석봉으로 하여금 천자문을 쓰게 하고 이를 간행하여 전국에 반포함으로써 '한석봉 천자문'을 당시 사람들의 표준 서체로 만들었다. '한석봉 천자문'이 간행된 때가 1583년선조 16이었다. 한석봉이 젊었을 때 그의 서예 작품은 '성난 고래가 돌을 할퀴는 듯하고 목마른 천마가 샘으로 치달리는 듯하다.'는 평을 들을 정도로 힘과 기세가 뛰어났다고 한다. 이런 한석봉의 필체를 닮은 선조의 필체 역시 힘과 기세가 뛰어났다.

인목대비는 입궁 후 한석봉의 필체를 모범으로 열심히 서예공부를 했다. 그 결과 인목대비의 서체 역시 한석봉의 필체를 닮아 힘과 기세가 뛰어나다는 평가를 받았다. 따라서 선조 승하시 유언장을 위조했다면 사실상 인목대비가 했을 가능성이 가장 높았다.

왜냐하면 인목대비는 선조의 왕비였으며 또한 선조의 필적과 유사했기에 선조가 자기 대신 대비로 하여금 유언장을 쓰게 했을 가능성이 높았기 때문이다. 만약 그랬다면 인목대비가 선조의 유언을 자기 마음대로 위조해 썼을 가능성도 없지 않았으며, 추가로 위조한 유언장 역시 있을 수 있었다. 광해군과 그 측근들이 내심 가장 두려워했던 부분이 바로 이것이었다.

그런데 민희건의 진술을 통해 선조의 유언장은 선조의 손으로 직접 쓰였다는 사실이 확인되었다. 아울러 별도의 유언장은 없는 것으로 확인되었다. 그러므로 만에 하나 추후에 선조의 유언장이 또 등장하더라도 그것은 가짜라고 주장할 수 있었다. 광해군과 그 측근들은 이제 선조의 유언장에 대한 공포에서 벗어날 수 있었다.

민희건의 진술을 통해 선조의 유언장이 더 이상 없다는 사실이 확인된 그날, 조사를 받던 정협이 무시무시한 진술을 했다. 정협은 박응서, 서양갑 등과 함께 조령에서 은상銀賞을 살해하고 역모를 도모한 혐의로 체포된 서자 중의 한 명이었다. 함경도 종성에 있던 정협이 체포되어 한양에 온 날이 하필 5월 15일이었다. 처음에 정협은 역모사실을 완강히 부인했다. 그러나 혹독한 고문을 한 차례 받고난 다음 갑자기 자백하겠다고 하더니 '일찍이 김제남을 사복시에서 만났는데, 그때 김제남이 신에게 말하기를, 대군을 추대하기로 한 일은 유교遺敎를 받든 사람들도 참여하여 알고 있다

老牛用力已多年
領破皮穿只愛眠
犂耙已休春雨足
主人何苦又加鞭

右為仁穆
王后手寫
古詩舊與
金光明最
勝王經藏
於七長寺
真墨寶也
今兩相校
看其為手
筆無疑也
丙午初夏
裵吉基謹跋

인목대비 친필 칠언시, 경기도 안성시 죽산면 칠장사 소장하였습니다.'라고 진술했다. 이 진술에 따라 유교를 받은 신하들은 당일로 체포되었다. 그들은 다음날부터 조사받기 시작했는데, 그 중 한 명인 박동량이 이런 진술을 하였다.

"정미년선조 40, 1607 10월에 선왕의 병환이 위독해졌습니다. 그때 신의 숙부인 반성부원군 박응순 집안의 여종 경춘景春이 의인왕후 박씨를 모시다가 왕후가 돌아가신 경자년선조 33, 1600 이후로는 영창대군방에 옮겨가 있었습니다. 하루는 경춘이 신의 사촌형 박동언의 처에게 와서 말하기를, '영창대군방의 사람들은 왕께서 중병에 걸리게 된 이유를 의인왕후에게 돌리고 있습니다. 그래서 수십여 명이 요망한 무당들과 함께 잇따라 유릉에 가서 크게 저주의 굿을 벌였습니다. 또 의인왕후의 형상을 만들고 대군 궁방의 하인 거마송巨亇松과 순창順昌 등을 시켜 왕후의 이름을 쓰게 하였습니다. 그러자 거마송은 비록 왕후의 은덕을 입은 적이 전혀 없는 사람인데도 죽음을 무릅쓰고 도망하였습니다. 그런데 순창은 박응인의 집 여종의 남편으로서 임진왜란 때 함께 고생한 공로가 있다고 하여 집사 하인으로 특별히 차출된 망극한 은덕을 입었는데도 도리어 팔뚝을 걷어붙이고 왕후의 이름을 쓴후 끝내는 활과 화살을 가지고 차마 말하지도 듣지도 못할 흉악한 짓을 했습니다.' 하였습니다. 신의 문중 전체가 이 말을 듣고

절치부심하여 불공대천의 원수를 갚고자 하지 않은 것이 아니지만 이 일이 감히 말할 수 없는 곳과 관련되었기에 감히 김제남과 드러내놓고 말하지는 못했습니다. 그러나 순창에 대하여는 하루도 잊은 적이 없으니 어찌 김제남과 조금이라도 더불어 말할 이치가 있겠습니까?"

《광해군일기》 권66, 5년 5월 16일

박동량은 1608년_{선조 41} 초에 이른바 유릉 저주사건을 조사하다가 일이 궁중에 관련되자 포기한 적이 있었다. 그런 유릉 저주사건을 박동량이 새삼스레 거론한 이유는 자신의 문중이 김제남과 원수지간이라는 사실을 강조하기 위해서였다. 그래야 서양갑이 주장한 역모 혐의에서 자유로울 수 있었다.

그러나 박동량의 발설은 전혀 다른 방향으로 폭발했다. 박동량이 김제남과 원수지간이라는 사실보다는 인목대비가 유릉에서 저주했다는 사실이 부각되었던 것이다. 만약 유릉저주사건이 사실이라면 인목대비는 광해군의 죄인이 아니라 선조와 의인왕후의 죄인이었다. 둘째 왕비로 들어간 인목대비가 전 왕비 의인왕후를 저주했다면 그것은 용서받을 수 없는 범죄였다.

5월 18일, 광해군은 유릉저주사건을 조사한다는 명목으로 응희, 정이, 귀복, 향이, 환이 등 5명의 궁녀를 체포해 조사하라 명령했다. 이들은 모두 인목대비의 최측근 궁녀였다. 응희는 김 상궁이었고, 정이는 한 귀인으로서 이 둘은 선조의 임종을 지킨 여인들이었다.

선조 승하 후, 응희는 인목대비의 지밀궁녀로 들어갔고, 정이는 머리를 깎고 여승이 되었지만 인목대비의 측근으로 간주되었다. 귀복은 누구인지 분명하지 않지만 인목대비가 친정에서 데려온 덕복을 의미하는 듯하다. 귀복의 귀貴나 덕복의 덕德은 의미상 서로 통하기에 같이 쓸 수 있기 때문이다. 게다가 귀복은 최초에 체포 대상이 될 정도로 중요한 궁녀인데도 불구하고 그 이후 언급이 전혀 없다는 점에서 덕복의 이칭일 가능성이 농후하다.

당시 귀복 즉 덕복은 영창대군의 보모로서 사실상 영창대군방을 지휘, 감독하고 있었다. 향이는 선조의 지밀 시녀로써 오씨라고 불렸는데 당시 인목대비의 지밀 시녀로 있었다. 환이는 영창대군의 유모였다. 이로 보면 응희, 정이, 향이는 본래 선조의 지밀궁녀 또는 지밀시녀로서 선조의 측근이었다가 인목대비의 측근이 된 궁녀들이었고 귀복과 환이는 영창대군의 보모와 유모로서 인목대비의 측근이 된 궁녀들이었다고 할 수 있다.

광해군은 이 궁녀들이 인목대비의 사주를 받고 유릉저주사건을 벌였다고 의심했다. 왜냐하면 그녀들은 명실상부 인목대비의 최측근이었기 때문이었다. 그래서 만약 유릉저주사건이 실제 있었다면 그녀들이 주도했을 가능성이 아주 높았다.

그런데 광해군의 입장에서 이 궁녀들을 체포하여 조사한다는 것은 도덕적으로 크게 비난받을 일이었다. 응희, 정이, 향이는 부왕 선조의 지밀궁녀 또는 지밀시녀였으며 덕복과 환이는 인목대비의 측근궁녀였기 때문이다. 이런 궁녀들을 체포하여 조사한다는 것은 자칫 부모에게 불효한다는 비난을 불러올 수 있었다. 그런 비난을 막으려면 보다 큰 명분이 필요했다. 그것이 바로 유릉 저주사건이었다. 유릉은 선조의 첫 번째 왕비 의인왕후의 능인데, 인목대비의 측근 궁녀들이 그곳에서 저주했다면 그들은 의인왕후의 역적이라 주장할 수 있었다. 비록 인목대비가 당시 대비라고는 해도 의인왕후를 뒤이어 왕비가 되었기에 권위 면에서 의인왕후를 능가할 수는 없었다.

체포명령이 떨어졌을 때 가장 반발한 궁녀는 응희와 향이였다. 그들은 인목대비의 측근일 뿐만 아니라 선조의 지밀궁녀이자 지밀시녀였기 때문이다. 비록 응희와 향이는 공식적으로 선조의 후궁은 아니었지만 사실상 후궁으로 간주되었다. 그러므로 명분상 응희와 향이는 광해군의 서모庶母라고도 주장할 수 있었다. 그런 본인들을 광해군이 체포해 조사하겠다고 하자 응희와 향이는 '저곳에 가서 모진 형벌을 어찌 견딜 수 있겠는가? 차라리 여기서 목매어 죽으리라.' 하면서 후원으로 가서 목을 매달았다. 그러나 주위 사람들이 달려들어 줄을 푸는 바람에 죽지도 못했다. 그런 그들에게 인목대비는 '지금 여기서 죽으면 죄를 저지르고 자결하였다 할 것이니 나가 보아라.'고 명령했다. 아마도 인목대비는 설마 선조의 지밀궁녀와 지밀시녀를 죽이기야 하랴 생각했던 듯하다. 그래서 인목대비는 응희와 향이는 내보냈지만 덕복과 환이는 내보내지 않고 보호했다. 그러나 얼마 버티지 못하고 덕복과 환이도 잡혀나갔다.

응희와 향이는 잡혀나갈 때, '마노라. 죽으러 가옵니다. 설령 저희가 무슨 일을 당하더라도 지하에 가서 모시겠나이다.'라며 울부짖었다. 당시 응희는 소주를 많이 마셔 취한 상태였다. 군사들이 대비전의 서문西門으로 들이닥쳐 끌고 나가려 하자 '나는 그 동안 선왕을 모셔온 몸이다. 임진년 난리 때에는 인빈 김씨 등 6명과 함께 늘 대가大駕 앞에서 시중들었다. 당시의 대신 윤두수, 유성룡, 이항복, 이산보 등은 지금 어디에 있느냐? 너희들이 어찌 지금 주상의 녹만 먹고 선왕의 녹은 받아먹지 않았단 말이냐? 그런데 어찌하여 나를 이렇게 속박하여 모욕을 준단 말이냐?'라며 소리소리 질렀다. 《광해군일기》에 의하면 이런 말을 들은 사람들은 차마 듣지 못하고 귀를 막았다고 한다. 끌고 가면서도 너무나 미안하고 무안했던 것이다. 이렇게 잡혀간 응희는 사약을 받고 죽었는데, 혹시라도 선조의 승은을 받았을 가능성 때문이었다. 광해군은 '이

치상 당연히 엄하게 국문하여 사실을 밝혀내야 할 것이나 응희가 스스로 죄가 중하다는 것을 알고는 일찍이 선왕의 총애를 받았노라고 핑계대고 있다. 참으로 가까이 총애를 받은 일정 수의 후궁에 대해서는 내가 어찌 모르고 있겠는가마는, 그래도 혹 한두 번 총애를 받았는지에 대해서는 역시 단정하기가 어려운데, 그럴 경우 그대로 국문한다면 의리에 손상됨이 어찌 없겠는가. 미안한 점이 있으니 이 죄목으로 사사하라.' 하였다.

당시에 정이 즉 한 귀인은 머리를 깎고 자수궁에 있다가 체포되었다. 정이를 민희건은 한 귀인이라고 불렀지만 광해군은 한 상궁이라고 불렀다. 민희건은 정이가 선조의 후궁이라고 생각해서 그렇게 불렀고 광해군은 후궁이 아니라 궁녀라 생각해서 그렇게 불렀다. 비록 그렇기는 하지만 정이와 향이 역시 응희와 마찬가지로 선조의 승은을 받았을 가능성도 없지 않았다. 그래서 광해군은 정이와 향이에게도 독약을 내렸다.

한편 응희와 정이, 덕복 등이 체포되자 그녀들의 여종과 친인척들 역시 체포되었다. 응희의 여종으로는 보로미와 보삭이, 예이, 고은이 등이 체포되었고, 정이의 여종으로는 가시, 예환이, 나귀 등이 체포되었다. 덕복의 여종으로는 도서비, 고온이 등이 체포되었고, 친인척으로는 조카 김응벽 등이 체포되었다. 이들은 주인과 달리 참혹한 고문을 받았지만 처음에는 모두 혐의를 부인했다.

그러자 광해군은 오윤남의 아들 오강을 이용했다. 당시 오강은 나이가 열 서너 살쯤 된 미성년이었다. 미성년자에게는 고문을 가하지 않는 것이 조선시대의 법이었다. 고문 없이 조사받았을 때 오강은 '나이 어린 아이라서 밖에 나가 놀기만 했을 뿐이니 어찌 집안일을 알겠습니까? 서양갑에 대하여는 외가로 친척이 된다는 것만 들었을 뿐 얼굴이 어떻게 생겼는지도 모릅니다.'고 할 뿐이었다.

오윤남은 죽고 인목대비 측근 궁녀들과 오강 모두가 혐의를 부인해 유릉저주사건 조사는 막다른 상황으로 몰렸다. 답답해진 광해군은 오강을 역적의 아들이므로 어쩔 수 없이 조사해야 하겠으니 어떻게 해야 하는지 의논해 아뢰라는 명령을 내렸다. 미성년자에 대한 고문이 법으로 금지되어 있지만 그래도 고문하려면 어떤 방법이 있는지 강구하라는 뜻이었다. 광해군의 속마음을 간파한 측근들은 미성년이라도 역적의 아들이므로 고문할 수 있다고 보고했다.

그러자 광해군은 오강에게 압슬壓膝이라고 하는 무시무시한 고문을 하게했다. 압슬이란 무릎 위에 무거운 돌이나 모래 자루를 올려놓고 고문하는 형벌이었다. 자백을 하지 않으면 돌이나 모래 자루를 더 많이 올려놓았다. 어느 정도까지는 무릎이 버티지만 한계를 넘으면 살이 터지고 뼈가 바스러지게 된다. 그런 고통은 상상을 초월할 정도이므로 압슬은 대역죄의 주모자에게나 사용되었다. 그럼에도 광해군은 미성년자 오강에게 압슬을 명령했던 것이다.

6월 9일, 압슬형을 받게 된 오강은 묻는 말에 대답하기 시작했다. 광해군의 질문은 '서양갑이 영창대군의 팔자가 좋다고 했는데 그런 말을 한 사람은 누구인가?'였다. 고통과 두려움에 빠진 오강은 '여자 점쟁이에게서 들었습니다.'라고 대답했다. 광해군이 그 점쟁이의 이름을 묻자 오강은 '장통방에 삽니다.'라 대답하고 이름은 고성高成이라고 했다. '영창대군의 팔자가 좋다고 하니 또 무슨 좋은 일이 있다고 했는가?' 라고 묻자, 오강은 '저의 아비가 일찍이 점쟁이에게 물으니 대군의 팔자가 좋아 혼인한 후에는 더없는 부귀를 누릴 것이라 했습니다.'라고 대답했다. 놀란 광해군이 '부귀가 대군으로만 그치지 않을 것이라고 한 것은 나라를 전해 받는다는 말인가?' 하고 묻자, 오강은 '그렇습니다.'라고 대답했다.

오강의 대답 중에서 광해군을 특히 불안하게 한 것은 혼인 후에 영창대군이 더없는 부귀를 누릴 것이라는 부분이었다. 당시 영창대군은 8살이었지만 왕실관행으로는 조만간 혼인해야 하는 나이였다. 오강의 대답에 의하면, 영창대군은 혼인 후 왕위에 오를 가능성이 있었다.

긴장한 광해군은 당일로 고성을 체포해 오게 했는데 고성은 18

살의 눈 먼 여자 점쟁이였다. 고성은 배천 사람으로서 영험하다는 소문이 자자해 수많은 고관대작을 단골로 두었다. 고성이 워낙 유명한 점쟁이라 어린 오강까지도 알고 있었던 것이다.

광해군은 고성을 체포한 즉시 심문했다. 광해군은 우선 오윤남이 점을 친 일이 있는지를 물었다. 고성은 수많은 사람들의 점을 쳤지만 오윤남이라는 사람의 점을 친 기억은 없다고 대답했다. 광해군은 고성이 맹인임에도 불구하고 곧바로 곤장을 치게 했다. 고통을 이기지 못한 고성은 '결박을 풀어주면 이실직고 하겠습니다.' 하고는 이렇게 진술했다.

> "오 별좌가 처음에는 병오생의 남자 운명을 묻고 다음에는 계묘생 여자의 운명과 무술생 남자의 운명을 물었습니다. 이어서 또 병오생과 무술생 중에 누가 나으냐고 물었습니다. 저는, 병오생은 팔자가 비록 좋지만 13세가 지나야 오래 살 수 있고 무술생은 높은 벼슬을 할 것이니 더욱 좋습니다 라고 대답했습니다."
> 왕이 말하기를, '어찌 이 세 사람의 운명만 점쳤겠는가? 분명 다른 일도 물어 보았을 것이다. 이에 대해 다시 묻도록 하라.' 하였다. 고성의 진술 가운데 을해생과 병자생까지도 물어 보았다는 등의 말이 있었는데 차마 듣지 못할 단서가 많았다.
>
> 《광해군일기》 권67, 5년 6월 9일

위의 오 별좌는 오윤남 별좌란 뜻으로서, 오윤남이 명례궁 별좌였을 때 고성을 찾아와 점을 쳤다는 의미였다. 오윤남이 물었다는 병오생 남자는 '영창대군'이고 계묘생 여자는 '정명공주'였으며 무술생은 '광해군 세자'였다. 오윤남은 처음에 영창대군과 정명공주의 팔자를 물은 후에 영창대군과 광해군의 세자 중에서 누구의 팔자가 좋은지 물었던 것이다. 고성의 점괘로는 영창대군의 팔자가 좋지만 13세가 지나야 오래 살 수 있고, 광해군의 세자는 높은 벼슬만 한다고 했는데 그 의미는 영창대군은 13세가 지나면 왕이 될 수 있고 광해군의 세자는 단지 높은 벼슬만 할 뿐 왕이 되지는 못한다는 뜻이었다.

이런 점괘를 들은 광해군은 몹시 충격을 받았다. 자신의 세자가 왕이 되지 못한다는 점괘는 곧 자신이 비명횡사하거나 쫓겨난다는 뜻이나 마찬가지였다. 광해군은 오윤남이 자신과 자신의 왕비 팔자도 물었으리라 생각했다. 그래서 '분명 다른 일도 물어 보았을 것이다. 이에 대해 다시 묻도록 하라.'고 명령했다. 고성이 대답한 을해생은 광해군이고 병자생은 광해군의 왕비였다. 이들의 점괘에 대하여 '차마 듣지 못할 단서가 많았다.'는 실록의 기록으로 보건대 광해군과 그의 왕비에 대한 팔자는 매우 흉악하게 나왔을 것이 틀림없다.

오윤남이 고성에게 영창대군, 정명공주, 광해군, 광해군 왕비 등의 팔자를 점친 것은 스스로 한 것이 아니라 김제남이나 인목대비의 심부름이었을 것이다. 그렇다면 고성은 김제남이나 인목대비의 단골무당임이 분명하다. 단골도 아닌 무당에게 광해군과 광해군 왕비의 팔자를 점친다는 것은 상상하기 힘들기 때문이다. 조선시대에 일반인이 왕이나 왕비의 팔자를 점치는 행위 자체가 대역무도였다. 역심이 없는 사람이라면 그런 일을 할 이유가 없었다.

광해군은 김제남이나 인목대비가 고성을 통해 저주도 했는지 캐물었다. 몇 차례 부인하던 고성은 '저주한 내막은 유모에게 들었습니다.'고 한 후 '쥐, 강아지, 두꺼비, 비둘기 등을 통째로 찍어 갈기갈기 찢기도 하고, 눈알을 빼고 다리를 자르기도 하여 기도하고 저주하는 데 사용했다고 합니다.'라 진술했다. 자신은 저주를 하지는 않았지만 소문은 들었다는 진술이었다.

고성의 진술은 광해군으로 하여금 인목대비의 저주를 확신하게 만들었다. 광해군은 고성에게 저주의 내막을 이야기했다는 '유모'가 누구였는지, 누가 함께 있었는지, 시킨 사람은 누구였는지 조목조목 캐물었다. 고성은 '갑진생 여인이 을해생과 갑자생 사람과 함께 모의 하였습니다.'고 한 후 '갑자생과 을해생은 지금 대비전에 있습니다.' 라고 했다.

고성이 말한 갑진생 여인은 당시 국무당으로 유명한 수련개가 분명했다. 갑진년 생은 1613년광해군 5 당시 70살이 되는데 실록에 의하면 그때 수련개가 70살이었다. 반면 을해생과 갑자생은 대비전에 있다고 했으므로 을해생과 갑자생은 인목대비의 궁녀라는 뜻이 된다. 결국 고성은 인목대비가 을해생과 갑자생 궁녀를 시켜 국무당 수련개에게 저주를 하게 했다고 주장한 셈이었다. 이런 주장은 박동량의 주장과 대동소이하다고 할 것이다.

광해군은 수련개를 체포, 조사하는 한편 인목대비전에서 을해생과 갑자생 궁녀들도 체포, 조사하게 했다. 이에 따라 혐의가 있는 궁녀들 20여 명이 체포되었다. 당시 인목대비의 지밀상궁이었던 변 상궁과 문 상궁이 갑자생이라 이 두 명도 잡아내려 했다. 그때 인목대비는 지난번 김 상궁이 나간 이후로 변 상궁과 문 상궁에게 의지하고 있었다. 인목대비는 다른 사람은 몰라도 변 상궁과 문 상궁은 절대 내줄 수 없다며 저항했다. 《계축일기》에 당시의 상황이 이렇게 묘사되어 있다.

"한편 내전에서는 계속하여 날마다 글월을 보내 위협하고 재촉했다. '이번 일에 대해서는 그쪽 궁녀들이 모두 알 것이로되 변 상궁, 문 상궁이 분명 알고 있을 것입니다. 두 년들이 모두 갑자생이니 둘 중 하나를 속히 내어 주십시오.' 그러나 아무 죄가 없이 반듯하다 하여도 일의 형편상 그 끝을 감당하기 어렵고 보니, 다짜

고짜 그 궁녀들 중 하나를 달라고 한들 믿고 내어 줄 수가 없었다. 그래서 대비마마는 이렇게 대답하셨다. '사람으로 살면서 어진 일을 하여도 복을 못 얻을까 두려워하는 것이거늘, 하물며 간악한 일을 하면서 어찌 복이 올까 장담하리오. 모든 일이 하늘이 정한 이치이니 내 서러움이 태산 같으나 죽지 못함을 한탄하고 있소. 밤낮으로 내 앞을 떠나지 않던 궁녀들을 잡아가더니, 이제는 행여 남아 있는 종들까지 마저 내놓으라 하오? 갑자생 중 하나를 내주면 문초하고 죽일 것이 불을 보듯 뻔한데, 나는 아무 잘못한 일이 없으니, 어찌 구차하게 목숨을 얻으려고 내 사람들을 내어 놓겠소? 궁중의 여편네들은 그저 조신하게 앉아 있을 일이요, 더 이상 왕의 얼굴에 똥칠하는 짓은 하지 마시오.' 이후로 왕비전에서는 감히 갑자생을 내어 달라는 말을 하지 못했다."

비록 인목대비가 변 상궁과 문 상궁은 지킬 수 있었지만 나머지 궁녀들은 지킬 수 없었다. 이 결과 6월 13일에 대비전의 시녀 계난이, 수사 학천이, 수모 언금이 등 10여명이 체포되었다. 이들 역시 참혹한 고문을 받았다. 이렇게 인목대비전에서 전후로 잡혀나간 궁녀가 30여명에 이르렀다. 대부분은 혐의를 부인하고 죽었지만 일부는 고문 끝에 거짓 자백을 했다. 이런 자백과 함께 덕복의 조카 김응벽의 자백이 결정적인 증거로 이용되었다. 덕복은 인목대비의 최측근 궁녀이므로 그 조카의 자백은 의심의 여지가 없는 것으로 간주되었기 때문이다.

김응벽은 6월 16일에 체포되어 조사받았다. 처음에 김응벽은 무안에 거주하는 자신이 구중궁궐 안에 사는 고모 덕복이 무슨 일을 했는지 어떻게 아느냐며 혐의를 부인했다. 하지만 6월 17일에 압슬형을 받고는, 작년 3월 자신과 영창대군의 노비 한 명, 황응인, 정이의 여종 나귀와 고온 등이 목릉에서 저주했다고 자백했다. 황응인은 응희 즉 김 상궁의 여종인 보로미의 아버지이고, 정이는 한 귀인이었다. 김응벽의 자백은 인목대비, 김 상궁, 한 상궁 등이 자신들의 종들을 시켜 목릉에서 저주했다는 뜻을 함축하고 있었다. 그런데 목릉은 선조의 능으로서 이곳에서의 저주는 유릉보다 더 심각한 문제였다. 김응벽의 자백으로 인목대비는 유릉은 물론 목릉에서도 저주한 흉악무도한 역적으로 몰리게 되었다.

한편 박동량이나 고성의 진술이 사실이라면 유릉저주사건의 핵심은 수련개와 인목대비였다. 따라서 수련개에 대한 조사가 중요했다. 그런데 그 수련개는 '박동량이 그 전에 제가 유릉을 저주한 것으로 의심하고 체포하여 관청에 가두었는데 그런 사실이 없으므로 방면되었습니다. 궁중의 저주에 대한 일은 전혀 모릅니다.'고 진술했다.

특이한 일은 광해군이 수련개를 끝까지 처형하지 않았다는 사실이다. 수련개는 약 3개월 정도 수금되어 조사를 받았지만 무죄로 판명되어 석방되었다. 실록에 의하면 광해군이 수련개를 총애하여 그랬다고 한다. 사실은 수련개가 광해군의 단골무당이었다.

광해군은 수련개가 아닌 다른 무당이 유릉에서 저주했다고 믿었다. 이런 사실은 또 다른 핵심 증언자 경춘에 대한 조사에서도 드러난다. 선조 말에 유릉 저주 사건이 발설된 이유가 경춘 때문이었는데, 정작 광해군이 경춘을 조사하기 시작한 것은 박동량의 진술이 있고 거의 두 달이 지나서였다. 조사야 다른 것이 아니라 유릉에서 저주한 무당의 이름이 무엇인가였는데 경춘은 '모릅니다.'라고 하였다. 그럼에도 추가조사 없이 그대로 석방조치했다. 실록에서는 '경춘은 저주를 처음 고해준 자라 하여 수갑이나 칼도 씌우지 않고 하옥시키지도 않았다.'고 하였다. 또한 박동량이 유릉 저주사건의 공범이라 주장했던 순창은 이미 죽은 후라 조사하지도 못했다.

광해군은 유릉저주사건에서 가장 중요한 증인인 수련개와 경춘으로부터 결정적인 증언을 얻어내지는 못했다. 그럼에도 불구하고 광해군은 유릉 저주 사건을 기정사실화 했다. 그것은 광해군이 증거를 떠나 유릉저주사건 자체를 확신했다는 의미이다. 그런 확신 속에서 광해군은 인목대비전의 궁녀들 30여명 그리고 오강과 고성 등을 잔혹하게 고문하여 강제자백을 받아냈다. 비록 강제

자백이었다고 해도 그 자백을 통해 광해군은 자신의 확신을 더욱 믿게 되었다. 이런 자백을 근거로 1616년光海君7 2월 18일에 유릉저주사건을 일단락 짓는 교서가 발표되었는데 이런 내용이었다.

"응희의 여종 예이禮伊는 자백하기를, '유릉 저주의 일은 영창대군의 보모인 덕복이 주모자였으며 예환禮環과 신옥信玉은 그의 말대로 따랐습니다. 선조대왕의 대전에서 일하던 윤 상궁의 여종 춘금春金은 뇌물을 받고 내응하여 저주에 필요한 물건을 남몰래 전해주었습니다.' 하였다. 저주에 필요한 물건을 포장한 형태가 두斗보다 작은 것을 예이가 두 번이나 보았으며 저주하는 방법은 모두 여자 소경에게서 배워서 실행했다고 하였다. 예컨대 매화나무 위에 찢어진 쥐를 걸어놓거나, 대궐 안 서쪽 담장 아래에 흰 수캐를 놓아두거나, 서쪽 담장 안에 개를 그린 흰 종이를 땅에 깔거나, 계단 아래에 죽은 쥐를 버리거나, 남쪽 창문 아래에 청색 신발이나 쥐 가죽을 버리거나, 남쪽 계단 아래에 죽은 고양이를 버려두거나, 오미자 떨기 아래에 큰 자라를 놓아두거나, 우물 속에 마른 대구어를 놓아두거나, 동궁의 남쪽 담장 안에 죽은 까치와 죽은 쥐를 던지거나, 동궁의 담장에 돼지와 우립인羽笠人을 그려 붙이거나, 대전의 마루 밑에 자라를 묻거나, 측간 밑에 두 발과 두 날개를 자른 까마귀를 버려둔 것 등이었다. 이런 저주에 쓰인 물건들은 영창대군의 종 순창이 궐 밖에서 구해 들였다. 예이는 영창대군의 방에 갈 때마다 덕복, 환이, 향이 등이 흰 개 한 마리를 잡아 눈알을 빼내고 주홍으로 채우는 광경을 목격하였다. 무릇 저주는 16가지로서 전후 16번을 하였다. 그 날짜는 선조 41년₁₆₀₈ 1월부터 4월까지인데 혹 10일 간격으로 혹 5일 간격으로 하였다. 또 유릉에서의 저주는 학천鶴千과 환이가 무당 어연於延과 함께 하였으며 아울러 굿도 하였다.

박동량과 박동열이 또한 말하기를, '영창대군 방의 사람들이 요망한 무당과 함께 연이어 유릉에 가서 의인왕후 박씨의 형상을 만들고 활과 칼로 흉악한 짓을 했다는 이야기를 경춘에게서 들었습니다.' 하였다.

여자 소경 고성이 자백하기를, '작년 12월에 오윤남의 집에 가니 병오생영창대군의 팔자가 어떤지 묻기에, 좋다고 대답하였습니다. 또 묻기를 병오생과 무술생광해군의 세자 두 사람, 을해생광해군과 병자생광해군의 왕비 두 사람 중에서 누구의 팔자가 좋으냐고 묻고 또 이 아기씨가 능히 자립하겠느냐 묻기에, 13살이 지나면 좋다고 대답하였습니다. 또 제가 아기씨의 외갓집에 가니 묻기를, 이런 저주를 하면 병오생에게는 유리하고 해코지하고자 하는 곳에는 재액이 있겠는가 하였으며, 3-4월 안에 마땅히 이에 대한 응답이 있겠는가 하였습니다. 또한 차마 들을 수도 없고 말할 수도 없는 말로 병자생과 을해생에게 흉악한 앙화가 생기게 할 저주를 할 수 있겠는가 물었습니다. 옆에 있던 두 명의 여인이 말하기를, 개는 꼬리와 머리를 자르고 쥐는 사지를 지지며 또 비둘기와 개구리도 그렇게 하여 병자생과 을해생의 액월厄月마다 해코지하고자 한다고 하였습니다. 아기의 유모가 또 말하기를, 병자생과 을해생의 집에는 남자는 들어갈 수 없으며, 오래된 무당이 있는데 한명은 이비李非이고 또 한명은 황금黃金인데 저주의 일을 전에도 했었다고 하였습니다.' 운운 하였다.

오윤남의 아들 오강의 자백에서도 또한 말하기를, 그의 아버지가 고성을 불러 영창대군의 팔자가 아주 좋으냐고 묻자, 대답하기를 혼인 후에 몹시 귀해져서 대군보다 더 귀해진다고 대답하였다고 했다."

《광해군일기》권 87, 7년 2월 18일

유릉저주사건으로 인해 인목대비의 측근 궁녀 30여명은 비참하게 세상을 떠났다. 그렇게 된 이유는 물론 광해군의 의혹과 불신 때문이었다. 그런데 그 의혹과 불신은 근본적으로 선조의 유언장에서 비롯되었다. 선조와 인목대비는 그 유언장을 이용해 광해군을 통제하고 영창대군을 보호하고자 했다. 즉 유언장을 방패로 쓰려 했던 것이다. 그러나 그 유언장으로 말미암아 인목대비의 측근 궁녀 30여명은 참혹한 죽음을 당했고 인목대비 본인은 유릉과 목릉에서 저주를 벌인 흉악무도한 역적이라는 누명을 쓰게 되었다. 그런 면에서 선조의 유언장은 인목대비에게 방패가 아니라 참혹한 저주였다고 할 수 있다.

정명공주,
측근궁녀들의 배신에
울다

인목대비는 대비가 된 후, 의인왕후의 지밀궁녀와 선조의 지밀궁녀들을 자신의 측근으로 받아들였다. 그 이유는 역시 자신의 권위를 높이기 위해서였다. 인목대비는 비록 대비라고 하지만 겨우 24살에 불과했다. 이에 비해 광해군은 33살이었고, 왕비 유씨는 32살이었다. 광해군과 왕비에 비해 상대적으로 어린 인목대비가 자신의 권위를 높일 수 있는 유효한 방법이 바로 자신 주변에 권위 있는 원로 궁녀들을 두는 것이었다. 당시 최고의 권위를 자랑하는 원로 궁녀들은 역시 국왕 선조의 지밀궁녀들 그리고 전 왕비 의인왕후의 지밀궁녀들이었다.

인목대비의 의도대로 대비전의 궁녀는 인목대비 자신의 궁녀, 의인왕후의 궁녀, 그리고 선조의 궁녀 등 3부류로 구성되었다. 이들이 잘 융합하고 협조한다면 인목대비의 권위는 분명 크게 높아질 것이 분명했다. 반면 3부류의 궁녀들이 제대로 융합하고 협조

하지 않으면 오히려 큰 분란이 될 소지가 다분했다. 그런 우려는 이미 의인왕후의 지밀궁녀를 받아들이는 과정에서 제기되었다.

인목대비가 받아들인 의인왕후의 지밀궁녀는 경춘, 중환, 난이 등이었다. 이중 경춘은 의인왕후가 친정에서 데리고 들어간 최측근으로 인목대비보다 26살 위였다. 반면 중환과 난이는 공노비 출신으로서 중환은 12살 위, 난이는 15살 위였다. 따라서 이들 중에서는 경춘이 최고의 경력과 나이를 자랑하는 원로 궁녀 중의 원로 궁녀였다.

《계축일기》에 의하면, 인목대비의 침실상궁이 경춘이를 어여삐 여겨 대비에게 아뢰어 들어오게 되었다고 한다. 그때 늙은 궁녀들은 '의인왕후가 친정에서 데리고 들어온 자이니 지금 대비마마 가까이 두고 일을 맡기는 것은 옳지 않은가 하옵니다.'라며 반대했다. 여기서 늙은 궁녀들이 제기한 반대이유, 즉 의인왕후가 친정에서 데리고 들어온 자라서 안 된다는 이유를 잘 살펴볼 필요가 있다.

조선시대 왕비는 입궁할 때 보통 유모와 몸종을 데리고 들어갔다. 왕비가 궁중생활에서 가장 믿고 의지하는 사람이 바로 이 유모와 몸종이었다. 어려서부터 늙을 때까지 수십 년에 걸쳐 형성된 이들 사이의 관계는 그 무엇으로도 끊을 수 없었다. 그들은 말 그대로 운명공동체였다.

인목대비의 늙은 궁녀들 역시 경험으로 이런 사실을 잘 알고 있었다. 의인왕후가 친정에서 데리고 들어온 경춘에게 인목대비는 충성 대상이 아니었다. 죽으나 사나 경춘에게 충성대상은 의인왕후였기 때문이다.

그럼에도 인목대비는 '무식한 말이로다. 나라의 웃어른이 되어서 내 종과 전 왕비의 종을 달리 대하랴? 돌아가신 의인왕후의 친정 사람들이 본래 다들 뛰어나셨고, 또 의인왕후께서도 어지셨다고 들었다. 주인이 훌륭하면 종조차 훌륭한 법이다. 비록 하인일망정 순직함이 제일이니, 옛날과 지금을 따지지 말고 소임을 맡기도록 하여라.' 라며 받아들였다. 이 결과 경춘, 중환, 난이 등이 인목대비의 측근궁녀가 되었다.

《계축일기》를 통해 보면 경춘, 중환, 난이 등을 들이도록 권고한 침실상궁은 문 상궁인 듯하다. 문 상궁은 변 상궁 그리고 덕복, 덕복의 여동생 등과 함께 인목대비의 최측근 궁녀로서 이름이 금란金蘭이었다. 그런데 문 상궁은 유독 중환이를 어여삐 여겼다고 한다. 변 상궁 등이 조심하라고 해도 들은 척도 하지 않았다. 이로 보면 경춘, 중환, 난이 등을 특별히 어여삐 여겨 들이자고 한 사람은 문 상궁이고, 이를 반대한 사람은 덕복과 변 상궁 등이었을 것이다. 문 상궁은 인목대비의 권위를 높이기 위해 의인왕후의 지밀궁녀가 필요하다는 판단이었던 반면, 덕복이나 변 상궁은 자칫 배신당할 우려가 있다고 염려했던 것이다.

그때 인목대비는 문 상궁의 권고를 받아들여 경춘, 중환, 난이 등을 받아들였다. 문제는 이들이 인목대비 자신의 측근궁녀 그리고 선조의 지밀궁녀들과 잘 어울리도록 하는 일이었다. 당시 인목대비는 3부류의 궁녀들을 화합시키기 위해 나름대로 노력했다. 자신의 최측근 궁녀인 덕복에게 상직방 등촉 밝히는 임무를 맡긴 대신 경춘과 중환에게는 침실 등촉 밝히는 임무를 맡겼던 것이다. 덕복을 자신의 지밀궁녀에서 내보내고 경춘과 중환을 대신 지밀궁녀로 들인 것이었다. 물론 경춘과 중환의 충성을 끌어내기 위해서였다.

그런데 이런 조치만으로는 경춘, 중환, 난이 등의 충성심을 끌어내기 어려웠다. 임무와 관계없이 인목대비는 여전히 덕복, 덕복의 여동생, 문 상궁, 변 상궁 등 자신의 측근들을 신임했으며 그 다음으로 선조의 지밀궁녀들을 신임했다. 당연히 경춘, 중환, 난이 등은 소외감을 느끼고 불평을 품게 되었다.《계축일기》에 의하면 경춘은 자기보다 손위 상궁을 보면 꿇어 엎드려 인사만 할 뿐 다른 말은 전혀 하지 않았다고 한다. 이것은 경춘의 입이 무겁다는 뜻이기도 하지만 불만의 표시이기도 했다. 경춘은 인목대비의 늙은 궁녀들이 자신을 탐탁지 않게 생각한다는 사실을 잘 알고 아예 입을 닫았던 것이다.

이런 갈등관계를 광해군의 최측근 궁녀인 김개시가 비집고 들어와 이용했다. 김개시는 인목대비의 측근인 변 상궁과 비슷한 또래이며 입궁시기도 비슷했다. 변 상궁은 1613년광해군 5 당시 50살이었다. 김개시의 나이도 그 정도이거나 조금 아래였을 것으로 짐작된다. 당시 광해군은 39살이었으므로 김개시가 광해군보다 10살 정도 연상이었다.

김개시는 공노비의 딸로서 어린 나이에 입궁했다. 조선시대 궁녀들이 이르면 7~8살 정도에 입궁하였으므로 김개시가 입궁한 시점은 1571년선조 4 전후라고 생각된다. 그보다 2년 전에 선조가 의인왕후 박씨와 혼인했던 사정을 감안하면 김개시는 의인왕후의 궁녀로 입궁했을 가능성이 높다. 실제로 김개시는 인목대비의 궁녀들 중에서 의인왕후를 모셨던 궁녀들과 잘 어울렸다. 예컨대 경춘이, 중환이, 난이 같은 궁녀들이 그들이었다.

김개시는 과거의 인연과 현재의 불평 등을 이용해 경춘이, 중환이, 난이 등을 포섭했다. 그 시점은 1612년광해군 4 쯤이었다. 당시 중환이의 친오빠 차충룡이 도장을 위조했다가 들켜 고문당하고 수감되었다. 원한에 사무친 중환이는 광해군을 헐뜯고 다녔다. 그때 김개시가 '네가 내 말을 들어주면 나도 네 오라비를 살려 주마.' 하고 포섭했던 것이다. 이 결과 중환이 뿐만 아니라 경춘이, 난이 등도 모두 김개시에게 포섭되었다. 김개시는 이들을 이용해 인목대비의 일거수일투족을 파악할 수 있었다. 인목대비는 자신의 권위를 높이기 위해 경춘이, 중환이, 난이 등을 받아들이고 특별대우를 했지만 그들은 김개시의 심복이 되어 배신의 칼을 갈았던 것이다.

경춘이의 배신

첫 번째 배신은 경춘이가 했다. 유릉저주사건이 그것이었다. 이 유릉저주사건을 최초로 발설한 주인공이 경춘이였고 또 최종적으로 확인해준 증인 역시 경춘이였다. 그 유릉저주사건으로 인목대비의 측근 궁녀 30여 명이 억울하게 죽음을 당했고, 인목대비 자신은 흉악무도한 역적으로 몰렸다.

유릉저주사건을 정략적으로 이용한 주체는 물론 김개시와 광해군이었다. 경춘이는 단지 그런 정략이 성공하도록 도와주었을 뿐이다. 그렇지만 그 도움으로 인목대비가 막대한 타격을 입었다는 면에서 경춘이는 배신자일 수밖에 없었다.

본래 유릉저주사건은 1607년_{선조 40} 10월 유릉에서 발생했다고 하는 저주사건이다. 선조의 첫째 왕비 의인왕후는 1600년_{선조 33} 6월에 세상을 떠났는데, 이후 7년 만인 1607년 10월에 유릉저주사건이 발생한 이유는 선조의 중병 때문이었다.

1607년 10월 9일 새벽, 잠자리에서 일어난 선조는 방 밖으로 나가려다 기절해 넘어졌고 그 길로 혼수상태에 빠져들었다. 어의 허준, 조흥남 등이 처방한 청심원 등을 복용한 후에야 선조는 정신을 차릴 수 있었다. 하지만 오후가 되자 선조는 다시 혼수상태에 빠져 들었다. 약을 먹고 깨어났던 선조는 한 밤중에 또 혼수상태에 빠졌다가 약을 먹고 깨어났다. 이렇게 하루에도 몇 번을 혼수상태에 빠졌다가 깨어나자 대부분의 사람들은 선조가 더 이상 살지 못할 것으로 예상했다. 선조 스스로도 회복되지 못할 것으로 생각하고 세자 광해군에게 왕위를 물려주려고 했다.

그런데 금방 세상을 떠날 것 같던 선조는 이튿날부터 조금씩 병세가 호전되었다. 그렇다고 병세가 완연하게 좋아지지도 않았다. 이런 상황에서 귀신 때문에 선조가 중병에 든 것이라는 소문이 돌기 시작했다. 그렇다면 선조를 해코지할 귀신은 어떤 귀신일까?

그럴만한 귀신은 많겠지만 우선적으로 의인왕후와 공빈 김씨의 원혼이 거론될 수 있었다. 의인왕후는 수십 년을 왕비로 있었지만 선조의 따뜻한 사랑 한 번 받지 못하고 아이도 낳지 못한 채 세상을 떠났다. 또한 공빈 김씨는 자신이 저주에 걸려 죽게 되었다고 하소연했는데도 선조가 들어주지 않았다. 그런 사연으로 저승의 의인왕후와 공빈 김씨가 이승의 선조에게 원한을 품을 가능성은 충분했다. 하지만 의인왕후와 공빈 김씨의 원혼이라면 선조

에게 원한을 품은 지 짧게는 7년 길게는 30년이나 되는데 왜 하필
그 시점에서 선조를 중병에 들게 했을까?

많은 사람들은 바로 인목왕후와 영창대군 때문이라고 생각했
다. 의인왕후가 세상을 떠난 후 선조는 인목왕후를 왕비로 맞이해
아들 영창대군을 낳았다. 여기에서 나아가 세자 광해군을 영창대
군으로 바꾸려고까지 했다. 만약 의인왕후와 공빈 김씨의 원혼이
있다면 그것을 막고 싶어 한다는 추론이 가능했다. 당연히 두 원
혼이 세자 교체를 저지하기 위해 선조를 죽이려 했다는 의심이 나
올 수 있었다. 당시 영창대군이 두 살밖에 되지 않았으므로 그 때
에 선조가 죽는다면 세자 광해군이 자연스럽게 왕위를 계승할 수
있었기 때문이다.

이런 의심은 누구보다도 인목왕후가 제기했을 가능성이 높다.
하지만 인목왕후가 그런 의심을 노골적으로 드러냈는지는 알 수
없다. 그러나 영창대군방의 측근궁녀들 사이에서는 그런 의심이
노골적으로 돌았다. 그들은 은밀하게 무당을 불러 점도 쳤다.

무당의 말에 따르면 선조의 중병은 의인왕후와 공빈 김씨의 원
혼 때문이었다. 의심 그대로였다. 영창대군방의 측근궁녀들은 의
인왕후와 공빈 김씨의 원혼을 몰아내기 위해 굿을 하기로 했다.
당연히 굿은 원혼이 잠들어 있는 곳 즉 의인왕후의 능인 유릉과
공빈 김씨의 무덤에서 해야 했다. 이때 영창대군방의 측근들이 인

목왕후에게 보고했는지 또는 의논했는지는 알 수 없다. 인목왕후가 이 문제를 선조와 의논했는지도 알 수 없다.

그런데 영창대군방의 측근궁녀들이 이런 일을 진행하자 여기에 불만을 품은 사람들이 나타났다. 그들은 의인왕후의 측근궁녀들이었다. 특히 의인왕후가 친정에서 데리고 들어왔던 궁녀가 불만을 품었는데, 바로 경춘이가 그였다.

경춘은 11살 때 의인왕후를 따라 입궁한 후 30여 년 동안 왕후를 모셨다. 궁중의 관습대로 했다면 경춘은 의인왕후가 세상을 떠난 후 출궁했어야 했다. 하지만 인목왕후에게 발탁되어 지밀궁녀가 되었다. 그러나 자신을 탐탁지 않게 여기는 늙은 궁녀들에 의해 지밀에서 밀려나 영창대군을 돌보게 되었다. 경춘은 자신을 의심하는 상궁들이 모함해서 쫓아낸 것이라 생각했을 듯하다. 경춘을 인목왕후의 지밀로 들이는 것을 반대했던 상궁들은 계속해서 경춘을 따돌렸으리라 짐작된다. 당연히 경춘은 인목왕후의 상궁들에게 이런저런 불만을 품었다고 짐작된다. 그러던 중에 경춘은 유릉에서 굿판이 벌어진다는 소문을 들었다. 그 굿은 의인왕후의 원혼을 쫓아내기 위한 저주의 굿판이었다. 당시 궁중에는 이와 관련된 온갖 소문이 돌았다. 유릉에서의 저주는 물론 누군가가 의인왕후의 초상화를 그려놓고 활을 쏘았다는 소문까지도 돌았다.

이런 소문은 경춘을 몹시 갈등하게 만들었다. 자신이 30여 년이나 모시던 상전을 향해 온갖 저주가 벌어진다는데 속이 편할 리 없었다. 게다가 그 저주를 주동하는 사람들은 자신을 따돌리는 인목왕후의 측근 궁녀들이 분명했다. 경춘은 그 저주를 막고자 자신이 들었던 이러저런 소문을 의인왕후의 올케에게 이야기했다. 이렇게 해서 유릉의 저주 그리고 의인왕후의 초상화에 활을 쏘았다는 소문이 왕후 박씨의 문중에 널리 퍼졌다. 그 소문은 박씨 문중에만 머물지 않고 임해군에게도 들어갔다. 물론 공빈 김씨의 무덤에서도 저주의 굿판이 벌어진다는 소문이었다.

당시 임해군은 이미 혼인해서 궁 밖에서 살고 있었다. 공빈 김씨의 무덤에서 저주의 굿판이 벌어진다는 소문에 임해군은 자신의 노비들을 동원해 지켰다. 당시 임해군은 2천 명에 이르는 수많은 노비를 거느리고 있었다. 그런 임해군이 얼마 정도의 노비들을 동원해 무덤을 지켰는지는 알 수 없다. 하지만 상당히 많은 수의 노비들을 동원했으리라는 추측은 가능하다. 그 덕분에 공빈 김씨의 무덤에서는 굿이 벌어지지 않았다.

궁궐 밖에서 이런 소동이 벌어지고 있을 때, 세자 광해군이 관련 소문을 들었는지는 알 수 없다. 그때 세자 광해군은 선조의 병석을 지키고 있었으므로 듣지 못했을 가능성이 높다. 어쨌든 임해군은 저주의 굿판을 막기 위해 노비들을 동원할 정도로 예민하게 반응했던 것만은 사실이다.

유릉에서 저주의 굿판이 벌어진다는 소문에 의인왕후 문중에서도 민감하게 반응했다. 그때 의인왕후의 사촌 동생이었던 박동량은 형조에 재직하고 있었다. 박동량은 당시 한양에서 이름 높던 무당 수련개水連介를 체포하여 조사했다. 수련개는 의인왕후 가문의 여종이었지만 신통하다는 소문이 자자해 궁중에서도 자주 부르곤 했다. 궁중에서는 수련개에게 왕실의 은밀한 점이나 굿을 의뢰했다. 이런 무당을 나라무당 즉 '국무당'이라고 했다. 수련개는 의인왕후의 친정 여종이었으므로 왕실의 신뢰를 받을 수 있었다. 수련개는 의인왕후가 세상을 떠난 후에도 계속 궁중에 드나들었다. 그래서 박동량은 수련개를 의심해서 체포, 조사했던 것이다.

그러나 수련개는 혐의를 완강히 부인했다. 자백을 받아내려면 고문을 해야 했다. 하지만 수련개를 고문하는 일은 매우 위험했다. 수련개와 거래하는 고객 중에는 선조, 인목왕후 등이 있었기 때문이다. 자칫하다가는 고문을 이기지 못한 수련개가 왕과 왕비의 사생활을 폭로할 수도 있었다. 게다가 관련자들을 조사하려면 왕과 왕비의 측근 궁녀, 측근 환관 등을 소환해야만 했다. 왕의 명령도 없이 그렇게 하는 것은 곧 대역무도였다. 박동량은 더 이상의 조사를 포기하고 수련개를 석방했다. 이렇게 해서 이른바 유릉저주사건은 소문만 무성한 채 유야무야되었다. 경춘이 들었다는 소문이 사실인지 또는 그냥 헛소문인지, 사실이라면 누가 굿을 했으며 의뢰인은 누구인지에 관해 아무런 결론이 나지 않았던 것이다.

그런데 이 유릉저주사건이 1613년(광해군 5) 5월 16일의 박동량 진술을 계기로 갑자기 정치판의 태풍이 되었다. 당시 광해군은 유릉저주사건을 조사하면서 강제자백 이외에는 결정적인 증언이나 증거물을 찾아내지 못했다. 그럼에도 광해군은 유릉 저주 사건을 기정사실화하여 관련자들을 사형에 처하고 교서도 반포하였다. 광해군 나름대로 유릉 저주 사건에 대한 확신이 있었기에 이런 일이 가능했다. 그렇다면 광해군의 확신은 어디에서 온 것일까? 혹 영창대군과 인목대비를 숙청하기 위해 정략적으로 그렇게 한 것은 아니었을까? 아니면 다른 내막이 있었을까? 이와 관련해서《계축일기》에는 이런 내용이 있다.

"임자년(1612, 광해군 4) 겨울, 유자신의 아내 정씨가 대궐 안에 들어왔다. 그리고 자신의 딸과 사위를 불러 사흘 동안 자정이 넘도록 함께 머리를 맞대고 무엇인가 의논하였다. 그러더니 계축년 (1613, 광해군 5) 정월 초사흘부터 저주를 시작하였다. 털이 하얀 강아지의 배를 갈라 대궐로 들여오기도 하고, 화상을 그려 활로 쏘는 시늉을 해 놓고는 그것을 인적이 드문 곳과 왕이 주무시는 곳에 몰래 놓아두었다. 나중에는 담 너머와 왕의 책상 아래며, 베개 밑에까지도 갖다 놓았다. 이렇게 하기를 4월까지 하며 한편으로는, '이번 저주는 임해군과 유영경의 부인이 행하였다더라.' 하고 거짓 소문을 퍼뜨렸다. 그리고 '나라의 큰 무당 수련개가 그렇게 말하더라.'며 갖가지로 사람들을 현혹시켰다. 이는 모두 우리의 의심을 피하기 위해서였다. 그곳은 우리들이 다니는 곳이 아니었기 때문에 우리를 향하여 그런 의심들이 있을 줄은 생각조차 하지 않았다. 비록 그러한 의심을 살까 염려한들 사실 어찌할 도리가 있는 것도 아니었다. 그들은 자신들이 퍼뜨리고 다닌다는 말이 새어 나가면 그르칠까 하여 조심하였다."

위에 나오는 유자신의 아내 정씨는 광해군의 장모였다. 이 정씨가 임자년 겨울에 입궐하여 사위 광해군, 딸 왕비 등과 함께 저주 사건을 모의한 후 계축년 1월부터 자작극을 벌였다는 의미이다. 위의 기록대로라면 계축년에 불거졌던 유릉 저주사건은 결국 광해군의 자작극이었다는 결론이 된다. 그런데 《광해군일기》에 실린 내용은 이와는 약간 다르다.

"임자년 겨울에 왕비의 어머니 정씨가 궁궐에 들어가 사람들을 물리치고 은밀히 모의하였는데 궁녀들이 헤아리지 못한 지한 달이나 되었다. 정씨가 나간 후 대궐 안에서 강아지와 쥐를 지지거나 찢는 변이 일어났다. 그러자 이것은 인목대비 소행이라는 소문이 떠들썩하게 돌았다. 인목대비가 스스로 변명하지 못하였는데 박동량이 선조의 중병 때 유릉에서 있었던 저주사건을 망령되이 끌어들였다. 고성이 연이어서 운명을 점친 일을 말하였다. 이런 것은 모두 죽음을 면하기 위해 왕의 뜻에 아부한 말들이었다. 그 후에 국문을 받고 죽음을 당한 궁녀가 30여명이나 되었지만 한명도 승복한 사람이 없었다. 유혹에 넘어가 어지러이 말한 사람은 오직 예이 한 명뿐이었으니 억울하고도 잔혹하였음을 알 수 있다. 또 왕의 침실은 문과 벽이 높고 깊어서 부녀자들이 뛰어넘을 수 없었으며 일없이 마음대로 들어갈 수 있는 곳도 아니었다. 예로부터 저주의 요술이란 반드시 은밀한 곳에 저주물을 묻어 침실에서 사는 사람이 오래도록 알지 못하게 하여 그가 서서히 재앙에 물들도록 하는 것이다. 그런데 지금은 왕의 눈과 귀가 보고 들을 수 있는 곳에다가 드러내서, 혹은 섬돌 앞에 늘어놓기도 하고, 혹은 나무에 걸어 놓기도 하며, 베개와 병풍 사이에도 또한 마구 늘어놓았다. 이렇게 하여 왕으로 하여금 반드시 놀라서 조사하게 하였으니 그것은 내간에서 자작하여 인목대비를 함정에 빠뜨리려는 모략임이 분명하였다."

《광해군일기》 권67, 5년 6월 20일

여기에서도 광해군의 장모 정씨가 입궐하여 음모를 꾸몄다는 내용은 동일하다. 다만 그 음모에 광해군이 참여하지 않았다는 사실이 다르다. 이런 차이는 사소할 수도 있지만 아주 중요할 수도 있다. 앞뒤 문맥으로 보면 임자년 겨울에 입궐했던 정씨는 자신의 딸인 광해군 왕비와 음모를 꾸몄음이 분명하다. 물론 영창대군과 인목대비를 숙청하기 위한 음모였다. 그 방법이 바로 저주였던 것이다.

이들이 애초에 꾸몄던 음모가 유릉저주사건이었던 것은 아니었다. 이들은 인목대비가 광해군을 저주했다는 음모를 꾸몄던 것이다. 광해군으로 하여금 저주를 믿도록 하기 위해 왕의 이목이 닿는 곳에 무수한 저주물을 흩어 놓고 소문을 퍼트렸던 것이다. 이런 일들은 광해군 왕비가 배후였겠지만 실행은 측근 궁녀들의 몫이었을 것이다.

그런데 여기서 의문이 들지 않을 수 없다. 이런 음모는 너무나도 허술해 보이는데 어떻게 왕비와 정씨가 이렇게도 허술한 음모를 꾸몄는가 하는 의문이다. 허술함에도 불구하고 그런 음모를 꾸민 이유는 광해군과 사전 의논이 있었거나 아니면 광해군이 저주를 그대로 믿었거나 둘 중의 하나일 것이다. 아무래도 광해군이 저주를 그대로 믿었던 것이 사실에 가까울 듯하다.

실록에 의하면 광해군은 복동이라는 인물을 단골무당으로 삼아 의심나는 일이 있을 때마다 그에게 물었다고 한다. 당시 복동은 저주술법의 대가로 알려져 있었다. 그런 복동을 광해군은 궁궐로 불러들여 거처를 마련해주기까지 했다. 광해군은 복동을 '성인방聖人房'이라 부르며 혹시 있을지도 모를 저주들을 전담하여 막도록 하였다. 즉 복동으로 하여금 살풀이굿을 하여 저주를 풀게 했던 것이었다. 이런 일들은 근본적으로 광해군이 저주를 그대로 믿었기에 나타난 현상이었다.

만약 광해군이 저주를 믿지 않는 사람이었다면 계축년 초부터 궁궐 안에서 각종 저주물이 발견되었을 때 은밀하게 조사에 착수했을 것이다. 그리고 그것은 냉정하게 조사했다면 금방 알아낼 수 있는 사건이었다. 하지만 광해군은 그렇게 하지 않았다. 저주물들을 본 광해군은 누군가가 자신을 저주한다고 확신하며 공포에 떨었다. 왕비와 측근 궁녀들은 광해군의 공포를 더더욱 부채질했다. 광해군은 분명 인목대비가 저주의 배후라 확신했을 것이다. 하지만 그런 확신만 가지고는 인목대비를 어떻게 할 수 있는 입장이 아니었다. 공식적으로 광해군은 인목대비의 아들이었기 때문이다. 그런 와중에 박동량이 유릉저주사건을 발설했다.

유릉저주사건을 조사할 때 광해군은 사실여부와 관계없이 유릉에서 저주가 있었음을 확신했다. 확신의 근거는 계축년 초부터 수많은 저주물들이 궁궐 안에서 발견되었다는 사실이었다.

광해군은 저주물을 발견한 날짜, 장소, 모습 등을 자세히 기록해 두었다. 뿐만 아니라 저주물들은 모두 증거물로 잘 보관해 두었다. 궁궐 안에서 왕을 대상으로 이토록 조직적인 저주가 벌어질 정도라면 이번이 처음이라고 믿기는 힘들었다. 광해군은 몇 년 전부터 저주가 있었으며 그 주체는 인목대비라고 확신하고 있었던 것이다.

광해군으로 하여금 그런 확신을 갖게 한 사람은 왕비 유씨와 김개시였는데, 특히 김개시의 역할이 컸다. 김개시는 광해군 주변에 저주물들을 흩어놓고 그 저주물들은 인목대비의 소행이라고 선전했다. 물론 자신의 일방적인 주장이 아니라 자신이 포섭한 인목대비의 궁녀들 입을 통해서였다. 그때 핵심적인 역할을 한 사람이 바로 경춘이었다.

박동량은 유릉저주사건을 언급하면서 인목대비를 모시던 경춘을 증인으로 지목했다. 이에 경춘이 국청에 가서 증언하게 되었는데, 광해군은 '경춘은 곧 박동량이 끌어 댄 유릉저주를 알리고 고해준 자이니 그 무당의 이름을 물어보도록 하라.'고 명령했다. 그때 경춘은 무당의 이름을 알지 못한다고 증언했다. 문제는 무당의 이름은 모르지만 유릉의 북쪽 담장 밖에서 분명 저주가 있었다는 증언이었다. 이 증언으로 유릉저주는 사실로 굳어졌고, 저주조사를 명목으로 인목대비의 측근궁녀 30명이 체포되어 고문을 받고 죽었다. 인목대비는 흉악무도한 역적으로 낙인찍혔다. 이 공로로 경춘은 인목대비전에서 벗어나 출궁했다. 그때가 1613년광해군5 7월이었다.

중환이의 배신

경춘에 뒤이어 중환이가 두 번째 배신자가 되었다. 중환이는 경춘이가 인목대비를 배신하고 대비전에서 빠져나가는 것을 보고 자기도 빠져나가고 싶었다. 그러려면 공을 세워야 했다. 마침 기회가 좋았다.

1613년 6월 22일에 대비전에서 끌려 나간 영창대군은 7월 26일에 강화도로 끌려가 위리안치 되었다. 그러면서 영창대군 소식이 끊겼고 대비전 주변으로 병사들이 삼엄한 경계를 펼쳤다. 인목대비는 영창대군의 소식을 몰라 애를 태웠고, 대비전의 경계가 삼엄해져 마음을 졸였다. 중환은 이것을 이용해 공을 세우고자 했다. 1613년 11월 동짓달에 중환은 인목대비에게 이런 제안을 했다.

"제 오라비가 중죄를 짓고 옥에 갇혀 있을 때에 어떤 스님이 말하기를, '사자경獅子經과 다라니축을 읽으면 안 되던 일도 풀리고 잠긴 문도 열리고 크고 작은 액에서도 벗어나리라.' 하기에 옥중

에서도 항상 읽었습니다. 그런데 그 덕을 입었는지 옥에서 놓여나
왔습니다. 이번 일과는 좀 다르지만, 영창대군께서 살아나시고 닫
힌 문이나 쉽게 열리도록 한 번 정성을 드려 보심이 어떠십니까?
가만히 손들고 앉아 계시느니, 한번 하여 보소서."

당시 인목대비는 지푸라기라도 잡고 싶을 정도로 절박한 상황
이었다. 그러나 유릉저주사건으로 혹독한 경험을 한 인목대비는
불안했다. 게다가 중환이 역시 경춘이와 마찬가지로 의인왕후의
지밀궁녀 출신이라 신뢰가 가지 않았다. 혹시라도 중환이가 광해
군 쪽에 알리지나 않을까 하는 불안감이 사라지지 않았다.
주저하는 인목대비에게 김 상궁이 '저도 경을 읽어보고 싶사옵
니다.'라고 자청했다. 김 상궁은 영창대군을 업고 나갔던 보모상
궁이었다. 당시 김 상궁은 강화도에 위리 안치된 영창대군을 위해
뭔가 해야겠다는 의무감으로 꽉 차 있었다. 그러나 여전히 불안한
인목대비는 이런 말로 김 상궁을 말렸다.

"경이란 본래 가장 공손한 마음으로 정성을 들어야 덕을 입는 법
이라 하였다. 그런데 지금 모든 사람의 마음이 산란하고, 내 마음
또한 밤낮으로 슬픔에 잠겨서 마음을 베어 내는 듯 통곡하며 지내
거늘, 누구 마음에 내켜서 그러한 경을 읽을 수 있겠느냐? 말아라."

그러나 김 상궁은 '마마의 말씀이 지극히 옳습니다만 덕을 입어 쉽게 문을 열고 친정댁과 대군아기씨 소식을 들을 수 있다면 얼마나 좋겠습니까? 앉아서 괴로워하시지만 마시고 한 번 읽어 보시지요.'라고 거듭 요청했다. 혹시나 하는 마음에 인목대비는 '정 그러하면 너희들이나 읽도록 하여라.' 하고 허락했다.

당시 인목대비가 거처하던 대비전은 정릉동 행궁의 동북쪽 후미진 곳에 자리했다. 대비전에서 인목대비의 거처는 또 동북쪽 방향에 자리했는데, 그곳은 오가는 사람들로 늘 소란스러웠다. 반면 영창대군이 살던 곳은 조용하고 한적했다. 게다가 영창대군이 나가고 없어서 아주 조용했다. 김 상궁은 한밤중에 영창대군의 거처로 가서 사자경과 다라니축을 읽었다. 사정을 모르는 사람이 보면 충분히 의심을 품을만했다. 영창대군을 위해 경을 읽는 것이 아니라 누군가를 저주하기 위해 경을 읽는 것이라 의심할 수 있었던 것이다.

당시 중환이의 오빠 차충룡은 김개시의 도움으로 석방되었을 뿐만 아니라 세자궁에 취직까지 한 상태였다. 세자궁에서 등촉을 비추는 것이 차충룡의 임무였다. 틈이 날 때마다 차충룡은 대비전 주변에서 어슬렁거렸다. 혹시라도 누이동생 중환이를 만날 수 있을까 해서였다.

그때 중환이의 거처는 대비전에서 서남쪽 방향에 있었다. 광해군과 왕비, 세자 등의 거처는 대비전의 서쪽에 자리했다. 그래서 대비전에서 광해군 거처로 통하는 사잇문이 서쪽 방향에 설치되었다. 이 사잇문을 통해 중환이는 대비전의 지밀궁녀들 몰래 광해군 쪽 사람들과 소식을 주고받았다.

중환이는 사잇문을 지키는 군사들에게 뇌물을 주어 차충룡을 불러오게 하였다. 중환이는 오빠에게 인목대비의 측근궁녀들이 밤에 영창대군 거처로 가서 경을 읽는다고 말하고는 '사잇문으로 오면 모든 말을 해 드리겠소.'라고 쓴 글을 김개시에게 전하게 했다. 한밤중에 중환이의 거처로 온 김개시는 '대비전에서 하는 일을 자세히 일러바치면 내가 너를 제일 먼저 나가게 하여주마.'하고 유혹했다. 그러자 중환이는 '지금 대비마마께서는 직접 하늘에 제사 지내며 상감마마가 죽기를 빌고 계십니다.'라고 대답했다. 중환이는 현장을 보여주겠다며 김개시, 은덕이, 업관이 등 광해군의 측근 궁녀들을 한밤중에 영창대군의 거처로 데려가기도 했다. 그러나 그곳에서 경을 읽는 사람은 인목대비가 아니라 김 상궁이었다. 이것만으로는 부족하다고 여긴 김개시는 결정적인 꼬투리를 잡으려 했다.

1613년 12월 섣달에 중환이는 은밀하게 문 상궁을 찾았다. 문 상궁은 인목대비의 지밀상궁이자 중환이를 어여삐 여기는 상궁이었다. '몰래 오라버니를 만나 어머니의 안부를 들었습니다. 행여 상궁께서도 동생의 안부나 알고 싶어 하실까 하여 이런 말씀을 드리는 것이니, 제가 내통한다는 소문은 내지 마세요. 그저 상궁께서만 아시고 가족에게 보내는 글월을 적어 주세요.'라는 중환이의 제안에 문 상궁은 감동했다. 평상시 중환이는 '상궁의 은혜는 죽어 땅 속에 들어가더라도 잊지 못할 것입니다. 이 은혜를 어찌다 갚을까요?'라며 문 상궁에게 충성을 맹세하곤 했다. 문 상궁은 전혀 의심하지 않고 오빠 문득람에게 보내는 글을 써 주었다. 중환이는 즉시 답장을 받아다 주었다.

문 상궁의 신뢰를 확보한 중환이는 또 다른 제안을 했다. 당시에 인목대비의 신임을 받던 침실시녀 방애일이 궐밖에 있었다. 그 방씨의 오라비 방신원은 대전별감으로 영창대군을 수행해 강화도에 다녀왔다. 중환이는 그런 방씨와 방신원을 이용해 영창대군에게 소식을 전하자고 제안했던 것이다. 문 상궁이 '그곳의 일이 무서워 누가 통할 수나 있겠는가?'라고 묻자, 중환이는 '제 오라비에게 부탁하여 통하지요.'라고 대답했다.

중환이의 제안대로 한다면 영창대군에게 소식도 전할 수 있고 또 그곳의 사정도 알 수 있었다. 영창대군의 소식을 몰라 애를 태우는 인목대비에게 자세한 소식을 알려주면 얼마나 기뻐하실까? 이런 마음에 문 상궁은 글을 써서 중환이에게 주었다. 그리고 인목대비에게는 '가장 믿을 만하고 재주가 뛰어난 사람을 시켜 아기

씨의 안부를 알아 오라 하였으니, 이제 곧 기별이 올 것입니다.'라
고 보고했다. '대체 누가 갔단 말이냐?' 하는 인목대비의 질문에,
문 상궁은 '중환의 오라비가 소인이 쓴 글을 가지고 시녀 애일이
에게 갔사옵니다.' 하고 대답했다. 놀란 인목대비는 '생각도 말아
라. 기별을 알아다 준다면 그 은혜를 하늘같이 여기겠지만, 행여
나 통하는 줄 알면 권세를 노릴까 두렵구나. 이후로는 그런 마음
먹지 말거라. 비록 설움이 끝이 없으나, 서로 살아만 있다면 자연
소식을 알고들을 길이 있을 것이다. 그런 위태로운 일은 전하지
못할 것이야.'라고 말했다. 그러나 문 상궁은 '중환이는 예전부터
순하고 정직한데다 소인에게 큰 은혜를 입었으니 해할 뜻은 품지
않을 것이옵니다.'라며 자신만만해 했다. 그리고 얼마 후 시녀 애
일로부터 이런 내용의 답장이 왔다.

"소인이 죽지 못하고 밖에 나와 이처럼 편안히 앉아서 어르신
과 여러 상궁들이 겪는 고초를 생각하니, 그저 망극하고 괴롭기
그지없습니다. 비록 힘없는 여인네의 몸이나마 어르신을 위하여
은혜 갚을 일 없어 하던 차에, 대군아기씨 안부를 몰라 애태우신
다는 말씀을 들었습니다. 소인의 오라비가 아기씨를 모시고 갔으
니, 글월을 써 주시면 죽을힘을 다하여 가지고 가겠나이다. 아기
씨를 모시고 있는 갓난 상궁에게 몰래 주고, 아기씨의 글월을 받

아 오도록 하겠나이다."

문 상궁은 반갑고 기쁘기 한이 없었다. 인목대비가 영창대군의 소식을 몰라 늘 서러워했는데 이것으로 답답한 마음을 한번 시원하게 해드릴 수 있다고 생각했던 것이다. 문 상궁은 먼저 변 상궁에게 애일의 답장을 보여주었다. 당연히 찬성할 것이라 생각했던 변 상궁은 화를 내며 이렇게 말했다.

"사람들이 문 앞을 철통같이 지키고 있고 우리를 미워하기를 원수보다 더하는데, 이것이 어찌된 일인가? 바깥과 통하여 글월을 받아옴도 큰일이거늘, 대체 어디에 가서 아기씨의 안부를 알아왔는가? 정성이 지극한 줄은 알겠네만 들통 나면 목숨을 보전하기 어려우니 여쭙지 말게."

실망한 문 상궁은 '어찌 그리 말하시오? 내가 사람을 불러들인 것도 아니고, 그저 운 좋게 알게 된 것뿐이니 그런 걱정일랑 마시구려.'라고 쏘아붙였다. 문 상궁은 인목대비를 찾아 전후사정을 모두 보고했다. 영창대군이 강화도로 끌려갔다는 사실을 알게 된 인목대비는 방바닥에 엎어져 몸을 들썩이며 통곡했다. 하지만 영창대군에게 보내는 글월을 써달라는 요청에는 '행여 중환이가 제

공을 앞세워 무슨 맘을 먹을지 모르겠으니 글월을 써주지는 못하겠구나.'라고 거절했다. 자기의 정성을 몰라주는 인목대비에게 문 상궁은 서운한 감정이 들었다. 문 상궁은 '이러시면 소인을 믿지 못하셔서 써주시지 않는 것으로 알겠나이다.'라며 재촉했다. 그러나 변 상궁이 옆에서 계속 반대하였다. 화가 폭발한 문 상궁은 '변 상궁께서는 대비마마를 위하는 마음이 지극한 줄 알았는데, 이 일로 미루어 보니 실로 정성이 없으시군요. 밤낮으로 눈물을 흘리시고 겨우 물만 드시며 친정댁과 대군아기씨의 안부를 알려고 애쓰셨으나, 틈이 없어서 가만히 계시지 않았소? 이렇게 용한 사람을 얻어 성사시키기가 쉽습니까? 어찌 되든 내가 알아서 할 것이니 내버려 두소!' 라고 쏘아붙이고는 나가버렸다. 문 상궁은 강화도에서 영창대군을 모시는 궁녀들에게 보내는 글을 썼는데, 이런 내용이었다.

"대비마마께서 대군아기씨를 떠나보내시고 소식을 몰라 하시다가 이제야 믿을만한 사람을 통해 아기씨 안부를 알고자 글월을 보내니, 보는 궁녀는 대군아기씨를 무탈하게 모셔라. 무엇이든 드시고 싶은 음식이 있다 하거든 가져간 물건들을 아끼지 말고 물 긷는 하인에게 주어 사오도록 하여 잡숫게 하여라. 잘 견디며 모시고 있으며, 문이 곧 열릴 것이니 소식을 들을 수 있지 않겠느냐."

문 상궁은 변 상궁의 반대에도 불구하고 이 글월을 중환이에게 주었다. 중환이는 이 글을 오라비 차충룡에게 주었고, 차충룡은 다시 김개시에게 전달했다. 물론 김개시는 그 편지를 광해군에게 전했다.

그 과정에서 편지의 내용이 왜곡된 것은 물론이었다. 예컨대 '중국의 장수에게 보고하여 당장 서궁 문을 열도록 하라.'는 내용 외에도 '아무쪼록 영창대군을 잘 길러 두었다가 중국 장수가 와서 문을 열거든 고이 모셔오라'는 내용 등이 추가되었다. 이런 내용은 광해군으로 하여금 인목대비가 이제 저주를 넘어 중국 장수를 움직여 역모까지 도모한다고 의심하게 만들기에 충분했다.

편지를 입수하자마자 광해군은 관련자들을 체포했다. 1613년 12월 그믐날 문 상궁과 시녀 방씨 그리고 문 상궁의 여종인 허롱개, 춘화 등이 체포되었다. 그리고 1614년_{광해군 6} 1월 7일, 광해군은 문 상궁과 시녀 방씨의 가족과 관련자들도 모두 체포하라 명령했다. 이날 광해군은 언문 편지 한 통을 내놓고 이들을 친국했는데, 그 언문 편지는 문 상궁이 중환이에게 써 준 것이었다. 이어서 1월 21일, 광해군은 핵심 증인인 중환이를 조사했다. 그때 중환이는 이렇게 증언했다.

"대비와 김 상궁, 문 상궁은 역변이 있은 뒤부터 안팎 차비문을 다 막았습니다. 하루는 대비께서 다른 방으로 옮겨가서 여러 궁녀들과 큰소리로 말하기를 '천조天朝, 중국가 모르는 대비인가, 조정이 모르는 대비인가? 대군 또한 조정이 모르는 대군인가, 내관이 모르는 대군인가?' 하시기에 제가 '이것이 무슨 일이십니까?' 하니, 대비가 '나의 친속이 죄다 수금되었고 또 문을 막았다. 하늘이 어찌 모르겠는가.' 하고, 이어 손을 모아 원통함을 호소하면서 '내가 살아서 이런 일을 보아야 하는가.' 라고 했습니다. 그리고 대비께서 11월 10일에 천제天祭를 행했는데 이른바 기도했다는 일이 어떤 모양으로 한 것인지는 모르겠습니다. 문 상궁이 저에게 말하기를 '다만 대군이 도로 들어올 수 있도록 축원한 것이지 어찌 감히 주상과 동궁을 모해하기 위하여 기도를 했겠는가.' 했습니다. 강화도와 서로 교통했다는 일은 무슨 곡절인지는 모르겠지만 8월 그믐에 예옥, 문 상궁 무리가 서로 문안에서 서성이고 있었을 따름이며, 문서를 내어 주었는지에 대해서는 비록 그 전말은 알지 못하겠으나, 권 상궁이 문틈으로 내어주니 박방실, 최충흡이 받아 갔습니다."

《광해군일기》 권74, 6년1614 1월 21일

이 증언으로 인목대비가 광해군을 저주하였을 뿐만 아니라 강화도의 영창대군과 뭔가 음모를 꾸몄다는 것이 사실로 확정되었다. 이 결과 문 상궁과 시녀 방씨 및 그들의 가족은 몰살되었고, 그나마 남아있던 인목대비의 측근궁녀들이 또다시 대거 고문을 받고 죽었다. 그 여파로 영창대군은 2월 1일 의문의 죽음을 당했다. 반면 중환이는 소원대로 대비전을 벗어났다. 이런 면에서 중환이는 인목대비에게 철천지 원수이자 용서 못할 배신자라 할 만했다.

뿐만 아니라 그 때 정명공주의 보모상궁 권씨도 잡혀 나갔다. 당시 정명공주는 12살이었다. 정명공주는 11살 때 외할아버지 김제남이 역적으로 몰려 죽은 후, 계속해서 모후 인목대비전의 측근 궁녀들이 대거 죽고 또 동생 영창대군이 끌려 나가는 일들을 겪었다. 이런 일들을 겪을 때마다 모후 인목대비는 서럽게 울었다. 어린 정명공주 역시 따라서 서럽게 울었다. 그런데 이번에는 자신의 보모상궁이 잡혀 나갔다. 그래서 12살 정명공주의 울음은 서러운 울음이기도 했고 두려운 울음이기도 했다. 이렇게 울며 정명공주는 중환이 같은 배신자를 미워하는 마음이 깊어졌고 나아가 자신을 못살게 구는 김개시와 광해군에 대한 적대감도 깊어졌다.

난이의 배신

난이는 공노비 출신으로 9살 때 선조의 첫 번째 왕비인 의인왕후의 지밀궁녀로 입궁했다. 난이가 의인왕후를 모신 지 23년 되던 해 왕후는 아들도 없이 세상을 떠났다. 임진왜란이 끝난 직후인 1600년선조 33이었다. 왕실의 관행대로 하면 난이는 의인왕후의 3년 상이 끝난 후 출궁해야 했다. 하지만 당시 계비로 들어온 인목왕후의 배려로 그냥 머물게 되었다. 난이가 36살 되던 1602년선조 35의 일이었다.

당시 선조의 지밀상궁 중에 김 상궁 즉 응희가 있었는데, 난이보다 10여년이나 아래임에도 벌써 상궁이었다. 임진왜란 때 14살의 나이로 선조를 모시고 피난했던 공로를 인정받아 30살도 안되어 상궁이 되었던 것이다. 게다가 피난에서 돌아온 후 김 상궁은 선조의 신임을 받는 지밀상궁이었다. 새파란 나이에 상궁이 된 김씨를 볼 때마다 난이의 불만은 커져 갔다. 난이는 비록 임진년 피난에서 선조를 모시지는 않았지만 의인왕후를 모신 공로가 있다고 자부했다. 하지만 아무도 그 공로를 알아주지 않았다. 그래서 난이는 상궁이 되지 못했다.

'선조에게 신임 받는 김 상궁이 조금만 신경써 준다면 이런 공로를 알아줄 수도 있을 텐데, 또 김 상궁이 양심이 있는 사람이라면 미안해서라도 상궁으로 추천해 줄 텐데…' 하는 불만이 난이의 마음속에 쌓여갔다.

인목왕후는 혼인한 다음 해에 첫딸을 낳았다. 정명공주였다. 난이는 상궁으로 승진할 절호의 기회라고 생각했다. 나라에 경사가 있으면 이를 경축하기 위해 궁녀들을 승진시켜 주곤 했기 때문이다. 난이는 이 기회를 확실히 잡기 위해 평소보다 더 열심히 일하는 모습을 보였다. 하지만 노력이 헛되었는지, 상궁으로 승진하지는 못했다. 다시 3년 후, 인목왕후는 아들을 출산했다. 파란만장한 운명을 타고난 영창대군이었다. 난이는 이번에야말로 상궁으로 승진하리라 확신했다. 입궁한 지 30년이 넘었으니 그 정도 경력이면 상궁이 되는 것이 당연했다. 꼭 상궁이 되겠다고 작심한 난이는 남들이 유별나다고 할 정도로 열심히 일했다. 그러나 이번에도 보람 없이 승진에서 누락되었다. 난이는 왜 승진하지 못했을까? 그 이유를 《계축일기》에서는 '제 인품이 똑똑하지 못하여 남들이 하는 상궁 벼슬도 못하고는 늘 선왕마마를 위시하여 원망만 하다가…'라고 하였다. 상궁감이 아니라 상궁이 되지 못했는데 주제도 모르고 불평한다는 뜻이었다. 이런 평가는 아마도 난이가 미워하는 김 상궁이 가장 강력하게 주장했을 듯하다. 그래서 또 난이는 김 상궁을 더 미워했을 것이다.

광해군이 즉위한 후, 난이는 여전히 인목대비전에 소속되었다. 인목대비는 자신의 권위를 높이기 위해 의인왕후의 지밀궁녀들을 그대로 자신의 측근으로 썼는데, 그 중의 한 명이 난이였다. 인목대비는 난이의 불만을 풀어주기 위해 상궁으로 승진시켜 주었다. 그러나 난이는 여전히 인목대비의 신임을 받는 측근이 되지는 못했다.

1613년光海君 5의 이른바 계축옥사를 거치면서 인목대비의 권위는 크게 추락했다. 자신을 무시하던 김 상궁은 물론 인목대비의 측근궁녀들 대부분이 끌려 나가 죽었다. 이 틈에 난이는 김개시의 심복이 되었다. 김개시는 난이를 조종하기 위해 난이의 동생과 조카를 세자와 왕비의 지밀궁녀로 들여보냈다. 이 결과 난이는 김개시, 동생, 광해군, 세자, 왕비 등에게도 발언권을 행사하게 되었고 권위도 높아 졌다.

무서울 게 없어진 난이는 마음대로 떠들고 다녔다. 예컨대 계축옥사가 일어나자, '상감마마께 재물이라도 많이 내려주셨더라면 이런 일을 만나랴? 세자가 혼인하실 때 세간을 많이 내려 주셨거니와 상궁, 시녀들에게도 다 주셨으면 이런 일들이 일어났을까? 시녀와 상궁들에게 재물을 많이 주지 않으신 일을 가지고, 상감마마와 중전마마께서 항상 공주와 대군이 곱게 살 수 있을는지 두고보자 벼르시더니, 기어이 이런 일이 생긴 것이야.'라고 했는데, 자업자득이라는 말이었다. 난이는 광해군에 대한 비판도 서슴지 않았는데, 이런 내용이었다.

"의인마마께서 살아 계셨을 때도 당시 세자이셨던 상감마마께서는 효성이 없고 어질지도 못하였지. 일찍이 의인마마께서 하시던 말씀이, '정유재란이 일어나 다들 수원으로 피난 갔을 때 주상^{광해군}이 마마의 수레를 모시고 따라갔는데 물을 만나 배로 건너게 되자 세자는 배를 재촉하여 제 자신과 아내만 먼저 건너고는 임시로 만든 처소에서 떡하니 앉아 내 쪽은 돌아보지도 않더란 말이다. 환관들이 아무리 배를 돌려보내라고 외쳐도 오지 않고, 모두들 세자만 위하고 나는 생각도 않더란 말이야. 그래서 자식인 저는 초저녁에 건너고, 어미인 나는 자정이나 되어서야 겨우 건너게 되었지. 날씨는 추운데 밤은 깊어가고, 이슬이며 서리까지 흠뻑 맞아 매우 추웠느니라. 세자의 효성이 지극하였다면 어찌 선왕마마의 정실이며 제 어머니가 되는 나를 그리 대접할 수 있겠느냐? 하물며 제 친어머니^{공비 김씨}가 일찍 죽어서, 내 고이 길러 아들로 삼았더니, 정이 전혀 없으랴마는, 본래 사람됨이 효심이 없는 인물이니 능히 알 노릇이지' 하시더군. 그러니 지금 저렇게 모진 짓을 하지. 어쩌면 저리도 사나울까?"

1613년 ^{광해군 5} 7월에 경춘이 인목대비를 배신하고 나가는 것을 본 난이는 자기도 대비전에서 벗어나고 싶어 했다. 난이는 김개시, 동생, 조카 등에게 부탁해 왕비의 지밀상궁으로 옮겨가고자 했다. 그런데 그들의 입장에서 보면 난이는 믿음직스럽지가 않았다. 난이는 인목대비에게 불만을 가진 것은 분명하지만 광해군에 대해서도 험담을 하고 다녔기 때문이다. 그래서 그들은 난이의 부탁을 딱 부러지게 거절하지도 않고 그렇다고 수락하지도 않았다.

그러나 난이는 그들이 자신의 부탁을 들어줄 것이라 믿어 의심치 않았다. 조만간 대비전을 떠날 것이라 생각한 난이는 대비전의 물건들을 빼돌려 세자의 지밀상궁으로 있는 동생에게 가져갔다. 그때 동생이 난이에게 이런 말을 했다.

"상감마마와 대비마마의 사이가 다소 불편하신 틈을 타서 시종의 도리를 배반하는 것은 나로서는 차마 못할 일이오. 그저 남이라도 안팎으로 내통하여 도둑질을 하는 법은 없는데, 하물며 대비전의 세간을 훔쳐서 내게 가져오시다니 옳지 않습니다. 이후로는 보내지 마시오."

난이의 동생에게는 궁녀로서의 기본적인 의리가 있었던 것이다. 그런 난이의 동생에게 시세가 바뀌었다고 주인을 헌신짝 버리듯이 하는 난이의 행태는 석연치 않았다. 그래서 언니를 책망한 것인데, 발끈한 난이는 이렇게 쏘아붙였다.

"피붙이가 피붙이를 위하지 않는데 남들더러 뭐라 하겠니? 대비마마께서는 대군과 친정어머니 생각에 밤낮으로 우시기만 하고 죽으려고 애를 쓰시니, 세간이야 쓸 곳이 없으시다. 게다가 대군의 세간들은 '두어 봤자 쓸데없다.' 하시며 우리들에게 모두 나누어 주신 것이다. 그러니 잔말 말고 받아 두었다가, 내가 대비전에서 나오게 된다면 가지고 나가 살게 하여라."

그러나 1613년 겨울이 다 지나도록 난이는 대비전에서 나가지 못했다. 난이가 믿었던 김개시, 동생, 조카 등은 정작 난이를 믿지 못했던 것이다. 실망한 난이는 '나를 중전의 침실상궁으로 삼으려 하더니 어찌 지금은 안 데려가지? 그러니까 사람들이 상감을 소같이 미련하다고 하지. 의인마마도 사람 같지 않으니 효성도 없구나 하시더니 정말 그렇지 않느냐?'라며 광해군을 비난했다. 뿐만 아니라 '대비마마는 별난 대비인 척하시더니만, 대군을 낳으시고도 왜 그 자리를 보전 못하지? 이런 일을 당하는 까닭이야 모두 당신 탓이지만, 나는 무슨 일 때문에 이리 졸리고 살꼬? 동생과 조카는 저희들만 편히 살고, 나는 똥구덩이에 빠뜨려 두고 데려가지도 않는가? 누가 이 아주머니 생각을 하는가 말이야.'라며 인목대비, 동생, 조카 등을 닥치는 대로 비난했다. 난이가 하도 욕을 하고 다니자 인목대비의 측근궁녀가 듣다못해 이렇게 말했다.

"상궁을 데려가지 않는 것은 정말 잘못이지요. 그런데 상궁께서는 이곳에서 산 지 30년이오. 이런 시절에 대군아기씨를 데려간 일은 백 번 잘못된 일이거니와, 당신이 서러운 지경을 당하고 있다 한들 무엇이 그리 큰일이오? 대비마마께선들 당신을 여기 잡아 두고 싶으실까마는, 주인이 원수를 만났으니 궁녀의 처지로야 죽으면 죽고 살면 사는 것이지, 무엇이 귀하다고 감히 나라의 어른을 원망합니까?"

궁녀는 주인에게 충성을 다해야 한다는 것이 당시 궁녀들의 일반 정서였다. 그러나 난이에게는 그런 충성심이 없었다. 난이는 자기에게 훈계하는 궁녀들에게 '너희들은 마마의 은혜를 태산같이 입어 원망이 없겠지만, 나는 은혜 입은 것이 없다.'고 쏘아 붙였다. 심지어 죽은 김 상궁에 대해서도 이런 악담을 하였다.

"임진년에 선왕마마를 모시고 피난 다녀왔다는 이유로, 나이 30살도 못되어 저는 먼저 상궁을 하더니, 나는 모시고 가지 않았다고 상궁으로 추천하여 주지도 않았지. 죽으러 갈 때도 역시 온갖 착한 척은 다 하였다지? 잘도 죽었다."

난이는 인목대비의 침실 밑에 앉아 '마마께서는 김 상궁만 사람으로 여기시고 온갖 일을 다 맡기시다가 저리 되신 게지. 지금도 김 상궁을 가엽게 생각하고 계실까?'라고 악다구니를 퍼부었다. 난이에게 인목대비는 더 이상 대비가 아니었다.

1614년^{광해군 6} 봄, 드디어 난이는 소원하던 대로 대비전을 나가게 되었다. 난이는 분 바르고 자줏빛 장옷을 입고 인목대비에게 인사도 하지 않고 나가려 하였다. 다른 궁녀가 '여기서 오래 살다가 웃어른께 하직 인사도 안하는 것은 종의 도리가 아니네.'라고 하자, 난이는 할 수 없이 그 복장 그대로 인목대비에게 갔다. '장옷일랑 벗어라. 어전에서 어찌 장옷을 입을까?'라는 지밀상궁의 호령에, 난이는 '뭐 어때요? 지금도 어전이라 하나요? 언제 벗었다가 입고 가요.' 하고는 그대로 들어갔다.

당시 인목대비는 친정아버지 김제남의 3년 상을 치르는 중이었다. 그래서 대비전의 궁녀들은 모두 물로 낯만 씻고 낡은 옷을 입었다. 그런데 난이는 화장하고 장옷을 입었던 것이다. 이는 인목대비의 권위를 완전히 무시하는 행동이었다. 이렇게 인목대비는 경춘, 중환, 난이 등 자기가 거둬들인 의인왕후의 지밀궁녀들부터 철저하게 배신당했다.

영창대군,
대비전 밖으로
끌려 나가다

서양갑이 역모를 시인하고 죽던 5월 6일부터 사헌부와 사간원 그리고 홍문관 관료들은 영창대군을 처벌하라 요구하기 시작했다. 영창대군 본인이 알았든 몰랐든 관계없이 역적들에게 추대되었다는 죄목이었다. 추대되었다는 사실 자체가 역모의 우두머리가 되었다는 뜻이기에 처벌하라는 것인데 결국 죽이라는 요구였다. 당시 삼사 관료들을 배후에서 조종한 인물은 유희분과 이이첨 같은 광해군 최측근이었다. 광해군과 측근들은 서양갑 사건을 이용해 영창대군을 없애려 했음이 분명하다.

광해군은 시간을 끌어가며 삼사 관료들의 요구를 조금씩 들어주었다. 5월 21일, 영창대군은 폐서인廢庶人 되었다. 폐서인은 대군으로 봉작한 것을 취소하고 일반인으로 강등시키는 처벌이었다. 이로써 영창대군은 더 이상 대군이 아니라 일개 평민으로 간주되었다. 대군의 자격으로 받았던 재산은 몰수되어 광해군 차지가 되었다.

　이어 6월 21일에는 출궁 조치가 내려졌다. 폐서인이 된 이상 영창대군은 궁에서 살 수 있는 신분이 아니었다. 그래서 이론상으로는 폐서인된 5월 21일에 출궁조치 되어야 했지만 인목대비 때문에 그렇게 하지 못했다. 그래서 광해군은 한 달 가량 기다린 후에 출궁조치를 취했던 것이다. '영창은 비록 나이가 어려 지각이 없지만 그를 왕으로 옹립한다는 설이 누차 여러 역적들의 진술에서 나왔으니, 누가 화의 근본이라 하지 않겠는가?'라는 것이 출궁조치의 명분이었다.

　당시 영창대군은 8살밖에 되지 않았지만 광해군에게는 말 그대로 '화의 근본'이었다. 그것은 선조의 서자인 광해군과 적자인 영창대군 사이에 숙명적으로 맺어진 운명이었다. 6월 22일, 영창대군은 강제로 출궁되어 도성의 여염집에 구금되었다.

　실록에는 사람들이 영창대군을 데려가려 하자 인목대비가 '영창을 부둥켜 안고 차마 떠나보내지 못하니 주위 사람들이 온갖 방법으로 권하고 핍박하였다. 하지만 대비가 요지부동이라 어쩔 수 없이 대비를 끌어안고 문 앞에까지 오니, 대비가 울부짖으며 영결하였다.'고 간단히 기록되어 있다. 이 짧은 기록에는 인목대비의 애통과 비탄이 압축되어 있지만 《계축일기》에는 당시의 상황이 구체적으로 기록되어 있다.

삼사에서 영창대군을 처벌하라는 요구가 빗발치자 광해군은 먼저 인목대비에게 글을 보냈다. '조정에서 대군을 내어 놓으라고 난리이옵니다. 끝까지 신하들의 말을 듣지 않고 고집을 부리고 있습니다만, 이번에 궁중잔치를 열어 신하들의 노여움을 풀어 주고자 하니 아우를 잠깐만 문 밖에 내보내 주십시오. 그러면 제가 나서서 신하들의 노여움을 풀겠습니다.'는 내용이었다. 자신을 믿고 잠깐 영창대군을 보내주면 다시 들여보내겠다는 뜻이었다. 인목대비가 이 편지를 받은 날짜는 영창대군의 출궁조치가 내려진 6월 21일이었다.

광해군은 혹시라도 비관한 인목대비가 영창대군, 정명공주와 함께 집단 자살할까 염려하여 이런 글을 보냈다. 만약 인목대비가 어린 아이들과 자살한다면 그 파장은 걷잡을 수 없을 정도로 클 것이 분명했다. 적모뿐만 아니라 이복동생들까지 자살하게 만든 불효막심한 왕이라는 비난을 들으며 광해군이 정상적으로 왕 노릇을 하기는 어려웠고, 인목대비가 이판사판의 심정으로 자살을 택할 가능성도 없지 않았다. 그래서 이를 우려한 광해군은 최대한 부드럽게 글을 꾸며 보냈던 것이다.

그러나 인목대비는 믿지 않았다. 광해군이 자신을 속여 영창대군을 빼앗으려 한다고 의심했던 것이다. 인목대비는 광해군에게 이런 답장을 보냈다.

글월 보고도 됴거 소 그방이어둡고
날도 陰ᄒᆞ니日光ᅌ도라디거드애親
히보고ᄌᆞ셰기별ᄒᆞ마대강用藥ᄒᆞ이
리이셔도醫官醫女를드려待令ᄒᆞ
려ᄒᆞ노라분별말라ᄌᆞ연아니됴히ᄒᆞ
라

萬曆三十一年癸卯復月十九日巳時

"세상에서 다시없을 큰 변을 만나 내 아비와 첫째 오라비를 죽
이시더니 이제 뭐라고 하시는 것입니까? 내 자식의 일로 인하여
어버이께 큰 불효를 지었으니, 나 또한 천지간에 용납되지 못할
줄 압니다. 영창대군이 철이나 들었다면 나 또한 마땅히 자식을
내어 주고 아비와 오라비를 살려 달라 했을 것이오. 그러나 대군
은 아직 내 슬하를 떠나지 못하는 일고여덟 살 어린아이라오. 동

서도 분간하지 못하는 이 어린 것을 어찌하려하오? 내가 당초에 영창대군을 데려다 종으로 삼아 제 명이나 다하게 하고, 아비와 오라비의 목숨만은 살려달라고 하지 않았소? 그래서 내 머리털을 잘라 직접 글을 써 보냈건만 받지도 않고 있다가, 이제 와서 갑자기 어찌 이런 말을 하시오? 아무 것도 모르는 어린아이에게 어른의 죄가 가당키나 하오리까?"

인목대비는 자신을 믿고 보내라는 광해군을 믿지 못해 영창대군을 보내지 못하겠다고 답장했던 것이다. 이런 답장에는 광해군에 대한 인목대비의 서운함과 불신이 절절이 들어있었다. 그러나 아이들과 함께 죽어버리겠다는 비장한 결의는 그 어디에도 보이지 않았다. 인목대비의 글을 본 광해군은 '돌아가신 아버님께서도 어여삐 여기라 하셨으니 영창대군에 대해서는 아무 염려 마시지요. 그리고 머리털은 차마 두지 못할 것이라 여기 도로 드리나이다.' 하는 답장을 보내왔다. 이 답장은 광해군이 더 이상 인목대비의 하소연이나 불평에 귀 기울지 않고 자기 마음대로 하겠다는 공언이나 마찬가지였다. 인목대비의 머리털을 보낸 것은 대비가 죽든 살든 상관하지 않겠다는 뜻이었다. 절박해진 인목대비는 광해군에게 다시 글을 보냈다.

"내 아버님께서 돌아가시게 된 일을 생각하면 지금도 간장을 베어 내는 듯하오. 나라의 법이 중하여 내 마음대로 살려 드리지 못했지요. 그러나 이 아이는 돌아가신 선조대왕의 자식이지 않습니까? 그래서 생각을 해 줄까 하였는데 새삼스럽게 그런 말을 하시다니 앞뒤 말이 맞지 않는구려. 이렇게 어린 것을 어디다 감추어 두리이까? 내가 안고 함께 죽을지언정 차마 내보내지는 못하겠소이다."

인목대비는 죽어도 영창대군을 내보내지 못하겠다고 했지만 광해군은 요지부동이었다. 광해군은 이런 답장을 보내왔다.

"아무려면 아이가 무얼 안다고 설마 어떻게 하겠습니까? 그리고 대궐 밖으로 피접하는 일은 옛날부터 자주 있는 일이니, 그 정도로 여기시고 내보내 주십시오. 조정에서 하도 보채니 제가 그들의 마음을 풀어 주려 하는 일일 뿐, 무슨 해로운 일이 있겠습니까? 근심 마소서."

인목대비는 다시 광해군에게 글을 보냈다.

"나를 생각해 달라는 것이 아닙니다. 주상도 돌아가신 마마의 아드님이시고 영창대군 또한 그 아드님 되시니, 형제간의 정으로 어찌 차마 해함이 있겠소? 다만 영창대군은 아직 열 살도 못 되었소. 대전께서도 아시다시피 지금까지 한 번도 밖을 나서 본 적이 없습니다. 그러니 이 어린 것을 어디다 두겠습니까? 조정의 신하들이야 대전께서 압력을 가하실 탓이니, 제발 돌아가신 아버님을 생각하셔서 인정을 베풀어 주소서."

그러자 광해군은 이런 답장을 보내왔다.

"문 밖에 내어 주십사 해놓고 설마 하니 먼 곳으로 보낼 리야 있겠습니까? 서대문 밖 대궐 가까운 곳에 이미 집을 정해 두었습니다. 지금은 오히려 궐 안에 두지 않는 편이 좋습니다. 조정 신하들이 매번 영창대군을 없애 버리면 좋겠다고 보채며 근래 몇 달 동안 하루도 그냥 넘어가는 날이 없었습니다. 제가 듣지 않으려 해도 조정에서 이렇듯 요란하게 구니, 오히려 밖으로 내보내 그들의 마음을 시원하게 해 주는 편이 대군을 위해서도 좋을 듯 싶습니다. 제가 어련히 잘 보살피지 않으리까? 분명 거짓말이 되지 않으리다. 백번 믿어 내보내 주옵소서. 대군에게 좋도록 하겠나이다."

인목대비는 다시 한 번 애걸하듯 글을 보냈다.

"여러 번 이리 말씀해 주시니 서러운 중에도 더욱 망극하오. 더욱이 돌아가신 아바마마를 생각하고 생전에 국모라 일컫던 일을 잊지 않으신다니 감격하여 몸 둘 바를 모르겠구려. 그러나 대전에서도 한 번만 더 생각해 보시오. 사람이란 많은 자식을 두고도 하나같이 모두 귀하게 여기는 법이라오. 하물며 나는 이 어린 것 둘뿐이오. 선대왕께서 어린 두 아이만 두고 돌아가셨지요. 그때 바로 선대왕을 따라 죽어야 했거늘, 지금껏 이리 살아 있는 까닭은 어미의 정으로 차마 어린 자식을 버리고 갈 수 없었기 때문이오. 그런데 오늘날 또 이런 일을 당하다니, 진실로 선대왕을 따라 죽지 않고 살아남은 죄로소이다! 차라리 같이 죽을지언정 어린 것을 혼자 내보내고 어찌 나만 살 수 있으리까? 따라가게만 해주신다면 함께 나가리이다."

인목대비는 최후의 타협으로 대비가 동행하는 조건하에 영창대군을 보내겠다고 했는데 광해군은 오히려 협박조의 답장을 보내왔다.

"그 말씀은 옳지 못하십니다. 대군이 궐내에 있으면 오히려 조정이 노하여 당장에 죽여 버리라 할 것입니다. 그래서 나는 대비마마와 대군을 생각하여 좋은 일을 하려 했는데, 이리 들어 주지 않으신다면 나도 이제 내 마음대로는 못하겠사옵니다. 지금이라도 내보내 주신다고 하면 살릴 수 있습니다만, 이렇게 막고 내보내지 않으시면 영창대군은 살지 못하리다!"

광해군의 효심에도 호소하고 우애에도 호소하는 인목대비의 글에도 불구하고 광해군이 이 같은 협박조의 답장을 보내자 대비의 측근 궁녀들은 두려움에 떨었다. 괜히 고집을 부리다가 광해군을 더 화나게 할까 염려했던 것이다. 측근 궁녀들은 '애초부터 딴마음을 품고 온갖 말로 여러번 청을 하니, 결국엔 이겨내실 수 없을 듯하옵니다. 좋으실 대로 답하소서.'라고 권했다. 그만 고집을 접고 영창대군을 내보내자는 뜻이었다. 그러자 인목대비는 넋두리하듯 이렇게 하소연했다.

'내가 어찌 저 어린 아이를 차마 내보낼 수 있단 말이냐? 애초에 이런 일이 있을듯하여 내 먼저 죽으려 하였거늘, 늙은 궁녀들이 서러워하며 말리기에 참았느니라. 내가 죽으면 내 주변의 궁녀들을 하나도 살려 두지 않을 것이니, 늙은 궁녀라도 불쌍히 여겨 달라 하여 서러움을 참고 살았다. 나라에서 아버님과 오라비를 죽였다는 처참한 소식을 듣고도, 모질게 살아왔거늘, 대군마저 내주고 나면 나는 장차 누구를 믿고 살겠느냐? 빌어 보아도 들어주지 않고, 내보내 주자니 어미로서 차마 못할 일이로다! 천지간에 이 서러움을 어찌 하면 좋을꼬? 나로서는 자식을 데려가란 말을 차마 못하겠노라.'

이렇게 인목대비가 고집을 부리는 사이 광해군이 대비전의 측근궁녀들에게 글을 보냈다. '너희들이 대비마마를 모시고 앉아 여러 가지로 나를 모해할 계책을 꾸미다 음모가 탄로 났거늘, 감히 누구 탓으로 돌리며 대군을 내주지 않는가?'라는 내용이었다. 인목대비를 설득해 영창대군을 보내지 않으면 그 죄를 묻겠다는 협박이었다. 기가 확 꺾인 측근궁녀들은 인목대비를 설득고자 했다.

"왕은 예전부터 갖가지 흉악한 마음을 품고 있었습니다. 기회를 만나 큰 난을 일으킨 후 본가, 외가며 궁녀들까지 모두 끌어내어 죽였는데 이제 또 대군아기씨마저 내놓으라하니 이런 망극한 일이 어디 있겠습니까? 대체 천지신명께서는 우리에게 무슨 허물이 있다고 이런 억울한 일을 당하게 되었는데도 돌보심이 없을까요? 시간이 흐를수록 망극한 말이 오고 또 오니, 도저히 당해 낼 도리가 없습니다. 그러니 '문 밖에만 내보내 주십시오.' 할 때 그 말대로 해 주십시오. 범을 만나더라도 정신만 차리면 산다고들 하지만, 이 범은 피하기 어렵겠습니다. 속히 허락하셔서 부디 소인들의 목숨을 연명하게 해 주십시오."

이 같은 측근궁녀들의 간청에 인목대비는 어떻게 할지를 몰랐다. 그때 광해군이 또 측근궁녀들에게 글을 보내 '어서 내놓도록 하라! 지체하면 죄 또한 더 커지리라.'고 협박하였다. 인목대비는 더 이상 버틸 수 없음을 깨달았다. 인목대비는 마지막으로 광해군에게 글을 보내 이런 부탁을 했다.

"영창대군을 곱게 살려 주마 여러 날 말씀을 전하시고 내전 또한 죽이지 않겠노라고 극진한 글월을 보내 왔으니 일단 내드리도록 하겠소. 나의 이 서러움을 어디다 견주어 말할 수 있으리까? 그러나 대전께서 대군을 돌아가신 대왕의 혈육이라 생각하시고 하늘이 내려 준 목숨을 고이 부지하게 해 주시겠다 거듭거듭 말씀하셨으니, 이 말을 증표로 알고 내보내 드리겠습니다. 그 대신 우리 집안에는 이제 둘째 동생과 어린 동생만 살아남았다 하니, 바라건대 두 동생이나 살려 주오. 그리해 주시면 대군을 내보내리다. 내 혈육들이 서럽게 죽은 와중에서나마 그저 가문의 대나 끊어지지 않도록 하여 주오."

그러자 광해군은 이런 답장을 보내왔다.

"두 동생 분은 좋게 살도록 하겠나이다. 어서 대군을 내보내 주십시오. 하인들이며 물품들은 대궐에 있던 대로 갖추어 보내시되, 언감생심 밖으로 나간다 하여 궐내에 있던 것을 덜어 보내지는 마십시오. 피접을 나가게 되면 전보다 더 편안하고 좋을 것입니다. 걱정 끼쳐 드리지 않도록 날마다 안부 전하는 사람도 드나들게 하겠습니다. 먹을 것도 챙겨 보내 주소서. 어마마마 마음대로 보내시고, 또한 하시고자 하는 일도 모두 들어 드리겠나이다."

6월 22일, 광해군은 젊은 환관들을 대비전으로 보냈다. 그들과 더불어 대전의 감찰 상궁 애옥이, 꽃향이, 은덕이, 갑이 또 색장궁녀 3명, 무수리 2명, 젊은 궁녀 10여 명도 함께 보냈다. 만에 하나 인목대비가 영창대군을 내놓지 않으면 힘으로 빼앗으려는 생각에서였다.

대비전으로 들이닥친 광해군 쪽 궁녀들은 곧바로 인목대비의 침실로 갔다. 그들은 '무엇이 부족하고 마땅치 않아 이런 짓을 저지르셨담? 영창대군 곁에 천이 없던가, 명례궁에 천이 없던가? 대비의 칭호라도 바치시고 대군을 살리실 일이지, 어찌하여 이런 음모를 꾸미셨을꼬? 어린 아이가 무엇을 알까마는, 일을 이 지경으로 저질러 놓았으니 대체 누구 탓이라고 할꼬? 어서 대군이나 내보내시오.'라고 윽박질렀다. 인목대비의 궁녀들은 기가 꺾여 대꾸도 하지 못했다. 그때 인목대비는 인사불성이 되어 거의 숨이 넘어갈 듯 누워 있다가 광해군 쪽 궁녀 중 우두머리 너덧을 불러 들어오게 했다. 인목대비는 그들에게 이렇게 하소연했다.

"너희들도 사람인 바에야, 설마 나의 애매하고 서러운 일을 모를리 있겠느냐? 내가 선대왕이 승하하셨을 때 죽지 못하고 산 까닭은 지금의 왕이 돌아가신 대왕의 아드님이셨기 때문이니라. 그래도 같은 피를 받았으니 두 어린 것을 귀하게 여기고 맘 편안히 살게 해줄까 하였는데, 여러 해를 두고 하루도 편할 날이 없이 백 가지 근심만 하고 살아왔다. 뜻밖에 흉적을 만나 이 세상에서 용납할 수 없는 대역이란 누명을 내게 미루었는데, 하늘이 알지 못하시어 이토록 애매한 일을 보시고도 누명을 밝혀 주지 않는구나. 그러니 내가 무슨 말을 할 수 있단 말이냐? 나는 기회를 다 놓쳤다! 아버님과 오라비를 죽여 없애 버렸고, 안으로는 내 곁을 지키던 궁녀들을 다 끌어내 죽였다. 더욱이 이런 것의 몸에는 죄를 물을 일이 아님에도 불구하고 이번에는 대군까지 내놓으라 하는구나! 내 차라리 너희 앞에서 그대로 죽어 이런 망극하고 서러운 말을 듣고 싶지 않으나, 대전과 내전의 말이 아직도 내 귓가에 맴돌고, 궁녀들이 증인이 되었으니 그 약속을 믿겠노라. 임금이 설마 국모인 나를 속이겠느냐? 저잣거리의 상민에 비길 바가 아니라고 여러 번 은근한 말로 일러 왔으니, 내 그 말을 백 번 믿고 대군을 내드리겠다. 지금 당장 나의 두 동생을 놓아주어 어머님을 모시게 하고 우리 가문의 제사나 잇게 하여 준다면 대군을 내보내겠노라. 그러니 너희들은 이 말을 대전과 내전에 전하여라."

말을 마친 인목대비는 대성통곡했다. 그러나 광해군 쪽 궁녀들은 '그런 말씀 안하셔도 대전께서 어련히 알아서 잘하시겠습니까? 어서 빨리 내보내시지요.'라며 재촉했다. 광해군 쪽 궁녀들에게 인목대비는 아무런 권위도 없었다. 또 이것이 서러워 인목대비는 통곡했다. '하늘이시여! 제가 무슨 죄를 지었기에 이토록 서럽게 하십니까?' 인목대비는 하늘을 원망하며 통곡했다.

당시 정명공주와 영창대군은 인목대비 옆에 있었다. 대비가 우는 것을 보며 공주와 대군 역시 따라서 울었다. 두렵고 서러워 울었을 것이다. 인목대비, 정명공주 그리고 영창대군까지 모두 울자 대비전의 궁녀들 역시 따라 울었다. 대비전은 말 그대로 눈물바다가 되었다.

그러나 광해군 쪽 궁녀들은 전혀 울지 않았다. 오히려 '너희 울음소리가 들리면 마마께서 대군을 내주지 않으실 테니, 어서어서 좋은 낯으로 대군을 보내 주십사 여쭈어라. 만에 하나 눈물 자국이 있는 채로 들어가면 모두 죽을 줄 알아라!'라며 협박했다. 측근

궁녀들이 와서 권해도 인목대비는 통곡만 할 뿐 영창대군을 내놓지 않았다. 어느덧 시간이 흘러 점차 저물기 시작했다. 그러자 광해군 쪽 궁녀들은 '너희들이 이리 해서는 못할 것이니, 우리가 들어가서 대군을 빼앗아 와야겠다. 너희들 중 한 사람이라도 살 수 있나 두고 보자!'라며 막 인목대비의 침실로 들어가려 했다. 그때 인목대비의 측근 궁녀인 변 상궁이 들어가 이렇게 여쭈었다.

"지금 밖에는 궁궐 장정들이 모두 모여 있나이다. 금부 하인들이 쇠사슬을 들고 에워싸고 있고, 궁녀들을 잡아가려고 의녀부대도 대령하였더이다. 쇤네들이 죽는 것은 서럽지 않습니다. 하오나 마마께서 믿으실 사람 없이 오직 이 늙은 것만을 의지하셨고, 소인도 지금껏 마마만을 의지하며 행여나 실낱같은 옥체에 불행이 닥치면, 소인이 살아서 의지가 되어 드릴까 하여 죽지 않고 살아왔는데, 마마께서 대군을 이토록 내주지 않으시니 오늘 제가 죽을 곳을 알았나이다."

인목대비에게는 또 이런 말도 서러웠다. 인목대비는 '너희들은 궁녀라서 어미 자식 사이의 정을 모르는구나! 참으로 내주지 못하겠노라.' 라며 다시 울음을 터뜨렸다. 그러나 이미 어쩔 수 없는 상황임을 인목대비 역시 깨닫고 있었다.

그때 영창대군방의 궁녀들은 '사나흘만 피접 나갔다가 금방 올 것이니, 버선 신고 웃옷 입고 소인들을 따라 나가시지요.'라며 달 랬다. 그러자 영창대군은 '나를 죄인이라고 하고, 죄인들 드나드 는 문으로 내어 가려 하니, 죄인이 버선신고 웃옷 입은들 다 쓸데 없다!'라며 움직이지 않으려 했다. '누가 그리 말하더이까?'라는 궁녀들의 물음에 영창대군은 '남이 알려줘서 알았을까? 내가 그 냥 알았네. 서소문은 죄인들이 드나드는 문이니, 나도 죄인이라 하여 그 문 밖에 두려는 게지?'라고 대꾸했다.

하지만 어린 영창대군 역시 어쩔 수 없는 상황임을 눈치 채고 있었다. 기가 꺾인 영창대군은 '나하고 누님하고 같이 가라면 몰 라도 나 혼자는 못 가!'라며 한 발 물러섰다. 영창대군은 8살밖에 되지 않았지만 혼자 나갔다가는 죽음이라고 직감했던 것이다. 그 래서 혹시 누이 정명공주와 함께 나가면 살 수 있지 않을까 해서 같이 나가겠다고 했던 것이다. 이런 영창대군의 마음이 또 인목대 비를 울렸다.

인목대비가 계속 울기만 하며 영창대군을 내놓지 않자 광해군 쪽 궁녀들은 '내주지 않거든 궁녀들을 모두 잡아내라!'며 재촉했 다. 광해군 쪽 궁녀들은 영창대군의 보모상궁인 김 상궁을 잡아내 며 '울기만 하고 나오시지 않으니 당장 옥에 가두라!'라고 소리쳤 다. 그러자 김 상궁은 '아무리 달래어 나가시자 하여도 저렇게 울고만 계시지 않느냐! 죄인이 드나드는 서소문으로 나가라 하니, 아무리 어린 아기씨인들 이리 하시는 것 아니냐? 어찌 이렇게 핍박하여 보채는고? 내 뫼시고 나갈 것이니 잠시 물러가 있거라.'고 대꾸했다.

그 사이 날이 저물었다. 더 이상 지체할 수 없다고 판단한 측근 궁녀들이 나서서 인목대비, 정명공주, 영창대군을 들쳐 업었다. 인목대비는 정 상궁이 업었고, 정명공주는 주 상궁이 업었으며, 영창대군은 김 상궁이 업었다. 정 상궁, 주 상궁, 김 상궁은 바로 대비, 공주, 대군의 몸종 또는 보모상궁 역할을 하는 측근궁녀였다.

강제로 김 상궁에게 업힌 영창대군은 '어마마마와 누님이 먼저 서고, 나는 그 뒤에 설 테야.'라고 소리쳤다. '왜 그렇게 서라고 하세요?'라고 김 상궁이 묻자, 영창대군은 '내가 먼저 나가면, 나만 나가게 하고 어마마마와 누님은 안 나오실지도 모르잖아. 그러니 내가 보는 데서 먼저 가오.'라고 대답했다. 그래서 정 상궁이 맨 앞에 서고 뒤이어 주 상궁, 김 상궁이 따라서 차비문에 이르렀다. 그곳에는 환관 10여 명이 엎드려 있다가 '어서 내보내시지요.'라며 재촉했다. 인목대비는 '모두들 돌아가신 대왕을 생각한다면 차마 이리 할 수는 없으리라.'라며 통곡했다. 환관들도 눈물을 흘리며, '어서 내보내시옵소서! 우리라고 어찌 모르겠나이까. 이럴 일이 아니옵니다.'라며 재촉했다.

그때 광해군전의 감찰 상궁인 연갑이가 갑자기 인목대비를 업은 정 상궁의 다리를 붙들었다. 동시에 광해군전의 감찰 상궁인 은덕이가 공주를 업은 주 상궁의 다리를 붙들었다. 다리를 붙잡힌 정 상궁과 주 상궁은 한 발도 움직이지 못했다. 바로 그 순간 광해군 쪽 궁녀들이 영창대군을 업은 김 상궁을 뒤에서 밀고 앞에서 끌어 문 밖으로 나가게 했다. 김 상궁이 문 밖으로 밀려나가는 순간 문이 닫혔다. 곧바로 칼과 화살을 지닌 병사들이 몰려와 문 주변을 에워쌌다.

갑자기 자기만 혼자 문 밖으로 나가게 된 영창대군은 놀라 '어마마마, 어마마마 보세.'라며 울부짖었다. 그러나 김 상궁은 광해군 쪽 궁녀들에게 계속해서 끌려갔다. 문에서 멀어지자 영창대군은 '그러면 누님이라도 보세.'라며 소리쳤다. 그러나 문 밖에 병사들이 늘어선 모습을 보고는 울기를 그치고 머리를 숙여 자는 듯이 업혀 갔다.

이런 모습에 인목대비와 정명공주는 대성통곡했다. 대비전의 궁녀들도 모두 통곡했다. 영창대군을 모신 궁녀들도 통곡했다. 사람들의 곡성이 안팎으로 진동하여 천지사방에 가득하고 눈물이 땅 위에 흥건히 밸 정도였다.

거처로 돌아온 인목대비는 하늘을 우러러 크게 울부짖으며 통곡하다 기절했다. 그 후로 인목대비는 사람이 없을 때 목매거나 자결하여 목숨을 끊으려 자꾸 물러가라고만 했다. 변 상궁은 그런 인목대비의 곁을 밤낮으로 떠나지 않고 마주앉아 갖가지로 위로하였다.

"부원군 댁에서나 마마께서나 원래 선행을 즐겨 하시고 다른 사람을 모해하신 적이 없사온데, 하늘이 무슨 허물을 탓하시고 이런 고초를 겪게 하는지 모르겠습니다. 그러나 언젠가는 반드시 이 서러움을 씻을 날이 올 것이옵니다. 대군마마의 나이가 채 열 살도 못 되셨는데 설마 당장 죽이기야 하겠습니까? 문을 열어두고 바깥소식을 자주 탐지하시다 보면, 자연 대군마마의 안부라도 듣게 되겠지요. 마마께서 살아 계셔야 부원군 댁 제사도, 또 소인네들도 탈 없이 단속하실 수 있지 않겠습니까? 연로하신 친정어머니는 누구를 믿고 살아 계시겠습니까? 대군마마를 위하여 죽고자 하시나, 이대로 목숨을 끊으시면 친정 부모님께 큰 불효가 될 것입니다. 제발 어머니를 생각하시어 손수 죽고자 하시는 마음을 고쳐 잡수십시오. 잠시 동안만 이 서러움을 견디세요. 언젠가 문이 열리면 친정어머니를 만나 그간의 애매하고 서러운 말씀을 원 없이 하셔야지요.

그리고 공주 아기씨도 또한 자손이시옵니다. 비록 따님이시지만 마마께서 돌보지 않으시고 자결하신다면, 어린 공주님은 어디에 가서 누구를 의지하고 사시겠습니까? 친척에 가 붙어사신 다 해도 공주님께서 자라신들 마마께서 당하신 이 서러움을 어디에 가서 아실 수 있겠습니까? 아직 어려서 동생이 어찌되었는지도 잘 모르십니다. 마마께서 먼저 돌아가신다면 대군마마는 죽임을 당하게 될 것이 불을 보듯 뻔한데, 하물며 그 누님이라고 편안히 살게 할 듯 싶으십니까? 반드시 사특한 일을 꾸며서 잡아 없애 버릴 것이옵니다. 하오니 마마께서 국모의 자리에 계셔서 두 분을 지켜 드려야 합니다. 저 간악한 무리들은 그간 겪은 일들을 묻어 버리고, '대비는 늘 마음속으로 저주와 역모를 일삼다가 발각되어 죽었다.'라고 역사책에 기록할 것입니다. 차마 사람으로서 다시없이 견디기 어려운 설움이오나, 후세에 마마의 이름이 영원히 더럽혀 전해질 것에 대해서도 생각하셔야지 않습니까? 이 어리석고 짐승같이 미혹한 소인의 생각으로는 이러하오니, 제발 지금은 슬픔을 참으시고 깊이 살펴 생각하옵소서."

"나라고 어찌 그런 이치를 모르겠느냐? 나 역시 더러운 누명을 벗고자 아니하겠느냐마는, 지금은 하도 원통하고 서러워 애를 써 타는 듯하고, 간장을 졸이고 심간에 불이 붙는 듯하구나. 후세에 내가 어찌 기록될지는 생각조차 할 수도 없고, 그저 이 서러운 세상과 어서 이별하고 싶다. 차라리 이 손으로 목숨을 끊어 버리고

만 싶구나!"

한동안 인목대비는 음식도 들지 않고 울기만 했다. 먹는 것이
라고는 겨우 냉수와 얼음만 마실 뿐이었다. 그러면서 친정어머니
와 영창대군의 안부를 알아오라 보냈다. 대비전에서 끌려 나간 영
창대군은 약 한 달 정도 한양의 여염집에 구금되었다. 그 사이 영
창대군을 죽여야 한다는 상소가 빗발쳤다. 7월 26일, 광해군은 명
령을 내려 영창대군을 강화도에 중죄인에 대한 유배형인 위리안
치圍籬安置를 하게 했다. 8살밖에 되지 않은 영창대군은 영문도 모
른 채 강화도로 끌려가 가시로 울타리를 친 집에 감금되었다. 그
리고 7개월 후인 1614년광해군 6 2월 10일에 그곳에서 세상을 떠났
다. 그때 영창대군의 나이 겨우 9살이었다.

영창대군이 비명횡사하자 수많은 사람들이 비통에 잠겼다. 나
이도 나이지만, 죽음 자체가 너무나 참혹했기 때문이다. 당시에
강화부사 정항이 영창대군을 살해했다는 소문이 파다하게 퍼졌
다. 실록에는 '정항이 음식을 넣어주지도 않고, 방 안에 가두고 불
을 때서 뜨거워 눕지도 못하게 하자 영창대군이 창살을 부여잡고
밤낮으로 울부짖다가 기력이 다하여 죽었다.'고 기록되어 있다.
당시 이 소문을 들은 강화도 사람들치고 울지 않은 사람이 없었다
고 한다.

영창대군 무덤,
경기도 안성시

인목대비는 영창대군의 강화도 위리안치를 1613년^{광해군 5} 연말
이나 되어서야 알 수 있었다. 광해군이 알려주지 않았기 때문이
다. 그렇지만 인목대비의 측근궁녀들은 영창대군의 강화도 위리
안치를 곧바로 알았다. 그럼에도 불구하고 인목대비가 충격을 받
을까 염려하여 쉬쉬했다. 그러다가 1613년 연말에 문 상궁이 모
든 사실을 알렸던 것이다. 소식을 들은 인목대비는 방바닥에 엎어
져 몸을 들썩이며 통곡했다. '강화도로 옮겼을 줄은 생각도 못하
였구나. 세상이 어떻게 돌아가기에 아무 것도 모르는 아이를 섬으
로 보냈단 말이냐? 이 서러움을 어디에 비할 수 있을꼬?'

영창대군이 강화도로 갈 때 원로 상궁들은 따라가지 않았다. 당
시 영창대군은 공식적으로 대군이 아니라 평민이었기에 어린 궁
녀 몇 명만 따라가게 되었다. 그래서 영창대군을 업고 나갔던 김

상궁은 강화도로 가지 않고 대비전으로 되돌아왔다. 김 상궁은 돌아온 직후에는 영창대군의 강화도 위리안치 사실을 알리지 않았다. 물론 인목대비가 충격을 받을까 걱정해서였다. 하지만 인목대비가 사실을 알게 된 후에는 강화도로 떠나기 직전 영창대군이 어떻게 행동했는지를 자세히 전했다.

강화도로 떠나기 며칠 전, 영창대군은 김 상궁에게 업혀 슬픔을 이기지 못하고 하염없이 울며 '내 발을 좀 씻겨 주어라. 목욕하고 싶다.'고 했다. 김 상궁이 '아기씨가 목욕을 하다니요? 아직 어려서 못 한답니다. 무슨 일을 하시려고 목욕재계를 하시나요?'라고 물었다. 영창대군은 대답 없이 서럽게 울기만 했다. 그렇게 며칠을 눈물로 보내던 영창대군이 어느 날 갑자기 궁녀들에게 '오늘이 며칠이냐?' 하고 물었다. '며칠인지는 알아 무엇 하시려고요?' 라고 묻는 궁녀들에게, 영창대군은 '알 만한 일이 있어서 묻는 거야.' 대답하고는 더욱 서럽게 울었다. 주변에 있던 궁녀들이 왜 그러실까 하고 이상하게 생각했는데, 그날 영창대군이 강화도로 가게 된 날이었다. 아마도 영창대군은 자신이 곧 강화도로 끌려가리라고 직감했던 듯하다.

인목대비는 꿈을 통해 영창대군의 죽음을 알았다. 2월에 영창대군이 죽은 후, 측근궁녀들은 차마 그 사실을 알리지 못했다. 그런데 4월 어느 날인가 인목대비는 꿈을 꾸었다. 양 가슴에 젖이

흐르고, 모든 사람들이 아기씨를 안았다가 인목대비에게 안겨 주는 꿈이었다. 너무나 반가운 마음에 울며 젖을 먹이던 인목대비는 문득 깨어났다. '마음이 새로이 놀랍고 살이 떨려 진정할 수가 없구나. 어찌해서 이럴까?'라며 심란해 하는 인목대비를 측근궁녀들은 '젖이라는 것은 아이의 양식이니, 대군아기씨가 오래 사셔서 상감마마의 마음이 자연 누그러지게 된 후, 서로 만나실 상서로울 징조이옵니다.' 하며 위로했다.

며칠 후 인목대비는 또 꿈을 꾸었다. 그런데 품에 안긴 영창대군이 '머리를 빗을 때 옥거울을 보니 인간의 정해진 운수가 굽이굽이 있더군요. 저를 보내고 서러워하시지만 저는 이미 옥황상제를 뵈었답니다.' 하고 말하며 눈물을 흘렸다. 깜짝 놀란 인목대비는 영창대군을 붙잡고 '어디를 갔었느냐? 나는 너를 여의고 서러워 죽으려 하였단다. 너는 어찌하여 간 곳조차 일러 주지 않나?' 하니, 영창대군이 '아셔도 어쩔 수 없답니다.' 하고는 사라져 버렸다. 꿈에서 깬 인목대비는 '이것이 어찌 보통 꿈이겠느냐? 틀림없이 내 아들을 죽여 놓고 나를 속인 듯싶구나. 바른 대로 아뢰어라. 그렇지 않으면 이 설움을 참지 못하겠으니 당장 죽어 내 아들한테 가겠노라.' 하며 측근궁녀들을 몰아붙였다. 결국 측근궁녀들은 '소인들은 사실을 감추고자 하였으나 아기씨의 영혼이 자주 나타나시니, 역시 인간은 속일 수 있어도 신령을 속일 수는 없나 봅니다.'라고 하며 이실직고했다.

　이 말에 인목대비는 그대로 기절해 죽은 듯이 있다가 냉수를 흘려 넣자 가까스로 정신을 차렸다. 혹시라도 인목대비가 자살할까 불안해진 측근궁녀들은 '이제 돌아가시면 저들이 저희를 살려 두겠습니까? 새로 옥사를 일으킬 것이니, 남은 공주아기씨와 힘없는 소인들을 다 서러이 죽게 마시옵소서.' 하며 애원했다. 인목대비는 '선왕께서 자신을 사랑하시지 않던 원한을 내게 풀고 있는 것이다. 그 원한으로 나뿐 아니라 내 가문과 어린 대군까지 죽였으니, 어찌 한갓 서럽다고만 하리오. 세세생생世世生生 다시는 이런 땅에 태어나지 않고 싶다.' 하며 울부짖었다.

　그러나 인목대비는 죽을 수 없었다. 정명공주와 측근궁녀들이 살아있었기 때문이다. 자신이 죽는다면 12살 된 정명공주 역시 죽을 것이 분명했다. 아무리 슬프다고 한들 어찌 12살 된 딸을 버려두고 죽을 수 있단 말인가? 영창대군의 죽음을 알고 난 후, 인목대비가 살아남은 가장 큰 이유는 정명공주 때문이었다. 억울하게 세상을 떠난 친정식구들과 측근궁녀들의 명복을 빌기 위해서라도 인목대비는 모진 세월을 살아남아야만 했다.

정명공주의 기나긴 인생여정

영창대군의 죽음,
그리고 광해군과의 대립

영창대군이 강화도에서 비명횡사하던 1614년_{광해군6} 2월 10일 즈음에 인목대비가 신임할 수 있는 원로상궁은 단 1명뿐이었다. 변 상궁이 그였다. 오랫동안 인목대비의 극진한 신임을 받던 김 상궁, 덕복, 문 상궁 등은 모두 역적으로 몰려 죽었다. 바깥 상황이 어떻게 돌아가는지, 영창대군이 살았는지 죽었는지, 인목대비가 믿고 물을 수 있는 사람은 오직 변 상궁뿐이었다.

이런 상황이 인목대비에게는 답답하고 억울했지만 반대로 광해군에게는 편안했다. 이제 변 상궁만 통제하면 자동으로 인목대비는 쉬이 통제될 수 있었다. 1614년 3월 어느 날, 광해군은 변 상궁에게 환관을 보내 이런 뜻을 전했다.

"너희들이 대비마마를 모시고 편안히 살 수 있었던 것을, 대군을 임금으로 삼으려고 도적들과 내통하다 못해 저주까지 하는 바람에 목숨조차 보전하지 못하게 되었다. 남아있는 궁녀들은 조용히 내 말을 잘 듣고 그대로 해야지, 만일 거스르는 일이 있으면 법대로 처단할 것이니 그리 알아서 하여라. 대군을 처음에 경성에 두었더니, 조정에서 '죄인을 성 안에 두는 것이 옳지 못하다.'고 하도 보채어 강화 땅으로 편안하게 옮겼다. 그런데 제 명이 원래 짧았는지 아니면 복이 넘쳐 그리 되었는지, 얼마 되지 않아 죽고 말았다. 조정에서는 죄인이 죽으면 그 시신은 찾지 않는 법이라며 내버려 두자 하였으나, 형제지간이라 의리를 생각하여 비단 요와 관까지 갖추어 극진히 장례를 치러 주었다. 그러니 대비마마께서도 서럽지 않으실 것이다. 그러나 경성에서 강화로 옮길 때 미처 알지 못하셨으니, 당신 아들의 명이 짧아 죽은 것을 가지고 내가 죽였다고 할 것이다. 그러니 느지막이 아시도록 하여라. 지금 당장 고자질을 한다면 너희들을 잡아다가 옥에 가두고 멸족할 것이다. 너희들만 알았다가 아무 때나 무던하게 생각하시도록 말씀드려 준다면 아무런 걱정이 없을 것이다. 틈틈이 앉아서 한숨 쉬고 슬퍼하신다는 말이 들리면, 내 모든 법을 다 집행하여 벌을 줄 것이니, 그렇게 듣고만 있어라."

요컨대 영창대군의 죽음을 당분간 알리지 말라는 협박이었다. 광해군은 혹시라도 영창대군의 죽음에 인목대비가 자살이라도 할까 우려했다. 그런 사태를 막기 위한 최선의 방법은 영창대군의 죽음을 모르게 하는 것이고, 그렇게 할 수 있는 적임자는 변 상궁이었다. 결국 변 상궁만 통제하면 인목대비를 통제할 수 있었던 것이다.

그런데 위의 내용을 보면 광해군은 영창대군의 죽음에 별로 죄책감을 느끼지 않았던 듯하다. '제 명이 짧았는지 아니면 복이 넘쳐 그리 되었는지'라는 언급에서는 비아냥거리는 마음까지 느껴진다. 영창대군이 죽은 것은 팔자 때문이고 자신에겐 전혀 책임이 없다는 것이 당시 광해군의 속마음이었을 것이다.

광해군으로부터 이런 협박을 당한 변 상궁은 '마마를 모시고 있는 몸으로서 두려운 마음을 아뢰고자 하니, 말씀드리거나 안 드리거나 어렵사옵니다. 그러니 차라리 이 자리에서 죽어 좋은 넋이라도 될까 하나이다.'라고 완곡하게 거절했다. 하지만 '네 비록 죽고 싶다 하였으나, 내가 너를 죄가 없어서 죽이지 않은 줄 아느냐? 대비마마를 모시고 있기 때문에 아직 죽이지 않은 것뿐이다. 그러니 식사나 자주 권하여 잡수시게 하고, 비탄에 잠겨 우시게 하지 말거라.'는 거듭된 협박에, 변 상궁은 '상감마마께서 미음이나 자주 권하여 드시게 하라는 말씀을 자주 내려 주시며 모자의 정을 잊지 않으시니, 망극한 중에도 어찌 감동하지 않을 수 있겠습니까? 하루살이와 같이 미천한 종의 처지이나, 목숨을 보존하도록 해 주십시오.'라고 굴복했다.

광해군의 협박 그리고 혹시라도 자살할지 모른다는 두려움에 변 상궁은 인목대비에게 영창대군의 죽음을 알리지 않았다. 대신 부지런히 식사를 권하였다. 그때마다 인목대비는 '너희들은 다 물러가거라. 나 혼자 울다 지치면 이대로 죽어 버리리라. 권하는 말이 더 듣기 싫다.' 하며 울부짖었다. 변 상궁은 이러지도 못하고 저러지도 못하며 속을 끓였다. 그렇게 4월이 된 어느 날 인목대비는 꿈에서 영창대군이 '저를 보내고 서러워 하시지만 저는 옥황상제를 뵈었답니다.' 하는 말을 들었다. 꿈에서 깬 인목대비는 '바른 대로 아뢰어라. 그렇지 않으면 이 설움을 참지 못하겠으니 당장 죽어 내 아들한테 가겠노라.' 라며 변 상궁을 몰아세웠다. 결국 변 상궁은 이실직고할 수밖에 없었다. 이후 변 상궁은 시름시름 앓았다. 마음의 병이 몸의 병이 된 결과였을 것이다. 여름이 지나면서 병세가 악화되더니 가을에는 인사불성이 되었다. 결국 9월에 변 상궁은 치료를 위해 대비전 밖으로 나갔다.

변 상궁을 대신해 천복이 들어왔다. 천복은 변 상궁보다 17살 위의 원로상궁으로서 계축옥사 당시 대비전의 감찰 상궁으로 있다가 대비전 궁녀들을 늦게 잡아냈다고 옥에 갇혔다. 김개시는 석방을 미끼로 천복을 포섭하였다. 나아가 배신하지 못하도록 추가 조치까지 취했다. 광해군전의 감찰상궁인 은덕이의 조카를 천복의 양자로 만들었던 것이다. 조선시대 궁녀에게 양자는 친자식 이상이었다. 늙어 은퇴하면 노후를 책임지고 죽은 후 제사를 지내주는 사람이 바로 양자였기 때문이다. 1614년 당시 천복은 68살이었다. 죽을 날이 멀지 않은 천복에게 가장 필요한 존재가 양자였는데, 김개시가 양자를 만들어 준 것이었다. 그 은덕에 감복하여 천복은 김개시와 광해군에게 충성했다.

10월 20일에 천복이 대비전으로 들어왔는데, 광해군으로부터 '들어가서 옥체도 잘 간수하시게 하고, 혹 요사스런 일을 하거든 못하게 막고 글로 상소하라.'는 명령을 들었다. 잘 감시하라는 뜻이었다. 천복은 광해군의 명령을 충실히 이행했다. 대비전에서 보고 들은 모든 일들을 보고했고, 명령에 따라 움직였다. 물론 천복이 직접 광해군에게 보고하고 명령을 들은 것이 아니라 김개시에게 보고하고 김개시로부터 명령을 들은 것이었다. 천복은 겉으로는 인목대비의 궁녀였지만 속으로는 김개시와 광해군의 궁녀였던 것이다.

천복이 대비전으로 돌아오던 즈음 정명공주는 12살이었다. 지난해 계축옥사를 겪으면서 세상눈치도 부쩍 늘었다. 외할아버지가 돌아가셨을 때, 그리고 영창대군이 죽은 것을 알았을 때 모후 인목대비는 죽겠다고 하며 울부짖었다. 어린 정명공주는 분명 서러웠을 터이지만 두렵기도 했을 듯하다. 정말로 모후인 인목대비가 죽어버리면 어떻게 하나? 하고 말이다.

어린 정명공주는 본능적으로 자기도 살고 모후 인목대비도 살리고자 했을 것이다. 그러기 위해서는 스스로 강한 생명력을 길러야 함은 물론 비탄에 젖은 모후 인목대비를 위로해야 했다. 모후 인목대비가 삶의 희망과 보람을 느낄 수 있도록 하기 위해 자신이 할 수 있는 일은 무엇이든 했다.

영창대군이 죽은 사실을 알았을 때, 인목대비는 죽어버리겠다고 했지만 실제 그렇게 할 수는 없었다. 우선 어린 정명공주가 살아 있었으며 친정어머니 노씨 역시 살아 있었다. 그 못지않게 중요한 이유는 친정아버지의 3년 상이었다. 만약 인목대비가 죽어버린다면 김제남의 3년 상을 지내줄 사람은 아무도 없었다. 아무리 죽고 싶어도 최소한 친정아버지의 3년 상은 마쳐야 했다.

인목대비는 친정아버지의 죽음을 안 순간부터 거적을 깔고 3년 상을 치렀다. 옷은 흰색 상복을 입었다. 아마도 영창대군의 죽음을 안 이후, 인목대비는 친정아버지 상이 끝나면 죽겠다고 마음먹었을 지도 모른다. 어린 정명공주는 그런 불안에 떨었을 것이다. 인목대비가 그런 마음을 먹지 않도록 하기 위해, 또 마음먹었더라도 바꾸게 하기 위해서는 그 무엇보다도 정명공주의 위로와 생존이 필요했다. 만약 정명공주마저 죽는다면 인목대비는 더 이상 살아갈 의욕도 이유도 잃을 것이 분명했다.

김제남이 죽은 이후부터 정명공주는 모후 인목대비와 함께 3년 상을 치렀다. 모후와 똑같은 옷을 입고, 모후와 똑같은 행동을 하며 3년 상을 치렀다. 그렇지 않아도 정명공주는 인목대비를 닮았는데 옷과 행동까지 같으려니 판박이처럼 닮아 보였다. 그런 정명공주를 본 천복은 '어머님과 같다 못해, 어디 서방 맞을 데도 없는데 옷 입은 모양새까지 비슷하니, 보기 싫다.'는 말까지 했다. 이처럼 정명공주가 모후 인목왕후의 판박이처럼 된 이유는 3년 상 때문이기도 하지만, 이런 모습으로 모후 인목왕후를 위로하고 또 삶의 의욕을 불러일으키기 위해서였을 것이다.

당시 인목대비는 아직 31살 밖에 되지 않았다. 자기와 똑 닮은 12살의 정명공주가 어미를 위로하기 위해 애쓰는 모습을 보며 인목대비의 마음속에서는 분명 삶에 대한 의지가 솟아올랐을 것이다. 자기가 죽는다면 저 어린 것이 어찌될 것인가? 자기 때문에 친정아버지도 비명횡사하고 또 어린 영창대군도 비명횡사했는데, 저 어린 것까지 비명횡사하게 해야 한단 말인가? 분명 인목대비의 마음속에는 이런 외침이 울렸을 것이다.

그런데 1614년 11월, 정명공주는 심각한 병에 걸렸다. 마마였다. 조선시대에 마마는 천연두를 달리 부르던 말이었다. 종두법이 알려지기 이전 천연두는 무시무시한 병이었다. 치사율도 높았고 전염성도 강했다. 뿐만 아니라 잘못 치료하면 얼굴에 마마자국이

남이 흉한 모습이 되곤 했다. 그래서 조선시대에는 천연두를 두려워하여 직접 병명을 말하지 않고 '마마' 또는 '손님'이라고 달리 말했다. 마마란 고귀한 사람들에게 붙이는 극존칭으로서 천연두를 몰고 다니는 '역신疫神'을 높여 부르는 말이었다. 손님은 전염성이 강한 천연두가 마치 손님처럼 이곳저곳 돌아다닌다고 해서 붙은 이름이었다.

조선시대 마마는 너무나 두려워 이름도 바로 부르지 못하는 병이었기에 관련된 금기도 많았다. 마마신이 노하지 않도록 언행을 조심했으며 마마신이 좋아하는 것은 절대 가까이 하지 않았다. 가족 중에 마마 환자가 발생하면 가족 모두가 조심하고 조심해야 했다.

당시 마마에 걸린 어린 정명공주의 마음이 어땠을까? 분명 두렵고 두려웠을 것이다. 그러나 그 두려움 이상으로 반드시 살아남아야 한다는 의지가 더 강력했을 것이다. 스스로를 위해서뿐만 아니라 모후 인목대비를 위해서도 반드시 살아남아야 했기 때문이다. 그러나 광해군 쪽 사람들은 반대였다. 이 기회에 정명공주가 죽는다면 분명 인목대비도 따라 죽을 것이라 기대했기 때문이다. 광해군 쪽 사람들의 앞잡이가 된 천복이는 이 기회에 정명공주를 죽여 공을 세우고자 했다. 천복은 '이제야 뜻을 얻었다.'라며 정명공주의 마마를 기뻐했다.

마마는 몇 단계를 거치는데 우선 얼굴이 빨개지는 발열 단계부터 시작하여, 콩알처럼 두드러기가 돋아다는 출두 단계, 점점 부풀어 오르는 기창 단계, 고름이 맺히는 관농 단계, 딱지가 앉기 시작하는 수엽 단계, 딱지가 떨어지는 낙가 단계를 거쳐 끝난다. 이 중에서 가장 위험한 단계가 발열부터 기창 단계까지였다. 왜냐하면 마마로 사망하는 대부분의 경우는 고열 때문인데, 그 고열이 바로 발열 단계부터 나기 시작해 기창 단계에서 정점에 오르기 때문이다. 36~37도가 정상 체온인 인간인지라 체온이 40도를 넘어가면 뇌 조직이 변성되거나 파괴되어 죽거나 불구가 되는 수가 많았다. 따라서 마마에 걸리면 발열 단계부터 기창 단계까지는 더더욱 조심해야 했다. 기창 단계만 무사히 넘기면 곧 고름이 맺혀 딱지가 생겼다가 떨어지면서 완쾌되는데 발병부터 완쾌까지 대략 보름 정도 걸렸다.

정명공주가 마마에 걸렸다는 사실을 알게 된 천복은 진행 단계를 알아내려 했다. 결정적인 단계, 예컨대 출두나 기창 단계에서 마마를 악화시키는 금기를 행하기 위해서였다. 예컨대 집안에서 떠들거나 소란스럽게 하는 것, 잔치를 벌이는 것, 비린 것(생선)을 먹는 것, 고기를 먹는 것, 술을 마시는 것, 머리를 빗는 것, 새 옷을 입는 것, 제사를 지내는 것 등이 마마에 걸렸을 때 절대 하지 말아야 할 금기였는데, 이 중에서도 제사를 지내는 것이 최고의 금기였다. 제사를 지내면 마마신이 자기를 무시하며 다른 신을 섬긴다고 오해하여 환자를 죽인다고 믿었기 때문이다.

그렇지만 인목대비 역시 극도로 조심했다. 혹시라도 광해군 쪽 사람들이 못된 짓을 할까 염려했던 것이다. 인목대비는 정명공주를 침실에 격리시킨 채 외부인은 절대 드나들지 못하게 했다. 천복 역시 정명공주 침실에 갈 수가 없어서 진행 단계를 알지 못했다.

답답해하던 천복은 무작정 금기 행위를 시작했다. 자기 방에 들어앉자 일부러 고기를 저미고 술을 마셨다. 몰래 한다고 했지만 인목대비에게 발각되었다. 당시 인목대비는 만에 하나라도 정명공주가 잘못될까 촉각을 곤두세우고 있었던 것이다. 분기탱천한 인목대비는 '천복이 놈이 몰래 들어 앉아 고기 뜯고 술 마시며, 가만히 먹자 하였다니 괘씸하고 더럽구나. 어서 **빼앗아라**.'고 명령했다. 사람들이 가보니 과연 한 사람을 데리고 앉아 먹고 있었다. 머쓱해진 천복은 '저는 공주님이 하도 가엾어서 곧이듣지 않고 먹는 거예요.'라고 변명했다. 정명공주가 마마에 걸렸을 리가 없다고 생각해 고기 먹고 술 마신다는 변명이었다.

천복은 감시의 눈 때문에 더 이상 고기 먹고 술 마실 수가 없었다. 11월 17일, 천복은 인목대비의 침실에 불을 질렀다. 마마 신을 놀라게 하여 정명공주를 죽게 하려는 의도에서였다. 정명공주를 죽이고 싶어 했던 사람은 천복이 뿐만이 아니었다. 왕비 유씨 역시 공주를 죽이고 싶어 했다. 당시 궁궐에서는 11월 그믐에 납향제를 지냈다. 대비전에서도 매년 동지 후 납일에 1년간의 농사와 그 밖의 일을 여러 신에게 고하는 제사인 납향제에 쓸 돼지 등을 들였는데, 왕비 유씨는 토막을 쳐서 들이게 했다. 출입문에서 돼지며 사슴, 노루를 토막 치는 소리가 침실까지 들렸다. 게다가 토막 친 고기를 긴 나무에 꿰어 들이기까지 하였다. 마마에는 칼과 도끼질이 가장 흉한 줄 알고 일부러 그렇게 했던 것이다.

그러나 천우신조인지 정명공주는 마마 신을 무사히 보냈다. 꼭 살아서 모후 인목대비를 위로해야겠다는 정명공주의 의지가 완쾌 이유 중의 하나였을 것이다. 공주를 죽이려 천복이 방화하고 왕비 유씨가 고기를 토막 내던 즈음 오히려 공주는 위험한 고비를 넘겼다. 만약 그 이전에 천복이 방화했다면 어떤 일이 벌어질지 알 수 없었다. 이런 면에서 인목대비가 천복이를 공주의 침실에 들어가지 못하게 한 것은 지혜로운 처사였다고 할 수 있다.

무사히 마마 신을 보낸 후 정명공주와 인목대비 사이는 더욱 가까워졌을 듯하다. 정명공주는 자신을 살리기 위해 지극정성을 다한 인목대비에게 더 깊은 정을 느꼈을 것이며, 인목대비 역시 죽음의 문턱까지 갔다가 살아 돌아온 정명공주에게 더 애틋한 정을 느꼈을 것이다. 완쾌된 정명공주는 인목대비와 함께 외할아버지 김제남의 3년 상을 치러나갔다. 3년 상이 끝나가던 무렵 변 상궁이 완쾌되어 입궁했다. 그 때가 1615년_{광해군 7} 4월 30일이었다. 그리고 가을쯤 되어 3년 상이 끝났다. 당시 정명공주는 13살이었고 인목대비는 32살이었다.

3년 상도 끝나고 변 상궁도 들어옴으로써 모처럼 정명공주와 인목대비는 평화를 누렸을 듯도 하지만 그렇지 못했다. 매년 대비전 여기저기에서 끊임없이 방화사건이 발생했던 것이다. 방화는 숯섬에서도 일어나고 작은 나무 쌓인 데며 거적에서까지 일어났다. 방화사건은 정명공주가 마마에 걸렸던 1614년_{광해군 6} 겨울부터 시작되어 1615년, 1616년, 1617년, 1618년까지 5년 간 한 해도 거르지 않고 일어났다. 인목대비는 견디다 못해 오후 4시 이후로는 아예 불을 쓰지 못하게 했다. 그래서 오후 2시쯤 밥을 지어먹고 오후 4시쯤부터는 방울을 흔들며 부엌과 온 궁전 안을 구석구석 살피고 다니기를 두 시간에 한 번씩 하였다.

그러던 어느 날 어린 궁녀들 대여섯이 패를 나누어 싸웠다. 그 아이들은 평소 은밀하게 대비전을 빠져나가 대전에 드나들던 궁녀들이었다. 인목대비는 이 아이들이 방화범일 것이라 짐작하고는 '누가 불을 놓으라 가르치더냐?' 하고 추궁했다. '대전 시녀 정순이 가르치더이다. 너희들이 불을 질러 대비와 공주를 타 죽게 하면 너희들 모두 종의 신세를 면하게 해 주고 큰 상도 내리며 우리에게 와 살게 하여 주마 했습니다.'라는 대답이 돌아왔다.

1614년부터 1618년 사이 정명공주는 생명의 위협뿐만 아니라 생활의 곤궁도 겪어야 했다. 광해군이 생필품을 들여보내지 않았던 것이다. 궁녀들은 신을 것이 없어서 헌 옷을 뜯어 노끈을 꼬아 짚신처럼 만들어 신거나, 헌 신을 뜯어 신을 것에 기워 신기도 하였다. 그러나 금방 해져 견디지 못하자 화살촉을 빼내 송곳을 만들어 짚신을 삼기 시작했다. 또 겨울이면 눈 위에서 신을 것이 없으므로, 큰 신을 뜯어 사슴 가죽으로 눈 신을 짓기 시작하였다. 봄에 손질해 두었다가 겨울을 지냈는데, 사슴 가죽창으로 겨우 한 겨울을 지낼 수 있었다. 이런 생활을 겪으면서 오히려 정명공주, 인목대비, 그리고 대비전 궁녀들 사이의 유대감은 더욱 강력해졌을 것으로 짐작된다.

그러나 정명공주와 인목대비에게는 더 큰 시련이 기다리고 있었다. 정명공주는 서인庶人으로 강등되고, 인목대비는 후궁으로 강등되는 치욕이 그것이었다. 그 치욕스런 사건은 정명공주가 16살 되던 1618년광해군 10 1월 28일에 일어났다.

인목대비를 폐위해야 한다는 주장은 이미 1613년광해군 5의 박응서, 서양갑 사건 때부터 제기되었다. 그해 4월 25일에 박응서가 '대비전에 나아가 수렴청정을 요청하려 하였으며, 영창대군을 왕으로 옹립하려 했다.'고 진술했을 때부터 인목대비는 이미 역적의 수괴首魁로 낙인찍혔다. 5월 22일에는 성균관 학생 이위경 등이 상소를 올려 '모후母后는 안으로는 무고하는 짓을 저지르고 밖으로는 역모에 응하였으니 어미 된 도리가 이미 끊어졌다.'고 주장했다. 인목대비는 광해군에게 어머니가 아니라 역적이라는 주장인데, 이런 주장을 폐모론廢母論이라고 하였다. 그때 광해군은 '공의公議가 아무리 지엄하다 하더라도 개인적인 인정상 차마 못할 점이 있다.'고 응답해, 공식적으로는 폐모론에 동의하지만 개인적인 사정으로 동의할 수 없다는 태도를 보였다. 이후 폐모론은 점점 기승을 부렸다. 게다가 이른바 유릉저주사건을 거치면서 신료들은 더욱 강경하게 폐모론을 주장했다.

인목대비가 폐위되는 과정은 영창대군이 폐서인되는 과정과 같았다. 먼저 사헌부, 사간원에서 인목대비의 죄를 10가지로 조목조목 분류하며 폐위를 요청하는 상소를 올렸다. 뒤이어 대신, 종친, 시골 유생들의 상소도 올라왔다. 광해군은 그들의 요구를 영창대군 때보다 더 시간을 끌어가며 들어주었다.

1618년광해군 10 1월 19일, 광해군은 백관들의 인목대비 알현을 금지시켰다. 이때 광해군은 '국가가 이렇듯 어렵고 위태로운 때에 백관들이 오래도록 직무를 돌보지 않으며 이처럼 힘껏 다투고, 일이 종묘사직에 관계되니 여러 사람들의 마음을 막기 어렵다. 다만 백관들은 대비를 알현하지 말라. 이것은 또한 의리로써 은혜를 엄

폐하는 뜻에서 나온 것이다.'라고 하여 대의명분에 입각한 처분임을 천명했다.

이어서 1월 28일, 광해군은 인목대비를 더 이상 대비라 부르지 말고 '서궁西宮'으로만 부르라 명령했다. 서궁이란 인목대비의 대비전이 당시 광해군이 살던 창덕궁의 서쪽에 있어서 붙은 이름이었는데, 궁궐 이름이 아니라 후궁의 궁호宮號였다. '서궁'을 굳이 풀이하자면 '창덕궁의 서쪽에 있는 후궁'이란 뜻이었다. 인목대비는 왕실의 최고어른인 '대비'에서 한갓 '후궁'으로 강등된 것이었다.

인목대비를 서궁으로 강등해 처우하기 규정은 1618년 1월 30일에 공포되었다. 폐비절목廢妃節目이 그것이었다. 이 절목에 따라 인목대비의 권위를 상징하던 존호尊號, 어보御寶, 의장물 등은 모두 취소되고, 진상도 정지되었다. 서궁 주위로는 담장이 높이 쌓이고 파수대가 설치되었다. 이것이 바로 조선 500년 역사상 유일무이하게 자식이 어머니를 폐위시킨 '서궁유폐'였다.

인목대비가 후궁으로 강등되자 정명공주도 따라서 강등되었다. 보통의 경우라면 후궁의 딸은 옹주가 되어야 했다. 그렇다면 정명공주는 정명옹주가 되어야 했다. 하지만 정명공주는 옹주 이하의 서인으로 강등되었다. '폐비절목'에는 정명공주에 관련된 규정도 포함되었는데, '공주의 봉급과 혼인은 옹주의 예에 의한다.'가 그것이었다.

이 규정만 보면 정명공주가 옹주로 강등된 듯도 하지만 그렇지 않았다. 당시 정명공주는 평민인 서인庶人으로 강등되었다. 다만 선조의 딸이라는 점을 고려하여 생활안정 차원에서 봉급을 지급하고 혼인 때에 특별히 '옹주의 예에 의한다.'는 예외 조항이 들어갔을 뿐이다. 이로써 서궁 유폐 이후 정명공주는 옹주도 아닌 일개 서인의 신분이 되었다. 《광해군일기》에 의하면 이 조치는 이이첨과 광해군이 주도하였다고 한다. 문제는 평민이 된 정명공주는 더 이상 대비전에 머물 수 없게 되었다는 사실이었다. 조선시대에 평민은 궁궐에서 살 수 없기 때문이었다. 2월 14일에 유학 이구는 상소문을 올려 '공주의 호를 이미 낮춘 이상 서궁과 함께 살 수 없으니 속히 바깥의 집으로 옮겨 두도록 하소서.'라고 요구하였다. 이를 광해군이 허락함으로써 정명공주는 대비전을 떠나야만 하는 처지가 되었다.

하지만 정명공주와 인목대비는 이미 영창대군의 출궁을 겪어 출궁하면 어떤 일이 벌어질지 잘 알았다. 정명공주는 죽어도 나가지 않으려 했고, 인목대비 역시 죽어도 내보내지 않으려 했다. 광해군이 사람을 보내 찾을 때마다 인목대비는 '공주는 이미 죽었다.'고 둘러댔다. 그때 광해군이 대비전을 샅샅이 뒤졌다면 정명공주는 발각되어 끌려 나갔을 것이다. 하지만 광해군도 그렇게까지는 하지 않았다. 이복 여동생인 정명공주는 광해군에게 위협적인 존재가 아니었기 때문이다. 광해군은 그런 정명공주 때문에 인목대비를 막다른 골목으로까지 몰아붙일 생각은 없었던 것이다. 이렇게 해서 16살의 정명공주는 공식적으로 죽은 사람이 되었다. 그런 상태로 21살이 될 때까지 5년을 살았다.

당시 16살 정명공주의 거처는 모후 인목대비의 거처와 별도로 있었다. 그런데 정명공주가 공식적으로 죽은 사람이 된 후에는 그렇게 할 수 없었다. 그래서 16살부터 정명공주는 모후 인목대비의 침실에서 함께 살게 되었다. 인목대비는 정명공주가 자신의 눈앞에 보여야 안심이 되었고 또 자신의 침실에 숨겨 두어야 뺏길 염려가 없었다. 이렇게 5년을 함께 사는 동안 정명공주와 인목대비의 심리적 유대는 더욱 강력해졌을 것이다.

그 5년 동안 정명공주, 인목대비, 대비전 궁녀들의 생활은 곤궁하기 짝이 없었다. 그렇지만 곤궁 속에도 살 길을 찾아 나갔다. 예컨대 부엌에서 쓸 칼이 없게 되자, 갖고 있던 환도環刀를 둘로 끊어 칼을 만들거나 가위를 벼려 갈아서 날을 만들어 썼다. 그 외의 생필품도 이런 식으로 마련했다. 이런 식이었다.

어린 궁녀들은 입을 옷이 없어지자, 낡은 아청鴉靑 옷을 뜯어 흰 것에 드리워 입었다. 또 나이 든 상궁들은 치마를 물들일 것이 없어 민망해 하였는데, 마침 짐승의 똥에 쪽씨가 들어 있었던지 풀 한 포기가 생겨났다. 한 해 걸러 두 해째는 씨를 많이 받을 수 있었다. 이렇게 해서 남빛 물감을 들이기 시작하였다.

쌀을 일 바가지가 없어 소쿠리로 쌀을 일었다. 그런데 하루는 까마귀가 박씨를 물어 와서, 한 해 걸러 두 해가 되자 쪽박이 열리더니, 세 해째는 중박이 되고 네 해째는 큰 박이 되었다. 궁녀들은 솜도 없이 몇 년 간 겨울을 지냈다. 햇솜이 없어 추워 벌벌 떨었는데, 우연히 면화씨가 섞여 들어왔다. 그것을 심어 씨를 냈더니, 두세 해째는 많이 피어 솜을 두어 옷을 지어 입었다. 또한 사계절이 다 지나도록 햇나물을 얻어먹을 길이 없었는데, 가지와 외와 동화씨가 짐승의 똥에 들어 있었다. 그것을 심어 나물 상을 차려 먹을 수 있었다. 또 어느 날은 꿩의 목에 수수씨가 들어 있었다. 그것을 심으니 무성히 열렸다. 가을이 되어 베어 보니 찰수수였다. 또 상추씨가 짐승의 똥에 있어서 심었다.

이런 시간을 보내면서 정명공주의 생명력은 오히려 더 강해졌다. 서궁에 유폐되었을 때 정명공주는 16살이었다. 그 정도면 아주 어린 나이도 아니었다. 정명공주도 처음에는 분명 절망감에 빠졌을 것이다. 먹을 것과 입을 것이 없어 걱정하던 그들에게 우연히 온갖 씨들이 생겨 먹을 것과 입을 것이 생겨나는 일들을 경험하며 정명공주는 희망을 보았을 것이다. 그런 희망 속에서 정명공주는 서예 공부에 몰두했다.

서예라는 측면에서 보면, 선조와 인목대비 그리고 정명공주는 색다른 면을 가지고 있었다. 그것은 이들 3명이 조선왕실을 대표하는 서예가였다는 점이다. 수많은 어필御筆을 남긴 선조는 17세기 이후 국왕 어필의 전형을 수립한 왕으로 평가받고 있으며, 인목왕후도 '민우시憫牛詩'로 알려진 뛰어난 서예작품을 남기고 있다. '화정華政' 대자大字를 비롯하여 몇몇 서예작품을 남긴 정명공주는 조선시대 여성을 통틀어 최고의 서예작가로 평가받기도 한다. 특이한 점은 정명공주의 서예 작품이 대부분 서궁 유폐 시절의 작품이라는 사실이다.

정명공주의 서예 작품 중에서 대표적인 작품이 '화정華政' 대자大字이다. 서예에 문외한인 사람의 눈에도 '화정' 대자에서는 힘과 기세를 펄펄 느낀다. 그래서 이 글자는 여성보다는 남성의 작품이 아닐까 하는 생각을 불러일으킨다. 이렇게 힘과 기세가 펄펄 느껴지는 글자를 여성인 정명공주가 그것도 서궁 유폐 시절에 썼다는 사실을 생각하면 놀라지 않을 수 없다. 정명공주는 바로 이 서예 작품으로 조선시대 여성 중에서 최고의 서예가로 꼽힌다.

정명공주가 이 서예 작품을 정확히 언제 썼는지는 알 수 없다. 다만 서궁 유폐 시절인 1618년광해군 10에서 1623년광해군 15 사이에 썼다는 사실만 알려져 있다. 정명공주가 서궁에 유폐 되었을 때는 16살에서 21살 때까지였다. 10대의 청소년기에 그것도 암담한 청소년기에 이렇게 힘과 기세가 넘치는 서예 작품을 썼다는 사실이

정명공주의 '화정', 간송미술관 소장

잘 믿겨지지 않을 정도이다.

　이 서예 작품은 정명공주가 세상을 떠난 후 세상에 알려졌다. 공주는 살아있었을 때 '문한文翰은 부인들의 일이 아니다.'고 하면서 자신의 한자 서예가 남들에게 알려지는 것을 꺼렸다고 한다. 그래서 사람들은 공주의 서예작품이 있는지도 알지 못했다고 한다.

　공주 사후 남겨진 유작 중에 대서팔폭大書八幅이 있었는데, 이 작품들은 공주가 서궁 유폐 시절에 쓴 것이었다. 이 작품들을 내외 후손들이 나누어 가졌다고 한다. 공주는 4남 1녀를 두었으므로 아들 네 명이 각각 대서이폭大書二幅씩 즉 두 글자씩 나누어 가진 듯한데, 공주의 네 아들 중 막내아들이 물려받은 작품이 '화정' 두 글자였다.

　공주의 막내아들은 혹시라도 자신이 물려받은 작품이 사라질까 두려워 모사한 글씨를 돌이나 나무판에 옮겨 베낀 후 새겨서 탑본할 수 있도록 만드는 모각을 하고 그것을 여러 벌의 탑본으로 떠서 친인척들과 지인들에게 나누어 주었다. 그러면서 남구만에게 작품에 대한 평가, 즉 발문跋文을 써줄 것을 부탁하였다. 이런 인연으로 남구만은 공주의 서예작품을 보게 되었다. 남구만은 발문에서 '작품을 받들어 감상해 보니 진실로 선조대왕의 필법을 본떠 웅장하고 강건하며 혼후渾厚하여 규합의 기상이 전혀 없다.'는 평을 남겼다. 남구만 역시 정명공주의 필체에서 남성의 기상을 느꼈을 뿐 여성의 분위기를 전혀 느끼지 못했던 셈이다.

정명공주의 필법은 남구만이 지적한 대로 선조대왕의 필법을 본뜬 것이었다. 그것은 곧 한석봉의 필법에서 영향을 받은 것이기도 했다. 정명공주가 쓴 '화정' 두 글자에서 '힘과 기세가 펄펄 느껴지는' 이유가 바로 '성난 고래가 돌을 할퀴는 듯하고 목마른 천마가 샘으로 치달리는 듯하다.'는 평을 들을 정도로 힘과 기세가 뛰어났던 한석봉의 필체에서 영향을 받았기 때문일 것이다.정명공주는 왜 서궁 유폐의 암울한 시기에 서예 그것도 선조의 필체를 본뜬 서예에 몰두했을까? 남구만에 의하면 다음과 같은 이유에서였다고 한다.

"인목대비가 서궁에 유폐되어 있었을 때, 정명공주는 아직 혼인 전이었다. 정명공주는 인목대비를 옆에서 모시면서 슬프고 비통하며 두렵고 위축되어 하는 일이 없었다. 그래서 정명공주는 붓을 잡고 큰 글자 작은 글자를 써서 인목대비의 마음을 위로하고 풀어 드리고자 했다."

남구만,《약천집藥泉集》정명공주필적발貞明公主筆跡跋

서궁 유폐 시절 인목대비는 절망에 빠져 있었다. 사랑하던 아들 영창대군은 계축옥사가 일어나던 해인 1613년_{광해군 5}에 빼앗겼다. 그해에 친정아버지는 역적으로 몰려 죽음을 당했다. 친정은 멸문되다시피 했다. 서궁에 유폐된 후 희망은 더욱 멀어졌다. 절망과 원한에 사무친 인목대비에게 마지막 남은 위안은 하나뿐인 딸 정명공주였다.

인목대비는 그 정명공주마저 광해군이 빼앗아갈까 전전긍긍했다. 인목대비 김씨는 어쩌다가 광해군이 정명공주의 소식을 알고자 하면 이미 죽었다고 둘러대곤 했다. 서궁 유폐 시절 정명공주는 공식적으로는 죽은 공주였다. 그렇게 죽은 듯 살아있으면서 정명공주는 인목대비의 절망과 원한을 풀어주려 애를 썼던 것이다. 그 방법으로 선조의 어필을 본떠 크고 작은 글씨를 썼던 것이다.

정명공주가 하필 선조의 어필을 본뜬 붓글씨를 쓴 이유는 역시 그 글씨를 보고 인목대비가 잠시나마 시름을 잊었기 때문일 것이다. 선조가 직접 쓴 듯한 정명공주의 붓글씨를 보며 인목대비는 선조를 다시 만나는 듯한 기분이 들지 않았을까? 또는 자신이 선조의 왕비였음을 상기하며 '나는 선조의 후궁이 아니라 당당한 왕비이다.'라고 스스로 위로하지는 않았을까? 그런 인목대비를 보며 정명공주는 더더욱 선조의 필체와 똑같은 붓글씨를 쓰려 노력하지 않았을까? 그렇다면 정명공주는 주어진 환경에 마음에 차지 않아 불쾌해하는 앙앙불락_{怏怏不樂} 하기보다는 그 환경에 최선을 다해 적응하려는 성향이 컸다고 생각된다. 그래서 정명공주는 어려서부터 감정적이기보다는 이성적이지 않았을까 싶다.

인목대비의 서예 작품으로 알려진 '민우시懷牛詩'의 필체 또한 선조의 필체와 유사하다고 한다. 인목대비의 현손인 홍양호의《이계집耳溪集》에 의하면 이 민우시는 인목대비가 서궁에 유폐되었을 때 쓴 작품으로서 당시의 속마음을 술회했다고 한다. 민우시에 대하여 홍양호는 '말마다 뼈를 찌르는 듯하고 글자마다 마음을 부러뜨리는 듯하니 그것을 읽는 그 누가 책을 덮고 울지 않으랴?'라고 논평했다. '늙은 소를 불쌍히 여긴다.'는 제목뿐만 아니라 내용 자체도 서궁에 유폐된 인목대비 자신에 대한 깊은 연민이었던 셈이다. '민우시'라고 하는 제목이나 연민에 가득 찬 시의 내용으로 볼 때 인목대비는 이성적인 면보다는 오히려 감상적인 면이 컸던 듯하다. 예컨대 '민우시'의 내용은 다음과 같았다.

늙은 소가 논 밭갈이에 힘쓴 지 이미 여러 해	老牛用力已多年
목덜미는 터지고 가죽은 파인 채 졸고만 있네.	領破皮穿只愛眠
써레질 이미 끝나고 봄비 또한 넉넉한데	犁耙已休春雨足
주인은 어이해 채찍질을 또 더하는고?	主人何苦又加鞭

서궁에 유폐된 인목대비는 선조를 추모하며 살았다. 그것은 자

신을 '선조의 후궁'으로 간주해 서궁에 유폐한 광해군에 대한 저항이나 마찬가지였다. 인목대비는 선조를 추모함으로써 자신이 선조의 왕비임을 주장했던 것이다. 정명공주는 그런 모후 인목대비를 기쁘게 하기 위해 선조의 필체를 본뜬 글씨를 열심히 썼을 것이다. 이런 면에서 정명공주는 모후 인목대비보다 훨씬 이성적이며 강인한 여성으로 성장했다고 할 수 있다. 한편 조선시대 궁중문학의 대표작 중 하나로 알려진《계축일기》의 원본은《서궁일기》로 알려져 있다. 그런데 이《서궁일기》에 이런 내용이 있다.

강원도 고성 땅 유점사에 인목왕후 친필로 분홍바탕에 은자로 쓰신 불경이 있어 푸른 비단으로 갑을 지었으니 그 글에 하였으되,
한 염송이 불쌍히 여기매 모든 인생이 제가 한 것을 얻는지라. 부처 거짓말 아니 함은 세상이 한가지로 아는 바이라. 우리 선고先考. 친정아버지 너그럽고 어질어 사람 사랑하시고 사나운 이 피하기를 뱀같이 하고 어진 일 취하기를 음식같이 하시더니, 불행하여 난세를 만나 그릇 죽으시니 내 무궁한 서러움을 품어 고할 바 없어 은으로써 손수 미타경 세 벌을 쓰니, 오직 원하건대 연흥부원군 김 아무와 광산부부인 노씨는 서방극락 아미타불의 곳에서나마 내 부모로서 함께 아미타불을 보아 일시에 해탈하시고, 또 원하건대 영창대군 이의와 목사 김 아무, 진사 김규, 유학 김선, 현

령 심정세, 현령 김효남, 혜인 정씨, 은인 김씨 상궁 응희는 정계
淨界에 뛰어올라 한 가지로 아미타를 보아 쉬이 윤회를 벗어나게
하라.

소성 왕대비 김씨
대명 천계 원년(1621) 신유 9월 일 경서

위에 의하면 1621년광해군 13 9월, 인목대비는 계축옥사에서 억울
하게 죽은 친정식구들과 측근궁녀의 극락왕생을 빌기 위해 손수
미타경을 세벌 베껴쓰는 일인 사경寫經을 했다. 미타경은 아미타경
으로서 아미타불과 극락정토의 장엄을 설하고, 그러한 정토에 왕
생하는 길이 아미타불을 칭명염불稱名念佛 하는데 있다고 가르친다.
삼국시대에 불교가 전래된 이래 고려, 조선시대에 사경이 널리 유
행했다. 사경은 부모나 자녀의 명복을 빌거나 국왕에게 바치기 위
해서 또는 자기 자신의 해탈을 위해 불교경전을 베껴 쓰는 종교
행위였다. 그래서 사경은 근엄하고 오탈이 없도록 노력하였을 뿐
만 아니라 금니金泥나 은니銀泥를 이용해 정성을 드러냈다. 인목대
비 역시 자신의 정성을 드러내기 위해 미타경을 사경할 때 은니를
이용해 세 번을 베껴 썼던 것이다.

위의 연흥부원군 김 아무는 친정아버지 김제남이고 광산부부
인 노씨는 친정어머니이다. 당시 광산부부인 노씨는 제주도에 귀

정명공주의 기나긴 인생여정 **225**

양 가 있었지만, 이를 모르는 인목대비는 친정어머니가 죽었을 것으로 생각하고 친정아버지와 함께 극락왕생 하기를 기원하였던 것이다. 이외에 목사 김 아무는 친정오빠 김래이고, 진사 김규와 유학 김선은 친정동생이며, 현령 심정세는 김제남의 사위이고, 현령 김효남은 김제남의 형님이며, 혜인 정씨는 친정오빠 김래의 부인이다. 김씨 상궁 응희는 선조의 지밀궁녀로 있다가 인목대비의 측근궁녀가 된 인물로서 계축옥사 때 인목대비의 친정식구들과 더불어 역적으로 몰려 죽었다.

인목대비가 미타경 세 벌을 완성한 시점은 9월인데, 아마도 친정아버지 김제남의 제사가 든 5월부터 시작해서 썼을 것으로 짐작된다. 이렇게 필사된 미타경이 금강산 유점사로 옮겨진 시점은 아무래도 1623년 인조반정 이후일 듯하다. 왜냐하면 《서궁일기》의 위 기록은 '폐주는 강화 위리안치 하였다가 옮겨 제주 안치하였더니 천년까지 살고 죽으니라.'는 내용 다음에 나오기 때문이다. 따라서 1621년_{광해군 13} 9월에 완성된 미타경 3벌은 서궁에 보관되다가, 그 중의 한 벌이 1623년 인조반정 이후 인목대비에 의해 유점사로 보내졌을 것으로 추정된다.

1621년_{광해군 13} 9월에 필사된 아미타경에서 주목되는 점은 '소성왕대비 김씨'라는 표현이다. 선조 생전인 1604년_{선조 37} 10월 19일, 조정신료들은 선조에게 '지성대의 격천희운至誠大義 格天熙運'이라는 8

자의 존호尊號를 올렸다. '지성으로 대의를 밝혀 하늘을 감동시키고 국운을 밝혔다.'는 뜻인데, 지성으로 명나라에 사대하여 원병을 받아 왜적을 물리쳤다는 말이었다. 이는 임진왜란을 극복한 원동력이 선조의 사대외교와 명나라의 원병이었음을 천명한 것이었다. 이때 인목대비에게 '소성昭聖'이라는 존호가 올려졌다. 따라서 인목대비에게 소성이라는 존호는 자신이 선조의 정통 왕비임을 주장하는 가장 강력한 명분이었다. 1618년광해군 10 서궁에 유폐된 후 인목대비는 공식적으로 선조의 후궁이었고 그래서 소성이라는 존호를 쓸 수 없었다. 그럼에도 필사된 아미타경에서 '소성왕대비 김씨'라고 쓴 것은 광해군의 처분과는 관계없이 인목대비 자신이 선조의 정통 왕비라고 주장한 것이었다. 달리 말하면 인목대비는 광해군의 폐비처분을 인정하지 않았고 나아가 광해군의 왕권도 인정하지 않았던 셈이다.

1621년광해군 13에 정명공주 역시 사경에 심혈을 기울였다. 그렇게 사경된 것 중의 하나가 관세음보살보문품경인데, 이 불경은 대자대비하신 관음에 귀의하여 지성으로 관음을 염할 때 인간생활에서의 수많은 고난이 모두 물러갈 뿐만 아니라, 관음이 신앙자로 하여금 완전한 깨달음의 구원으로 인도한다고 가르친다. 정명공주는 대자대비한 관세음보살의 마음으로 모후 인목대비를 위로하고자 이 불경을 사경했던 것이다. 이런 마음은 사실 부왕 선조의 마음이었다. 선조 역시 살아생전 혹시라도 정명공주와 영창대군 그리고 인목대비에게 닥칠지 모를 고난을 막기 위해 심혈을 기울였기 때문이다.

식민지 시대인 1935년 당시 유점사에 소장되어 있던 관세음보살보문품경을 찍은 사진원본이 현재 국립중앙박물관에 남아있다. 이 자료는 '감지은니보문품경紺紙銀泥普門品經'으로 알려져 있는데, '감색 종이에 은가루로 쓴 보문품경'이라는 뜻이다. 이 자료는 '관세음보살보문품경'이라는 한문글자로 시작되고 마지막은 다음과 같은 내용으로 마무리된다.

부처님께서 망령되이 말씀하지 않으심은	佛不忘語
세상 사람들이 공히 아는 바입니다.	世所共知
정명공주가 은으로 직접 써 완성했으니	貞明公主 以銀手書成之
오직 바라건대, 살아생전에	惟願一生之內
온갖 장애와 악행을 제거하고	除千障百害百惡
가든 오든 앉든 누웠든 간에	行住坐臥之間
백가지 기쁨과 천 가지 상서로움을 만나	逢百喜千瑞
구하는 것과 원하는 것을	所求所願
마음에 따라 성취하게 하소서	隨心成就
천계 원년(1621) 신유 8월	天啓元年 辛酉 八月

위에 의하면 1621년 시점에서 정명공주는 자기 자신을 공주라고 칭하여 광해군의 폐비처분을 무시하고 있다. 결국 정명공주 역시 광해군의 왕권을 인정하지 않았던 셈이다. 그런데 정명공주의 보문품경이 완성된 시점은 1621년 8월로서 인목대비의 아미타경보다 1달 정도 빨랐다. 아마도 정명공주와 인목대비가 사경을 시작한 시점은 비슷했을 듯하다. 그럼에도 정명공주는 8월에 끝나고 인목대비는 9월에 끝난 이유는 공주는 1벌만 사경한 반면 대비는 3벌이나 사경했기 때문이다. 분명 인목대비의 정성과 간절함이 훨씬 지극했기에 그리 했을 듯하다. 어쨌든 이 보문품경의 서체 역시 '화', '정' 대자와 마찬가지로 힘과 기세가 느껴진다.

정명공주의 친필, 지은니보문품경, 국립중앙박물관 소장

정명공주가 보문품경을 썼을 때 19살이었다. 완연한 처녀 나이였다. 이때 정명공주는 부왕 선조의 마음으로 또 대자대비하신 관세음보살의 마음으로 모후 인목대비를 위로하고자 서예 공부에 몰두해 상당한 경지에 올랐던 것이다.

그런데 정명공주가 19살 때 쓴 현존 작품으로 보문품경 이외에 태상감응편太上感應篇이 또 있다. 도교계통의 태상감응편은 중국 남송의 이창령이 쓴 책으로 악을 행하면 벌을 받고 선을 행하면 복을 받는다고 가르친다. 이 태상감응편의 필체는 보문품경과 같다고 알려져 있으며, 작품은 정명공주의 후손이 소장하고 있다. 정명공주는 보문품경과 태상감응편을 써서 모후 인목대비를 위로하는 한편 스스로도 선을 행하면 언젠가 복을 받으리라는 희망을 키웠을 것이다. 또한 경전을 베껴 쓰는 사경 행위 자체에서 마음의 평화를 가져왔을 듯하다. 경전의 좋은 글귀를 집중해서 쓰다보면 자기도 모르게 마음 수행이 되기 때문이다. 인목대비 역시 아미타경 등을 사경하면서 마음속의 원한과 분노를 다스렸다. 정명공주와 인목대비는 아미타경, 보문품경, 태상감응편 이외에도 수많은 경전들을 사경하며 고난의 세월을 보냈다.

그 당시 정명공주 역시 사경도 하고 또 붓글씨 연습도 하며 뛰어난 서예가로 성장했다. 그러면서 정명공주는 인목대비의 지극한 모정을 느끼기도 하고 부처님의 자비심을 느끼기도 했다. 부왕

太上感應篇経傳

太上曰禍福無門唯人
自召善惡之報如影隨
形是以天地有司過之
神依人所犯輕重以奪
人算算減則貧耗多
逢憂患人皆惡之刑禍
隨善慶避之惡星災之
算盡則死又有三台北
斗神君在人頭上錄人

정명공주의 친필, 태상감응편, 홍기원 소장

선조의 마음으로 모후 인목대비를 위로하려는 마음 그리고 10년 가까운 역경의 세월에서 정명공주는 강인한 생명력과 뛰어난 붓글씨에 더하여 자비심과 지혜, 용기까지 배웠음이 분명하다.

인조반정,
광해군을 향한
인목대비의 처절한 복수

　광해군이 인목대비를 유폐시킨 대의명분은 역모였다. 비록 어머니라고 해도 왕에게 불충하면 더 이상 어머니가 아니라는 논리였다. 이는 근본적으로 효와 충의 윤리 중에서 어느 것을 상위에 두느냐의 문제였다. 여기서 광해군은 충忠을 우선시했다. 하지만 충을 명분으로 내세우면 아버지도 어머니도 쫓아낼 수 있단 말인가? 충이라는 명분하에 아버지나 어머니도 죽일 수 있단 말인가? 이런 의구심과 불만, 적대감으로 민심은 극도로 악화되었다.

　광해군은 자신의 뜻에 반감을 드러내는 사람들을 모조리 불충으로 몰아 처벌했다. 그 결과 폐모를 반대하는 목소리는 잦아들었고, 폐모를 요청하는 목소리는 나날이 높아졌다. 그래서 인목대비의 폐위는 절대다수의 뜻이라고 광해군은 확신했다.

　그러나 사실은 그렇지 않았다. 주로 광해군에게 아부하는 사람들이 인목대비의 폐위를 요구하고 선동했다. 즉 인목대비 폐위는 절대다수의 뜻이 아니라 광해군과 그 측근들의 뜻이었을 뿐이었다. 광해군의 위력 앞에 절대다수는 겉으로 찬성했지만 속뜻까지 그런 것은 아니었다.

과거 동양의 정치 사상가들은 군주에게 '인심유위人心惟危'라는 말을 자주했다. 사람의 마음은 위태롭다는 뜻이었다. 위태로운 사람의 마음을 얻는 군주만이 진정 위대한 군주가 될 수 있다고 했다. 사람들의 마음은 생사여탈권을 가진 권력자 앞에서 더욱 위태로워진다. 사람들은 본능적으로 권력자가 무엇을 원하는지 알아챈다. 뿐만 아니라 권력자에게 잘 보이기 위해 아부도 마다하지 않는다. 어리석은 권력자는 그 아부를 진심이라 착각한다.

그러나 위대한 군주는 사람들의 말과 행동에 속지 않는다. 그보다는 그들이 진정으로 무엇을 원하는지 살펴 사람들의 진심을 얻으려 노력한다. 그것은 군주의 속마음이 확고해야 가능한 일이다. 군주의 속마음이 위태로우면 주변 사람들의 속마음은 더욱 위태로워진다.

광해군은 자신에게 아부하는 사람들에게 속아 그들의 진심을 헤아리지 못했다. 의구심과 불만, 적대감이 치솟는 그들의 속마음을 제대로 들여다보지 못했던 것이다. 사실 인목대비 폐위를 강행하는 광해군의 마음 자체가 의구심과 불만, 적대감으로 가득했다. 그런 광해군의 마음이 지지자들에게는 같은 의구심과 불만, 적대감으로 퍼졌지만 반대편 사람들에게는 그와는 다른 의구심과 불만, 적대감으로 퍼졌던 것이다.

이런 의구심과 불만, 적대감이 마침내 인조반정으로 터져 나왔다. 반정 주체들은 '폐모살제廢母殺弟'를 거사 명분으로 내세웠다. 그들은 어머니를 폐위시키고 동생을 죽인 광해군을 패륜아로 규정했다. 수많은 사람들이 반정에 호응했다. 억눌린 속마음들은 그렇게 표출되었다.

인조반정은 1623년광해군 15 3월 12일 한밤중에 거사되었다. 이해에 정명공주는 21살, 인목대비는 40살, 광해군은 49살이었다. 능양군인조이 반정에 성공하여 창덕궁을 장악했을 때는 새벽이 다가오고 있었다. 능양군은 유희분, 이이첨, 박승종 등 광해군 측근들을 체포하기 위해 군사들을 보내는 한편 조정중신들을 입궐하게 하였다. 능양군은 창덕궁에서 얻은 옥새를 서궁의 인목대비에게 올렸다. 아울러 김자점, 이귀 등 반정주역들을 서궁에 보내 대비를 모셔오게 하였다.

이때 광해군은 북쪽 궁성을 넘어 도망간 뒤였다. 반정군의 함성 소리에 광해군이 잠자리에서 깨어났을 때 시위하던 신하들은 대부분 달아나고 없었다. 광해군은 궁궐 주변에 불길이 치솟자 반정이 일어난 줄 알고 사다리를 타고 북쪽 궁성을 넘어갔다. 광해군은 젊은 내시에게 업힌 채 도망가다가 사복시 개천가에 있던 의원 안국신의 집에 숨어들었다.

광해군은 그때까지도 누가 반정을 일으켰는지 알지 못했다. 광해군은 안국신의 친척 정담수를 시켜 주모자를 알아오게 했다. 그러나 정담수는 광해군의 은신처를 밀고해 버렸다. 능양군의 지시를 받고 이중로가 광해군을 체포하기 위해 도착했을 때 왕은 초상난 사람의 복장으로 변장해 있었다. 그러나 이중로는 대뜸 알아보고 앞으로 나가 절을 올렸다. '너는 누구냐?'는 광해군의 질문에 '신은 이천부사 이중로입니다.'라고 대답한 이중로는 왕을 번쩍 안아 말에 태웠다. 광해군은 창덕궁의 약방에 갇혔다. 광해군은 그 상태에서도 누가 거사했는지 궁금했다. '오늘의 거사는 누가 한 것이며 어떠한 사람을 추대하였는가?'라는 광해군의 질문에 '추대한 분은 바로 왕실의 지친인 능양군인데 인목대비의 명을 받들어 반정한 것입니다.'라는 대답이 돌아왔다.

한편 인목대비는 한밤중에 군사들이 들이닥치자 혹 광해군이 정명공주를 뺏으려 보낸 사람들은 아닌가 의심했다. '공주는 이미 죽어서 담 밑에 묻었다.' 말하며 인목대비는 꼼짝도 하지 않았다. 하는 수 없이 능양군이 직접 서궁을 찾았다. 3월 13일 저녁, 능양군은 말을 타고 창덕궁을 떠나 서궁으로 갔다. 뒤에는 남색의 작은 가마에 태워진 광해군이 따르고 있었다. 흰색의 개가죽 남바위를 쓴 광해군은 고개를 숙이고 눈물만 흘릴 뿐이었다. 서궁에 도

착한 능양군은 말에서 내려 걸어 들어갔다. 인목대비를 만난 능양군은 엎드려 한참을 통곡했다.

'통곡하지 마시오. 종묘사직의 큰 경사인데 어찌 통곡을 하시오?'라는 인목대비의 말에, 능양군은 '큰 일이 아직 안정되지 않아 날이 저물어서야 비로소 왔으니 신의 죄가 막심합니다.'라고 대답했다. 인목대비는 '무슨 죄가 있단 말이오?' 반문하고는, '내가 기구한 운명으로 불행하게도 인륜의 대변을 만났소. 역적 광해군이 선왕에게 유감을 품고 나를 원수로 여겨 나의 부모를 도륙하고, 나의 친족을 어육으로 만들고, 나의 어린 자식을 살해하고, 나를 별궁에 유배하였소. 이 몸이 오랫동안 깊은 별궁 속에 처하여 인간의 소식을 막연히 들을 수 없었는데, 오늘날 이런 일이 있을 줄은 생각지도 못했소.'라고 했다.

인목대비는 옥새를 능양군에게 전해 주며 '역적 광해군 부자는 지금 어디에 두었는가?' 하고 물었다. '모두 궐 안에 있습니다.'라는 대답에, 인목대비는 '한 하늘 아래 같이 살 수 없는 원수요. 참아온 지 이미 오랜 터라 내가 친히 그들의 목을 잘라 돌아가신 분들의 영령께 제사하고 싶소. 10여 년 동안 유폐되어 살면서 지금까지 죽지 않고 살아온 것은 오직 오늘날을 기다린 것이니 쾌히 원수를 갚고 싶소.' 라고 했다.

원한이 골수에 사무친 인목대비는 반드시 광해군을 죽이고자 하였다. 그러나 신하들은 아무리 축출된 왕이라고 해도 죽이는 것은 너무 심하다고 생각했다. 그래서 중종반정의 경우에도 연산군을 죽이지 않았던 고사를 들어 죽음만은 면하게 해달라고 간청했다.

간신히 마음을 안정시킨 인목대비는 '내가 상심한지 이미 오래되어 사리에 맞지 않는 말을 많이 했소. 바라건대 여러분들은 용서하시오.' 하고는 능양군을 왕으로 책봉했다. 이날 능양군은 서궁의 서청에서 즉위식을 올렸다. 다음날 인목대비는 광해군을 폐서인하고 능양군을 왕으로 삼는다는 교지를 공포했다.

인조반정 당시 능양군을 만나 내뱉은 첫 마디가 '광해군 부자의 살점을 씹겠다.'였듯이, 인목대비의 원한은 뼈에 사무칠 정도로 깊었다. 인목대비는 한동안 복수에 몰두했다. 인목대비는 광해군의 죄악을 38가지로 조목조목 나열하고 속히 엄벌에 처할 것을 요구했다. 10년 전 광해군이 내세웠던 폐비 명분보다 무려 4배나 많은 죄악을 거론한 것이었다.

처음 인목대비는 자신이 직접 나서서 광해군을 국문하겠다고 했다. 만약 그렇게 되었다면 광해군을 비롯하여 측근 관리들과 측근 궁녀들 모두가 참혹한 고문을 당하고 죽었을 것이다. 인목대비가 아무리 대비라고 해도 남자인 광해군과 측근 관리들을 국문하는 것은 유교윤리에 맞지 않았다. 그래서 인조반정 주체들이 반대했던 것이다. 이에 인목대비는 남자들에 대한 복수는 인조에게 맡기고 자신은 광해군 측근 궁녀들에 대한 복수에 몰두했다.

인조반정이 일어나던 당일에 김개시는 곧바로 죽음을 당했다. 조선시대에는 아무리 대역 죄인이라고 해도 조사 후에 형을 집행하는 것이 관행이었다. 그럼에도 인조가 거사 당일에 김개시를 죽인 이유는 인목대비와 정명공주의 원한을 조금이라도 덜기 위해서였다. 그러나 그 이후 인조는 광해군의 측근 관리들을 색출해 처벌하는데 몰두했다. 반정이 성공하기 위해서는 광해군 측근들의 뿌리를 뽑아야 했기 때문이었다. 이에 광해군 측근 궁녀들에 대한 색출과 처벌은 뒤로 밀렸다. 반정 후, 며칠을 기다리던 인목대비는 3월 17일 빈청에 다음과 같은 명령을 내렸다.

궁녀 생이生伊 등 14명 그리고 여자 무당 수련개는 폐군廢君. 광해군을 끼고 학정을 도우면서 요망을 부려 저주를 자행하였다. 그리고도 도리어 그 악명을 나에게 전가하고 궁인 30여 명을 요사한 일로 무고하여 모두 죽임을 당하게 하였다. 또 계축1613. 광해군 5 연간에 대비전과 대전 사이의 통행로 및 침실 온돌 밑에 흉측한 물건을 묻었고, 갑인년1614. 광해군 6 가을에는 폐인廢人. 광해군 내외와 궁녀 등이 천복天福을 꿰어 내가 있는 처소로 들여보내 경동시키기도 하고 공갈하기도 하였으며, 건물 주변에 저주하는 물건을 많이 묻었다. 심지어는 불을 놓아 나를 타서 죽게 하려고까지 하였고, 선왕의 능침에 요사한 물건을 묻어 두었는가 하면, 어용御容의 화상에 활을 쏘기도 하고 능욕하기도 하였다. 이 사람들의 죄악은 참으로 일일이 열거하기가 어렵다. 나의 부형과 어린 자식이 마음속에 한없는 통분을 지녔을 뿐 아니라, 유폐 중에 온갖 고초를 겪은 것이 지금 10년이 되었다. 다행하게도 경들의 해를 꿰는 충의를 힘입어 오늘날 지극한 통분을 씻게 되었으니, 경들의 공로는 그 무엇으로도 보답하기 어렵다. 오직 바라노니, 경들은 율에 의해 속히 조처하고 갇혀 있는 궁녀 역시 속히 처치하여 그 죄를 밝게 바로잡으라.

《인조실록》권1, 1년1623 3월 17일

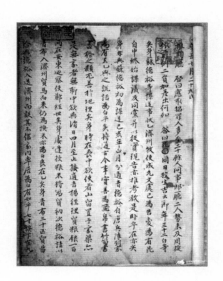

조선시대 역모사건의 조사기록인
추안급국안(推案及鞫案), 규장각 소장

당시 인목대비가 조속한 처벌을 요구한 대상자는 16명으로서 은덕, 갑이, 중환, 경춘, 옥관, 여옥, 천복, 정순, 업난, 옥개, 수련개, 생이, 난향, 업린, 난이, 말향이었다. 이 명단 역시 빈청에 보내졌는데, 인목대비와 정명공주가 작성했다고 짐작된다. 명단에 든 사람 중에서 중환, 경춘, 난이는 원래 의인왕후의 지밀궁녀였다가 인목대비전으로 옮겨 배신한 궁녀들이었다. 수련개는 의인왕후 친정의 노비였는데 무당으로 유명한 사람이었다. 이외에 천복과 여옥은 인목대비전의 궁녀로 있다가 배신한 사람들이었다. 나머지는 광해군의 측근 궁녀들로서 특히 영창대군을 끌고 갈 때 앞장 섰던 은덕, 갑이가 표적이었다. 인목대비와 정명공주의 원한은 바로 이들에게 집중되어 있었던 것이다.

　인목대비의 요구에 의해 3월 19일 추국청이 설치되었고 당일로 조사가 시작되었다. 이날까지 은덕, 갑이, 중환, 경춘, 옥관, 여옥, 천복, 정순, 업난, 옥개, 수련개 등 11명이 체포되었다. 나머지는 창덕궁 깊숙이 숨어 있어서 찾아내지 못했다. 인조는 나머지도 속히 체포하여 조사하라는 명령을 내렸다. 3월 19일의 조사에서는 11명 모두에게 동일한 혐의가 적용되었는데, 그 내용은 다음과 같았다.

　"너는 폐조廢朝, 광해군의 궁녀로서 그 흉악한 주인을 끼고 포악함을 도와 요사한 저주를 갖가지로 만들어 냈다. 그런데 도리어 저주의 일들을 모두 대비에게 돌렸을 뿐만 아니라, 요사한 일들을 무고하여 궁녀 30여 명을 죽음으로 몰아넣었다. 그 후에 10여 년 동안 밖에서 갖가지 흉악한 일을 했다. 인목대비가 거처하는 곳과 광해군이 거처하는 곳 사이의 통행로에 몰래 다니면서 침실의 온돌 아래에 저주물을 무수하게 묻도록 사주했다가 마침내 발각되었다. 갑인년1614, 광해군 6 가을에 대비전의 감찰 상궁 천복을 유인하여 날마다 대비전의 옥상에 허다한 저주물을 묻었다가 모두 발각되었다. 심지어 대비전에 방화하여 화를 측량할 수 없게까지 하였다. 선왕선조의 왕릉에 각종 저주물을 묻고 어용을 그린 그림에 혹 화살을 쏘거나 혹 욕을 보인 죄악이 한두 번이 아니었다. 너는 최측근의 궁인으로서 모르는 게 없을 것이다. 흉모의 절차를 숨기지 말고 사실대로 고하라."

《추안급국안》계해삼월이후 옥사癸亥三月以後獄事,
계해년1623, 인조 1 3월 19일

그러나 은덕, 갑이 등 혐의자들은 대부분 혐의를 부인했다. 예컨대 은덕은 '이런 말을 처음 들었습니다. 저는 본래 내수사의 여종으로 입궐하여 광해군 중전에서 일했고 음식감독만 맡았습니다.'라며 '계축년 2월 29일, 대궐의 후미진 밭 사이에 내장과 눈을 파낸 개를 주홍으로 칠하고, 작은 끈으로 꿰뚫어 흰색 천을 달았던 것이 발견되었는데, 그 천에는 희미침어견자熹微枕於夫子라는 작은 글씨가 쓰여 있었습니다. 저는 생각하기를 궁궐 담장 밖에 양반 아이들이 많이 있으니 분명 이들의 짓이리라 하고는, 다시 담장 밖으로 던져버리게 하고는 가보지도 않았습니다. 그 후에 또 대궐 여러 곳에 두꺼비의 눈을 파내고 혹 쥐의 머를 자른 것이 있다는 말이 있었지만, 단지 듣기만 하고 누가 했는지 전혀 몰랐습니다.'라고 주장했다. 자신은 저주사건과 무관하다는 주장이었다. 갑이 역시 같은 주장을 하였다.

사실 인목대비와 정명공주에게 은덕과 갑이는 철천지원수였다. 영창대군이 끌려가던 날, 인목대비를 업은 정 상궁의 다리를 은덕이가 잡고, 정명공주를 업은 주 상궁의 다리를 갑이가 잡는 바람에 인목대비와 정명공주는 대군이 끌려가는 모습을 속수무책으로 바라볼 수 밖에 없었다. 그날의 참상이 그 무엇보다도 생생할 인목대비와 정명공주는 은덕과 갑이에게 이것을 죄목으로 하고 싶었을 것이다. 하지만 궁녀들에게 그런 것을 죄라고 할 수는 없었다. 은덕과 갑이는 상전이 시켜서 했다고 하면 그만이기 때문이었다. 그래서 어쩔 수 없이 저주문제를 공식적인 죄목으로 삼았지만, 은덕과 갑이는 전혀 모르는 일이라고 딱 잡아떼었던 것이다.

광해군 측근 궁녀 중에서 김개시, 은덕, 갑이와 더불어 인목대비와 정명공주의 원한을 가장 많이 산 궁녀는 업난이었다. 업난은 광해군 세자의 궁녀로서 김개시와 은덕의 앞잡이였다. 중환을 매수하여 갑인년 저주옥사를 일으킨 주범이 바로 김개시와 은덕, 업난이었다. 하지만 업난이 역시 '저주 등의 일은 전혀 모릅니다.'라고 딱 잡아떼었다.

한편 인목대비의 측근 궁녀였던 사람 중에서 가장 미움을 많이 산 궁녀는 단연 경춘, 중환, 난이였다. 의인왕후의 지밀궁녀였던 그들을 특별히 배려하여 대비전에 들였는데, 배신했기 때문이다. 이 중에서도 경춘과 중환에 대한 원한이 컸다. 경춘 때문에 유릉저주 사건이 공론화되었고, 중환 때문에 갑인년 저주옥사가 일어났기 때문이다. 하지만 이들 역시 변명만 늘어놓을 뿐 반성하지 않았다. 예컨대 경춘은 '저주의 일은 유릉 북쪽 담장 밖에서 굿을 했다는 것을 들었을 뿐, 어느 무당이 했는지는 전혀 모르고 저주에 대해서 들은 것도 없습니다.'라고 주장했다. 계축년 옥사가 그토록 참혹하게 확대된 이유 중의 하나가 경춘이 증언한 유릉저주 때문이었는데, 자신은 소문만 들었을 뿐 아무것도 모른다는 주장이었다. 난이 역시 '계축년 변이 난 후 궁궐 안에 갇혀 있다가 갑인년 중병이 들어 밖으로 나가 여염의 친정집에서 5-6년을 살았습니다.'라고 주장했다.

그나마 혐의를 인정한 사람은 중환이었다. 중환의 대답은, '갑인년에 저를 처음으로 잡아서 내수사에 수금했는데, 10여일 후 정몽필이 작은 편지를 저에게 보내 말하기를, 네가 만약 이대로 대답한다면 너의 친척이 보전될 수 있을 것이고 너도 살 수 있을 것이나 이대로 하지 않으면 너와 친척이 모두 죽을 것이다 라고 하기에, 저는 대비전에 이런 일이 없는데 어찌 애매한 말로 무고 하겠습니까 라고 대답했습니다. 그런데 정몽필이, 그렇다면 너는 대비전을 위해 감추는 것이니 분명 죽을 것이다 라고 했습니다. 저는 부득이 몽필이 말한 대로 진술했습니다.'라고 했는데, 결국 정몽필의 협박 때문에 어쩔 수 없었다는 변명이었다. 정몽필은 김 개시의 조카사위로서 반정 당일 김개시와 함께 참형을 당했다.

초지일관 인목대전의 측근 궁녀였던 사람 중에서 복수의 대상 은 단연 천복이었다. 김개시의 앞잡이가 되어 정명공주가 마마를 앓을 때 온갖 흉악한 일을 했기 때문이었다. 이에 따라 인목대비 와 정명공주는 다른 사람은 몰라도 은덕, 갑이, 업난, 경춘, 중환, 천복은 꼭 죽이고자 했다.

3월 19일, 조사를 마친 추국청에서는 '은덕, 갑이, 중환, 경춘, 여옥, 천복, 정순, 업난, 옥개, 수련개 등 11명의 진술이 이처럼 몹 시 흉악하고 거짓됩니다. 자전慈殿, 인목대비의 전일 하교에 의거하여 법에 따라 속히 처벌해야 하는지, 아니면 끝까지 심문하여 실정 을 얻은 후 처벌해야 하는지요?'라는 보고서를 올렸다. 인조는 '갑이, 은덕, 중환, 경춘, 천복, 업난 등 6명은 법에 따라 속히 처치하라. 그 외 여옥은 형추刑推.고문하고, 옥개, 옥환, 수련개는 우선 그대로 가두어 두라.'는 명령을 내렸다. 11명 중에서 인목대비와 정명공주가 꼭 죽이고 싶어 하는 6명을 우선 처형하라는 뜻이었다.

3월 20일에는 생이, 난향, 업린, 난이, 말향 등 5명도 체포되어 조사를 받았다. 이들 외에 창덕궁에 있던 궁녀 수십 명이 덩달아 체포되었다. 이렇게 해서 조사받은 궁녀는 50명이 넘었는데, 그들 모두 혐의를 부인했다.

한편 3월 20일 당시까지 광해군은 창덕궁에 갇혀 있었다. 이 사실을 확인한 인목대비는 곧바로 비망기를 작성해 빈청에 내렸는데, 이런 내용이었다.

> "역적 괴수인 폭군 혼琿.광해군이 아직도 대궐 안에 있으니 몹시 불편하다. 내일 거동 전에 속히 처치하라. 천지간에 일각도 용납할 수 없는 대역의 역적을 어찌하여 편하게 있게 하는가? 경 등은 위로 종묘사직을 위하고 아래로는 군사들의 노고를 생각하여 속히 이전의 전교에 따라 엄히 위리안치 하라. 그 후에 옮길 것이다. 그 이전에는 옮기지 않을 것이니, 경 등은 나를 위하여 소홀히 하지 말라. 나는 경 등을 향하여 두 번 절하고 요청한다."
>
> 《추안급국안》 계해삼월이후 옥사, 계해년1623.인조 1 3월 20일

위의 내용 그대로 인목대비는 광해군과 같은 궁궐에 있다는 사실 자체도 견디지 못했다. 마음 같아서는 당장 궐 밖으로 쫓아버리고 싶었지만 그럴 수 없었다. 그래서 일단 광해군을 위리안치하였다가 내일 안으로 출궁시키라 명령했던 것이다.

이 같은 인목대비의 명령에 의금부에서는 '자전의 하교가 또 이르렀으니, 속히 결정을 내려 오늘 안으로 보내는 것이 어떻겠습니까?' 하고 보고했다. 이에 대하여 인조는 '대장 1명을 골라서 내일 아침에 보내도록 하라.' 명령했다. 결국 광해군은 인목대비의 재촉에 의해 3월 21일 강화도록 유배의 길을 떠나야 했다. 그 길은 영창대군이 갔던 길이기도 했다. 광해군은 자신이 뿌린 그대로 되돌려 받고 있었다.

3월 23일, 인목대비는 아직도 조사 중에 있는 은덕, 갑이, 업난, 경춘, 중환, 천복 등 6명을 사형시키라 요구했다. 이에 인조는 당일로 이들 6명의 사형을 명령했고 형이 집행되었다. 이로써 지난 10년간 인목대비와 정명공주를 원한에 떨게 했던 6명의 궁녀들은 일시에 저승사람이 되었다.

이들 6명의 죽음으로 인목대비와 정명공주의 원한은 많이 풀어진 것처럼 보이지만, 인목대비의 원한은 6명의 죽음으로 풀릴 리가 없었다. 그래서 나머지 궁녀들도 자칫 복수의 희생자가 될 수도 있었다. 하지만 인목대비는 그렇게 하지 않았다. 나머지 궁녀

들을 대부분 석방했던 것이다. 이것이 광해군과 인목대비의 차이
점이었다. 광해군은 의구심과 불안감으로 끝없이 옥사를 확대하
고 사람들을 죽였다. 인조반정 이후 인목대비 역시 그렇게 할 수
있었고 그럴 수 있는 권력도 있었다. 그렇지만 끝까지 가지 않고
적당한 선에서 멈추었다. 아마도 인목대비에게 그렇게 하도록 조
언한 사람은 정명공주가 아니었을까 싶다.

　당시 정명공주는 21살이었다. 공주는 광해군 대의 계축옥사가
왜 일어났는지, 그 여파가 어떠했는지를 절절히 겪었으며, 복수
의 끝이 어떻게 되는지도 절절히 겪었다. 정명공주는 인목대비에
비해 젊었고 상대적으로 제3자였다. 예컨대 인목대비에게 김제
남은 친정아버지였지만 정명공주에게는 외할아버지였으며, 인목
대비에게 영창대군은 아들이었지만 정명공주에게는 동생이었다.
김제남과 영창대군의 죽음에 정명공주는 인목대비에 비해 상대
적으로 객관적일 수 있었다. 그리고 서궁유폐 시절 불경을 사경하
면서 터득한 자비심 역시 복수심을 억누르는데 큰 역할을 했을 것
이다. 인목대비 역시 사경으로 얻은 자비심이 원한 못지않게 컸기
에 복수를 멈출 수 있었을 듯하다.

　이외에 어쩔 수 없는 사정으로 배신한 사람들이 없지 않았다.
그런 사람들의 사정을 깊이 헤아리지 않고 복수심만으로 모두 죽
여 없애면 사려 깊지 못한 사람이자 자비롭지 못한 사람일 수밖에

없었다. 지난 10여 년의 고난을 통해 인목대비와 정명공주는 인간에 대한 자비심뿐만 아니라 이해심도 늘었다. 예컨대 여옥에 대한 인목대비의 태도가 그랬다.

여옥은 원래 인목대비의 측근 궁녀였다가 김개시에게 포섭되어 배신한 사람이었다. 그래서 인조반정 직후 인목대비는 처벌 대상자 16명 중에 여옥을 포함시켰다. 추국청 조사에서 여옥은 이렇게 진술했다.

"저는 무신년1608, 선조 41에 들어와 영창대군을 모셨습니다. 병을 앓고 난 후에는 대비전의 침실에서 모셨습니다. 그때 중환, 경춘은 밤에 담장을 넘어가 매번 폐조廢朝, 광해군의 김개시, 은덕, 갑이와 밀통하여 무고하기를, 제가 영창대군을 강화도로 내보낼 때 대비전을 업고 내차비內差備로 나왔다고 모함했습니다. 제가 내수사에 갇힌 후 은덕이가 저에게 말하기를, '저주의 일을 네가 스스로 했다고 진술하라.' 운운 하였습니다. 저는 '죽어도 내가 하지 않은 일을 어찌 감히 이처럼 말할 수 있겠습니까?' 하였습니다. 이 때문에 은덕은 저에게 원한을 품었습니다. 그런데 의금부로 옮겨 갇혔을 때 심문하기를, '매화나무 가지 위에 어찌하여 쥐를 매달았는가?' 하였습니다. 저는 '한 명의 늙은 궁녀가 평상시 쥐를 무서워해서 어떤 하급궁녀가 문안하는 길 위에 버렸습니다.'라고 진술했습니다. 그 외의 일은 말하지 않았으니, 앞의 사정과 연유를 상고하여 분간하여 시행하소서."

《추안급국안》계해삼월이후 옥사, 계해년1623, 인조 1 3월 19일

그런데 여옥이 했다고 실토한 말, 즉 '한 명의 늙은 궁녀가 평상 시 쥐를 무서워해서 어떤 하급 궁녀가 문안하는 길 위에 버렸습니 다.'라는 진술이 갑인년1614, 광해군 6 저주사건의 결정적 증언으로 이 용되었다. 이 사건의 여파로 인목대비의 측근궁녀였던 문 상궁과 그 일족들이 죽었고, 강화도에 있던 영창대군 역시 의문의 죽음을 맞았다. 그럼에도 불구하고 여옥은 자신의 증언이 별 것 아니었다 는 식으로 변명했다. 이에 격노한 인목대비는 특별히 여옥을 고문 하라 요구하기까지 했었다. 그래서 당시 체포된 궁녀 중에서는 오 직 여옥만 고문을 받았는데, 그 정도로 인목대비가 여옥을 미워했 다고 할 수 있다.

그런데 사정을 알고 보면 여옥도 불쌍했다. 최씨 성의 여옥은 15살 되던 해인 1608년선조 41 영창대군의 보모로 입궁했다가, 17살 되던 1610년광해군 2 인목대비의 침실시녀로 옮겼다. 용모는 별로 예 쁘지 않았지만 순하고 정직하며 눈에 띄게 성실한데다 영특하기 까지 했기 때문이다. 1613년광해군 5 영창대군이 끌려 나간 후, 여옥 은 인목대비의 고난을 서러워하며 늘 말하기를 '내게 날개가 있다

면 당장 날아가 기별을 들어다가 자세히 알려 드리고 싶구나.' 했다. 이런 여옥을 인목대비는 특별히 아끼고 신임했다. 그러던 중 문 상궁이 중환에게 속아 강화도의 영창대군에게 몰래 글을 보냈다가 발각되는 사건이 일어났다. 그때 여옥도 체포되어 조사받게 되었다. 형장으로 나가던 날, 여옥은 제 다리를 만지면서, '어릴 적부터 우리 부모에게도 다리 한번 맞아 본 일이 없는데, 모진 매를 어찌 맞으리오. 대비마마께서야 아무 잘못도 없으시니 내 거짓말을 하지는 않겠지만, 가서 맞을 일을 생각하니 정신이 아득하구나.'라며 울었다. 이를 듣는 사람들이 모두 불쌍히 여겼다. 그리고 이처럼 정직하고 성실한 사람이니 절대 거짓말을 하지 않을 것이라 생각했다. 여옥 역시 '나를 조금도 의심하지 마소서. 비록 몸이 으스러져 가루가 되더라도 대비마마께서 죄가 없다는 것을 알고 있으니, 거짓 자백은 하지 않겠습니다.'라고 말했다. 실제로 여옥은 최초의 추국청 조사 때 거짓 자백 없이 이렇게 진술했다.

"나라의 어른께서 애매한 일로 누명을 쓰시고, 어린 대군과 친정 식구들의 생사를 몰라 밤낮으로 애태우고 계십니다. 방정을 하고 저주를 하였다는 말은 참으로 거짓이옵니다. 아무 일이라도 보고 들은 것이 있다면, 왜 이처럼 무서운 자리에 와서 죽으려 하겠습니까? 살고 싶지만 보고 들은 일이 터럭만치도 없습니다. 무거운 벌을 받들까 무섭지만, 어떻게 터무니없는 말을 만들어 할 수 있겠습니까?"

이렇게 엿새가 지나자 추국청에서는 여옥이를 내수사에 가두고 그 부모를 잡아와 달래기 시작했다. 그때 마침 광해군 유모의 오라비가 여옥의 종을 좋아했다. 유모는 이 기회에 중환이를 재촉하여 여옥을 다른 감옥에 가두게 하고는, '이리이리 말만 하면 내 너를 살게 하여 주마.' 하고 유혹했다. 여옥은 울기만 하고 여러날 동안 대답을 하지 않았다. 그러자 이번에는 여옥의 부모를 보내 '네가 그렇게 모르노라 하면 저들은 우리를 다 죽일게다! 대비마마의 은혜만 중하고, 어버이는 생각지 않는게냐? 네가 지금 거짓 자백을 해야지, 만일 못하겠다면 우리들이 네 앞에서 죽으리라.' 라고 말하게 했다. 이렇게 갖가지 방법을 써서 허락을 받아낸 다음 추국청에서 다시 심문을 받게 하였다. 심문관의 질문에 여옥은 '나으리께서 하시는 말씀이 모두 옳습니다.'라고 대답했고, '네가 어찌 아느냐?'는 질문에는 '제가 보고 들었나이다.'라고 대답했다. 이 대답이 결정적인 증언으로 이용되었고, 여옥은 방면되어 출궁했다. 그 후 변 상궁이 병이 들어 출궁했는데, 여옥이 찾아와 울며 이런 말을 했다.

"아니옵니다. 어버이께 재촉 당하여 거짓 자백을 하였지요. 언젠가 멸족 당할 화를 저지르고 살아 있으니, 제 죄가 태산 같습니다. 당장 죽고 싶지만 모진 목숨이 죽지도 못하고 있습니다. 나라의 어른을 속이고 누명을 씌워 살아났으니 무슨 낯으로 고개를 들고 남들을 뵈리까? 마음에도 없는 말로 거짓말을 하였으니, 저를 죽이신다 해도 한을 품지 않겠나이다."

변 상궁이 입궁해서 인목대비는 이런 사정을 알게 되었다. 당시 인목대비는 여옥의 배신에 치를 떨고 있었다. 말로는 그렇게 착하고 믿음직하더니 정작 결정적인 순간에 배신했으니 치를 떨 만도 했다. 이런 중에 변 상궁의 이야기를 들으면서 인목대비는 무슨 생각을 했을까? 그럴 수 있겠다고 이해했을 수도 있고, 배신한 주제에 구질구질하게 변명한다고 더 미워했을 수도 있다. 그래서 인조반정 후 인목대비가 여옥을 처벌 대상자 16명 중의 한명으로 지목했을 때는, 여옥의 진심어린 반성과 사과를 기대했을 것이다. 하지만 여옥은 또 변명으로 일관했다. 당연히 인목대비의 미움이 폭발했을 것이다.

그러나 따지고 보면 여옥도 어쩔 수 없는 상황이었다. 지난 번 배신이 부모 때문이라면, 이번 배신 역시 부모 때문이었다. 만약 여옥이 자신의 죄를 인정하고 뉘우친다면 용서가 아니라 대역무도로 몰릴 수밖에 없었다. 자신의 거짓 증언으로, 문 상궁을 비롯한 여러 궁녀가 죽었고 결정적으로 영창대군까지 죽었기 때문이다. 자신이 대역무도 죄인이 되면 자기가 죽는 것으로 끝이 아니었다. 삼족이 멸족되어야 했으니 부모는 당연히 죽은 목숨이었다. 그래서 여옥은 또 혐의를 부인하며 변명으로 일관했다. 이런 여옥이 미워 인목대비는 고문을 하게 했다.

하지만 고문으로 자백을 받아낸다면 어떻게 할 것인가? 여옥과 그 친족을 대역무도로 몰아 몰살하고, 또 다른 연루자들을 찾아 고문해 자백을 받아내고 그 친족을 몰살하고…이런 악순환이 반복될 수밖에 없었다. 광해군은 그런 악순환에 빠졌다가 반정을 당했다. 그런 광해군 때문에 인목대비 자신이 큰 피해를 당했다. 그런 광해군을 인목대비는 한없이 원망하고 비난했는데, 인목대비 역시 고문으로 자백을 받아내고 죽인다면 광해군과 무엇이 다르겠는가? 이런 말과 논리로 인목대비의 복수를 중단시킨 사람은 분명 정명공주였을 것이다. 정명공주는 여옥의 처지와 마음을 헤아리고 이해할 것을 요구했을 것이다. 실제 여옥의 입장에서 보면 그 마음을 이해 못할 것도 아니었다. 부모를 위하는 그 마음까지 처벌대상으로 삼는다면 세상에 자비는 없기 때문이다. 하지만 인목대비의 화가 쉽게 가라앉지는 않았다. 정명공주의 설득에도 불구하고 여옥 등은 풀려나지 못했다. 결국은 여옥, 정순, 생이, 난향, 난이, 말향 등 6명도 사형 당했다. 이렇게 해서 인목대비가 지목했던 16명 중에서 은덕, 갑이, 중환, 경춘, 여옥, 천복, 정순, 업난, 생이, 난향, 난이, 말향 등 12명이 사형 당했다. 불행 중 다행으로 인목대비의 복수는 여기까지였다. 지목된 16명 중에서 옥환, 옥개, 수란개, 업린 등 4명은 절도絶島에 위리안치 되었고 그 외 30여 명의 궁녀들은 모두 방면되었다. 뿐만 아니라 사형당한 12명도 부모형제를 연좌시켜 그들의 가족을 처형하지는 않았다. 이것이 인목대비와 광해군의 차이였다. 인목대비에게는 부처님의 자비심이 살아 있었던 것이다.

광해군에게 핍박받던 10년 세월 동안, 인목대비와 정명공주가 부처님에게 간구하던 그 자비의 마음을 잃었다면, 인목대비나 정명공주는 광해군과 똑같은 폭군이었을 것이다. 따라서 12명의 궁녀만 죽이고 복수를 멈췄다는 면에서 인목대비와 정명공주에게 10년 고난의 세월이 아주 헛되지만은 않았다고 할 수 있다.

정명공주,
뒤늦은 혼인이
성사되다

인조반정은 1623년_{광해군 15} 3월 12일 한밤중에 거사되어 성공했다. 반정 결과 광해군은 폐위되었고, 인목대비는 서궁에서 풀려나 대비로 복귀했다. 평민으로 강등되었던 영창대군과 정명공주 역시 대군과 공주로 복귀했다. 이 결과 관에 몰수되었던 공주의 재산 역시 환급되었다.

제주도에 유배되었던 인목대비의 친정어머니 노씨 역시 신원되었다. 인목대비의 친정아버지 김제남과 친정 오빠, 친정 동생들 또한 신원되었고 관에 몰수되었던 김제남의 재산과 집 즉 명례 본궁 역시 환급되었다. 3월 14일에는 인목대비의 친정어머니 노씨를 제주 유배지에서 맞이하기 위해 승지와 예조참의가 파견되었다. 따라서 3월 말 즈음에는 노씨가 한양에 도착했을 것으로 짐작된다.

한편 서궁 즉 경운궁에 머물던 인목대비는 1623년_{인조 1} 3월 21일

왕과 함께 창덕궁으로 옮겼다. 이로써 경운궁은 사람이 살지 않는 궁궐이 되었다. 더구나 1623년 7월 12일에 인조는 선조가 사용하던 두 채의 건물 즉 석어당과 즉조당을 제외한 나머지 건물들을 원래 주인에게 되돌려 주게 함으로써 경운궁은 축소되었다.

친정문제가 대략 마무리되자 인목대비는 정명공주의 혼인을 서둘렀다. 그도 그럴 것이 당시 정명공주는 이미 21살이었다. 당시로서는 노처녀 중의 노처녀였다. 그런데 조선시대 공주의 혼인절차는 일반적인 혼인절차와 달랐다. 흔히 시집간다는 말로 표현되듯 사가에서는 신부가 시댁으로 가는 것이 혼인이었다. 따라서 중매를 통해 양가의 혼인이 성사된 후 혼인의식은 신부 집과 시댁을 왕래하면서 진행되었다. 신부의 혼인을 주관하는 주혼主婚은 물론 신부의 아버지가 담당했다. 하지만 공주의 경우는 그렇게 할 수 없었다. 신하의 입장에서 왕에게 중매를 서겠다고 나서는 일 자체가 불가능했다. 또한 궁중에 사는 왕이 딸을 혼인시키기 위해 주혼이 될 수도 없었다.

이런 사정으로 공주는 중매가 아니라 간택을 통해 부마가 결정되었으며, 왕을 대신해 종친 중의 한명이 주혼을 맡았다. 또한 공주는 혼인 후 시댁으로 가는 것이 아니라 별도로 궁방宮房이라고 하는 살림집을 장만해 그곳으로 갔다. 이 궁방은 혼인이 결정된 후 새로 짓거나 아니면 다른 사람의 집을 매입하여 크게 수리하는 것이 관행이었다.

간택, 궁방 마련, 주혼 선정 등을 제외한 나머지 혼인의식은 유교식 혼례에 따라 치러졌다. 유교식 혼례는 의혼議婚, 납채納采, 납폐納幣, 친영親迎, 부현구고婦見舅姑, 묘현廟見의 여섯 절차로 이루어졌는데 이를 '육례六禮'라고 하였다. 이 여섯 가지 절차를 모두 채우는 것이 정식 혼인이었고 육례 없이 남녀가 결합하는 것을 '야합野合'이라고 하였다.

의혼은 중매를 넣어 혼인을 의논하는 절차인데, 개인의 자유연애가 금지되었던 조선시대에는 중매가 필수였다. 납채는 신랑집에서 신부집에 혼인 약정서를 보내는 절차로 지금의 약혼식에 해당하며, 납폐는 혼인이 약정된 후 신랑집에서 신부집에 폐백을 보내는 것인데 현재의 함에 해당되었다. 친영은 신랑이 신부를 맞이해 첫날밤을 치르는 절차이고, 부현구고는 첫날밤을 치른 신부가 아침에 시부모를 뵙고 음식상을 올리는 절차였다. 묘현은 시집온 신부가 사흘 만에 시부의 사당에 인사를 드리는 것으로, 조상에게 인사를 드리는 절차까지 마쳐야 완전한 며느리로 인정되었다.

정명공주의 혼인 역시 간택, 궁방 마련, 유교식 혼례 절차 등에 따라 거행되었다. 이 중에서 시작은 부마간택이었다. 인조반정이 성공하고 사흘 후인 3월 16일에 예조에서는 정명공주의 부마간택을 속히 거행하자는 요청을 하였다. 인조가 허락함으로써 정명공주의 혼인이 본격화되었다. 8월쯤에 혼례를 거행하기로 함에 따라 우선 부마단자駙馬單子를 받기로 하였다.

그런데 기한이 되어도 단자를 내는 사람들이 거의 없었다. 한양과 지방을 통틀어 겨우 9명만이 응모했을 뿐이었다. 당시 양반들이 정명공주를 며느리로 들이기를 꺼렸기 때문이다. 정명공주가 공주이기 때문보다는 나이가 너무 많아서였다. 정명공주가 21살이므로 그녀의 배필이 되려면 20살 내외가 되어야 하는데 그 또래의 남자들은 대부분 혼인한 상태였다.

이에 따라 정명공주의 부마단자를 접수하는 기한을 늦추는 한편 부마 후보자의 나이도 대거 낮추게 되었다. 이런 우여곡절 끝에 8월 11일에 초간택을 하였다. 그 결과 홍주원, 정시술, 조공직 등 9명이 선발되었다. 그리고 9월 12일의 재간택을 거쳐 9월 26일에 홍주원이 정명공주의 부마로 최종 선발되었다. 정명공주와 홍주원의 혼례는 12월 11에 거행되었다. 혼례 당시 홍주원은 18살로 정명공주보다 3살이나 연하였다. 영안위永安尉에 책봉된 홍주원은 노론 명문가인 풍산 홍씨 출신이었다.

홍주원이 부마로 선발되기까지 사연이 많았다. 인조반정이 발발하던 해 18살이던 홍주원은 당시로서는 혼기가 좀 지난 나이였다. 그때까지 홍주원이 혼인하지 않은 이유는 무슨 사정이 있어서 혼례식을 치르지 못했기 때문이었다. 하지만 이미 혼처가 있었다.

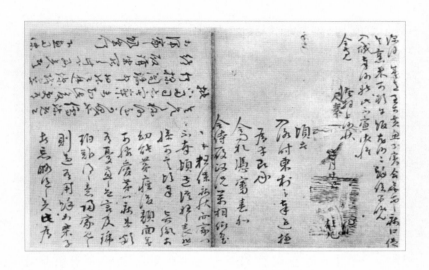

홍주원의 친필, 홍기원 소장

홍주원은 사실상 임자 있는 몸이나 마찬가지였다.

그런 상황에서 3월에 정명공주의 부마를 간택하기 위한 금혼령이 공포되었다. 홍주원은 물론 금혼령에 해당되는 나이였다. 이미 혼처가 정해진 상태에서 금혼령이 공포되자 홍주원의 아버지 홍영은 아주 곤란한 처지에 빠졌다. 만약 금혼령을 무시하고 기왕의 혼처와 혼례를 치르면 나라의 법을 무시하는 결과가 되었다. 그렇다고 부마단자를 냈다가 간택되기라도 한다면 기왕의 혼처와는 본의 아니게 파혼해야 했다.

홍주원의 아버지 홍영은 금혼령에도 불구하고 기왕의 혼처와 혼인을 해야 한다고 생각했던 모양이다. 홍영은 6월 2일에 홍주원의 혼처에 납채納采를 강행했다. 납채는 혼인을 약속한 신랑 집에서 신부 집에 혼인 약정서를 보내는 절차로서 지금의 약혼식이나 마찬가지였다. 이것은 명백히 금혼령을 무시하는 처사였다. 7월 22일에 의금부에서는 홍영을 체포하여 수금했다. 금혼령을 어겼다는 죄목이었다.

홍영은 만 하루 동안 의금부에서 조사를 받은 후 석방되었다. 그러나 관직에서는 파직되었다. 인조는 홍영의 정상을 참작했지만 동시에 금혼령을 어긴 죄를 물은 것이었다. 만약 홍영을 무죄 방면한다면 정명공주의 혼인은 사실상 불가능했다. 20세 전후의 청년으로서 혼약도 되어 있지 않다면 뭔가 심각한 문제가 있다고 보아야 했고, 그렇지 않은 청년은 이미 혼인했거나 혼인이 약속되어 있었기 때문이었다. 인조는 홍주원처럼 이미 혼약된 경우라도 금혼령에 해당하는 청년들은 무조건 간택단자를 내게 했다.

홍영 역시 울며 겨자 먹기로 간택단자를 내야 했다. 3월에 금혼령이 공포되었는데 8월이 되어서야 초간택이 거행된 배경에는 이런 사정이 있었다. 이런 곡절을 거쳐 홍주원이 정명공주의 부마가 되었던 것이다. 결국 인조는 어느 여성인가의 정혼자였던 홍주원을 강제로 파혼시키고 정명공주의 부마로 삼은 셈이었다.

과정이야 어떻든 홍주원과 혼인한 정명공주는 인목대비 김씨와 인조의 극진한 비호를 받으며 살았다. 인조는 정명공주의 신혼 살림집을 안국동에 마련해 주었다. 안국동은 창덕궁과 경복궁 사이에 있으므로 입궐하기에 편리했다. 인조는 정명공주가 자주자주 인목대비를 찾아볼 수 있도록 배려한 것이었다. 안국동에 마련된 정명공주의 살림집은 '정명공주방貞明公主房' 또는 '영안위방永安尉房'이라고 불렸다.

정명공주의 안국동 살림집은 궁궐처럼 거대하고 으리으리했다. 그 집은 원래 중종의 부마 광천위가 살던 집터로서 예전에는 300칸이 넘는 건물이 들어섰던 곳이었다. 정명공주가 하가할 당시에는 이전에 비해 건물이 줄었다고 해도 집터는 여전히 넓었고 건물도 아직 많았다. 인조는 인목대비 김씨에 대한 자신의 효성을 과시하기 위해 법을 어겨가면서까지 정명공주의 살림집을 호화롭게 만들었다. 본래 조선시대 공주의 살림집은 50칸을 넘지 못하도록 규정되었는데, 인조는 100칸 이상으로 확장했다. 인조는 1624년동왕 2에 200칸을 증축하는데 필요한 재목과 기와 등을 정명공주에게 주기도 하였다. 당연히 물의가 분분하게 일어났지만 인조는 요지부동이었다. 인목대비에 대한 효심으로 합리화했던 것이다.

인조는 정명공주의 출합을 맞이해 살림집 이외에도 수많은 살림살이와 재산을 주었다. 살림살이는 신혼생활에 필요한 곡식, 옷감, 주방용품, 생활용품, 땔감, 반찬 등 생활용품 일체가 포함되었다. 이런 살림살이는 일시에 지급되는 것이 아니라 납채, 납폐, 친영 등 각각의 절차에 따라 지급되었다. 조선후기 공주의 혼례 때 지급되는 살림살이가 구체적으로 어떤 것인지는 영조 때에 편찬된 《국혼정례國婚定例》, 《상방정례尚房定例》 등에 잘 나타난다. 이외에도 실제 공주가 출합하면서 받은 살림살이 목록도 있는데, 예컨대 덕온공주 경우가 그렇다. 덕온공주는 순조의 공주로서 1837년현종 3 8월에 출합했는데, 그때 다음과 같은 다양한 살림살이들을 지급받았다.

정명공주가 출합할 때 받은 살림살이는 분명 덕온공주보다 더 하면 더했지 적지는 않았을 것이다. 10년간 고난을 겪었다는 사실, 그리고 21살이나 되었다는 사실에 더하여 인목대비의 유일한 공주라는 사실 때문이었다. 인조는 자신의 반정을 정당화하기 위해서도 또 자신의 효심을 선전하기 위해서라도 규정 이상의 살림살이와 재산을 주었을 것이 분명하다.

실제로 인조는 정명공주에게 거대한 재산을 주었다. 그런 재산에는 노비와 토지뿐만 아니라 광대한 섬들도 포함되어 있었다. 임진왜란 이전에는 왕자나 공주가 혼인할 때 과전科田이라고 하는 토지를 주었다. 대군의 경우 225결, 왕자군의 경우 180결 그리고 공주에게 장가든 부마에게는 105결을 주었다. '결結'이란 조선시

덕온공주 출합시 지급된 살림살이

종류	품목별 수량
곡식류	중미中米 50석, 조미糙米 60석, 황두黃豆 50석, 교맥말蕎麥末 1석, 진말眞末 1석
옷감류	면포綿布 100필
주방용품 및 생활용품	용단칠저족상龍丹漆低足床 10부部, 흑칠원대반黑漆圓大盤 2죽竹, 흑칠원소반黑漆圓小盤 2죽, 목원대반木圓大盤 2죽, 유발리개구鍮鉢里盖具 3죽, 유시鍮匙 3단丹, 유저鍮箸 3단, 유이선鍮耳鐥 2좌坐, 유소鍮召 2개箇, 유소아개구鍮召兒盖具 2좌, 유도아鍮都兒 3죽, 유평자鍮平者 1개, 유중자鍮中者 1개, 유소자鍮小者 1개, 유주발개구鍮周鉢盖具 3죽, 유반합개구鍮飯盒盖具 1좌, 유중첩시鍮中貼匙 3죽, 주동해개구鑄東海盖具 10좌, 주대증개구鑄大甑盖具 1좌, 주중증개구鑄中甑盖具 1좌, 주소증개구鑄小甑盖具 1좌, 주등경鑄燈檠 2좌, 주대사요개구鑄大沙要盖具 3좌, 주중사요개구鑄中沙要盖具 3좌, 주소사요개구鑄小沙要盖具 3좌, 동화자銅咊者 1개, 대정개구大鼎盖具 3좌, 중정개구中鼎盖具 3좌, 소정개구小鼎盖具 3좌, 대부大釜 1좌, 중부中釜 1좌, 소부小釜 1좌, 대두모대구大豆毛臺具 2좌, 중두모대구中豆毛臺具 2좌, 대장大欌 1좌, 중장中欌 1좌, 흑칠첩시黑漆貼匙 3죽, 목등가木燈檠 4좌, 주고조酒高槽 1부, 면고조麵高槽 1부, 대궤大櫃 1부, 중궤中櫃 1부, 소궤小櫃 1부, 대안판大案板 1좌, 중안판中大板 1좌, 대석년大石碾 1좌, 소석년小石碾 1좌, 년판대구碾板臺具 1좌, 포판제연구泡板諸綠具 2좌, 목두木斗 1개, 목승木升 1개, 안거리鞍巨里 1부, 대상화롱大床花籠 1부, 목대첩시木大貼匙 3죽, 목중첩시木中貼匙 3죽, 목장화로木長火爐 2좌, 목구금木炙金 2부, 소자금小炙金 2부, 철화통鐵火桶 1개, 용대약龍大鑰 2부, 배화중약排化中鑰 8부, 대파조大把槽 2부, 중파조中把槽 2부, 표자瓢子 8개, 상문답석방석常紋踏席方席 20립立
땔감류	탄炭 20석, 소목燒木 5천근
반찬류	염鹽 6석, 석수어 200속束, 대구어 200미尾, 석어난해石魚卵醯 3항缸, 길경吉莄 30근

대 토지의 양을 헤아리는 단위로서 백 짐의 소출이 나는 토지였다. 조선시대에 한 움큼의 소출이 나는 토지를 '파把'라고 하였고, 10파의 소출이 나는 토지를 단, 즉 '속束'이라 하였으며, 10속의 소출이 나는 토지를 짐, 즉 '부負'라고 하였다. 10움큼으로 한 단을 만들고 10단으로 한 짐을 만든다는 계산이었다. 따라서 1결은 백 짐의 소출이 나는 토지로서 곧 1결은 100부라는 말이나 마찬가지였다.

현재의 평수로 환산할 때 조선시대의 1부는 대략 58평쯤 된다고 한다. 그렇다면 1결은 5,800평 정도 되고 105결은 줄잡아 60만 평 정도 된다. 조선시대에 공주가 시집가면서 받는 토지가 어마어마했던 것이다. 그런데 과전이란 토지의 소유권을 받는 것이 아니라 수조권受租權을 받는 것이었다. 따라서 왕자나 공주는 과전으로 받은 수조지에서 국가를 대신하여 세금을 거둘 수 있었다. 왕자나 공주에게 세금을 내는 농민들은 사실상 왕자나 공주에게 예속되기 일쑤였다. 과전은 형식상 세금만 걷는 권한만 갖는 듯도 하지만 실제는 그 토지를 경작하는 농민들에 대한 지배권까지도 장악할 수 있는 엄청난 권한이었다. 이런 과전을 통해 임진왜란 이전의 왕자나 공주들은 혼인 후에도 경제적, 사회적으로 특권을 유지할 수 있었다.

하지만 과전법은 임진왜란을 겪으면서 붕괴되었다. 전 국토가 왜적들에게 유린되어 온전하게 남은 전답이 별로 없었기 때문이었다. 농민들은 고향을 떠나 피난했고 왕년의 문전옥답은 쑥대밭이 되어 있곤 했었다. 이런 상황에서 왕자나 공주가 혼인한다고 해도 과전으로 줄 전답이 없었다.

그 대안으로 조선왕실에서는 절수折受라고 하는 제도를 시행했다. 절수는 '끊어서 받는다.'는 뜻인데 황무지 또는 묵은 땅을 개간하기로 하고 그 사용권을 국가로부터 허가받는 제도였다. 절수로 받은 황무지 또는 묵은 땅을 개간하면 소유권까지 획득할 수 있었다. 따라서 절수를 시행함으로써 조선왕실에서는 토지개간을 장려하고 나아가 부족한 과전을 해결하고자 했던 것이다. 만약 절수지 안에 기왕의 소유자나 경작자가 있다면 마치 과전처럼 세금만 거둘 수 있었다.

인조는 정명공주에게 상상을 초월할 정도로 많은 절수지를 주었다. 당시 정명공주가 정확히 얼마나 되는 절수지를 받았는지는 알 수 없지만 그 양이 줄잡아 1만결에 가까웠다. 이렇게 많은 절수지는 어느 한 곳에만 있는 것이 아니라 전국에 걸쳐 있었다. 《승정원일기》에는 1728년영조 4 7월 23일 당시 경상감사였던 박문수가 '영안위방이 경상도 도내에서 절수 받은 것이 8,076결이나 됩니다.'라고 언급한 내용이 있다. 8,076결을 요즘의 평수로 환산하면 대략 5,140만 평이나 된다. 경상도에만 이렇게 어마어마한 절수지가 있었는데 다른 곳의 절수지 또한 적지 않았다.

그런데 전라도에는 '하의삼도荷衣三島'로 불리는 하의도, 상태도, 하태도를 비롯하여 진도 등 여러 섬에 정명공주의 절수지가 있었다. 섬에 지정된 절수지는 큰 분쟁을 야기하기도 하였다. 왕자나 공주는 섬 전체를 절수 받았다고 주장하고, 섬 주민들은 절수지로 지정될 당시의 경작지만 절수되었다고 주장했기 때문이었다. 나아가 왕자나 공주는 섬에 대한 소유권까지 있다고 주장하는 반면 섬 주민들은 자신들이 섬을 개간하였으므로 소유권은 자신들에게 있다고 주장했다. 이 같은 분쟁은 조선후기 들어 수많은 섬들이 개발되면서 점점 많아졌다. 예컨대 정명공주의 절수지가 있었던 하의도는 '300년 소작쟁의운동'으로 유명한 농민운동의 진원지가 되었다. 그런데 분쟁의 핵심은 섬 전체가 절수되었는가, 아니면 절수될 당시의 경작지만 절수되었는가, 또 절수는 수조권만인가 아니면 소유권까지 포함되는가에 있었다.

정명공주 후손들은 공주가 하의도 전체를 절수 받았을 뿐만 아니라 소유권까지 받았다고 주장하며 섬 전체의 경작지에서 세금을 걷고자 했다. 이에 비해 하의도 주민들은 정명공주에게 절수된 것은 당시의 경작지 20결에 불과하고 그 외의 경작지는 섬 주민들이 개간한 것이므로 세금을 낼 수 없다고 하였다. 세금을 거두려는 정명공주의 후손들과 세금을 내지 않으려는 하의도 주민들 사이의 분쟁이 300년이나 지속되었던 것이다.

이런 분쟁이 발생한 결정적인 이유는 인조가 정명공주에게 어마어마하게 많은 절수지를 준 데 있었다. 인조는 정명공주가 선조의 유일한 공주로서 인목대비와 함께 겪은 서궁 유폐의 고난을 보상하고자 과도한 살림집과 과도한 절수지를 주었던 것이다. 정명공주에 대한 인조의 지나친 배려와 지나친 비호는 인목대비 김씨가 살아있는 동안 계속되었다.

정명공주가 출합 후 살던 안국동 살림집은 처음부터 100칸이 넘는 거대한 저택이었다. 이 살림집에는 정명공주와 영안위만 사는 것이 아니라 궁녀들도 살았다. 정명공주를 따라 나온 궁녀들인데 인목대비가 보낸 궁녀들이었다.

당시 인목대비에게는 측근 궁녀가 별로 없었다. 서궁유폐를 전후로 측근궁녀 대부분이 죽었기 때문이다. 인조반정 1년 전인 1622년_{광해군 14}에 인목대비가 사경한 금광명경에 기록된 생존 궁녀는 6명에 불과했다. 주숙이朱淑伊, 정옥이丁玉伊, 백예숙白禮淑, 엄씨, 김씨, 숙장 등이 그들이었다. 이 중에서 주숙이는 주 상궁으로서 정명공주의 보모상궁이었다. 정옥이는 정 상궁으로서 인목대비의 몸종 역할을 했는데, 영창대군이 끌려 나갈 때 인목대비를 업었던 정 상궁이 바로 정옥이였다. 이외에 백예숙, 엄씨, 김씨, 숙장 역시 인목대비와 더불어 서궁에서 10년 고난을 함께 한 측근 중의 측근이었다. 인목대비는 이들을 차마 내보낼 수 없었다.

그래서 정명공주가 출합할 때 궁녀들을 대거 충원하여 일부
는 인목대비전에 두고 또 일부는 정명공주를 따라 나가게 하였
다. 그렇게 공주를 따라서 안국동 살림집으로 간 궁녀가 박열이,
명례, 향이, 애옥 등이었다. 박열이는 1623년인조 1 당시 30살로서,
21살의 정명공주보다 9살 많았다. 어려서 인목대비전에서 일하
다가 20살 되던 해에 계축옥사1613, 광해군 5를 만나 출궁했다. 그 후
23살 되던 해에 광해군 궁녀로 선발되어 입궁했다가, 반정을 만
나 쫓겨나왔다. 그러나 인목대비는 박열이에게 별 혐의가 없었
으므로 다시 불러들여 정명공주를 따라가게 하였다. 정명공주의
안국동 살림집으로 가게 된 궁녀 중 30살의 박열이는 최고 연장
자로서 책임 궁녀였다. 명례는 박열이보다 7살 아래로 연락을 담
당하는 색장色掌이었다. 향이는 박열이보다 2살 아래로서 물을 긷
는 무수리였고, 애옥은 박열이보다 3살 아래로 박열이의 여종이
었다. 이들 4명의 궁녀가 안국동 살림집에서 정명공주의 측근이
었다.

정명공주는 비록 안국동의 신혼집으로 나갔지만 인목대비를
만나기 위해 수시로 입궁했다. 직접 입궁하기 어려우면 색장 명례
가 가기도 하고 박열이가 가기도 했다. 정명공주와 인목대비는 비
록 떨어져 살았지만 그 유대감은 상상을 초월할 정도로 강력했다.

1623년(인조 1) 출합 당시 안국동의 정명공주방 구성원		
	나이	임무
영안위 홍주원	18살	부마
정명공주	21살	공주
박열이	30살	책임 궁녀
명례	17살	색장
향이	22살	수사
애옥	21살	박열이의 여종

그 유대감은 단순한 모녀의 관계를 넘었다. 지난 10년간의 혹독한 고난이 둘 사이를 그렇게 만들었다.

그런데 그처럼 강력한 유대감은 정명공주와 인목대비 둘 사이에만 형성된 것이 아니라 주숙이, 정옥이, 백예숙, 엄씨, 김씨, 숙장 사이에도 형성되었다. 그들 역시 지난 10년간의 혹독한 고난을 함께 했기 때문이었다. 정명공주와 인목대비 그리고 주숙이,

정옥이, 백예숙, 엄씨, 김씨, 숙장 사이에는 모녀와 주종 관계를 넘어 운명공동체적 동지 같은 유대감이 형성되었다. 특히 주숙이와 정옥이, 즉 주 상궁과 정 상궁과의 사이에 강력한 유대감이 형성되었다. 주 상궁은 정명공주의 보모였고, 정 상궁은 인목대비의 몸종이었기 때문이다. 정명공주, 인목대비, 주 상궁, 정 상궁은 비록 몸은 달랐지만 한마음 한뜻으로 움직였다. 이들 사이에 '네 문제는 곧 내 문제였고, 내 문제는 곧 네 문제'였다. 이런 강력한 유대를 통해 정명공주는 출합 후에도 여전히 인목대비, 주 상궁, 정 상궁 등에게 큰 영향력을 행사할 수 있었다.

출합 후 정명공주에게 찾아온 첫 번째 위기는 1628년인조 6 1월에 있었던 유효립 역모사건이었다. 이 사건은 김진성, 김득성, 신서희, 이두견 등이 1월 4일 승정원에 고변하면서 시작되었는데, 제천에 귀양가 있는 유효립이 주동이 되어 대궐의 환관, 훈련도감의 군사, 원주와 죽산의 백성들을 동원해 바로 오늘 거사하기로 했다는 것이었다.

유효립은 광해군의 장인 유자신의 장손이었다. 그러므로 유효립이 인조에게 불만을 품고 역모를 도모할 가능성은 충분했다. 인조는 즉시 선전관과 의금부 도사들을 한양에 파견해 혐의자들을 체포했다. 일부는 벌써 한양에 잠입했다고 고변자들이 알렸기 때문이다. 아울러 동대문, 남대문 등에는 고변자와 함께 군사들을 잠복시켰다. 저녁이 되자 실제로 10여 명씩 무리 지은 사람들이 들어왔다. 고변자들이 지목하는 사람들은 현장에서 체포되었다. 이들을 수색하자 칼과 도끼 등의 무기가 나왔다. 이른바 유효립 역모사건은 이렇게 미연에 끝났다.

조사결과 유효립은 먼저 궁중의 궁녀와 환관으로 하여금 인조를 독살하게 하고, 나머지 사람들은 대궐과 종묘 밖에 잠복했다가 일시에 궁궐을 공격해 점령하고자 했다. 거사가 성공하면 곧바로 강화도에 유배된 광해군을 복위시키든가, 상황이 여의치 않으면 다른 사람을 임시 왕으로 세우고 광해군은 상왕으로 모신다는 구상이었다. 임시 왕으로 거론된 사람은 인성군 이공李珙이었다.

인성군은 선조의 후궁 정빈 민씨의 아들인데 인목대비가 서궁에 유폐되었을 때 정빈이 함께 있었다. 이에 따라 인목대비와 정빈은 매우 가까운 사이가 되었다. 이런 배경에서 인목대비가 인성군을 왕으로 옹립하려 했다는 의혹이 제기되었다. 설상가상 유효립 역모를 조사하는 과정에서 인목대비가 인성군에게 밀지를 내렸다는 주장이 계속 나왔다. 유효립 역모사건의 배후자가 사실상 인목대비라는 주장이었다. 이것은 광해군 때의 계축옥사 때와 유사한 상황이었다. 깜짝 놀란 인목대비는 조정중신들에게 이런 내용의 언문 명령서를 내렸다.

"이공李珙이 역적의 초사에 거론된 것이 전후에 낭자하여 서로 호응한 형적이 분명한데 밀지密旨를 받았다고 가탁한 말이 다시 역적의 입에서 나오기에 이르렀으니 이런 흉악한 일이 어디 있겠는가? 이공은 지난날 광해군 때에 신하와 자식으로서는 차마 못할 일을 했는데 나는 그가 선왕의 피붙이임을 생각하였고 또 무식한 데서 나온 소치라고 여겨 불문에 부쳤었다. 주상께서도 인덕이 지극하여 은혜를 위하여 법을 굽혀 가면서 그를 후하게 대우했는데, 올빼미처럼 사나운 성품을 끝내 고치지 않은 탓으로 흉역을 저지른 정상이 여러 사람들의 입에서 한결 같이 나왔다. 옛사람이 말하지 않았던가? 효도는 모든 행실의 근원이 된다는 것을? 이공이 저지른 지난 일을 가지고 살펴보건대 이런 일을 차마하였으니 무슨 일인들 차마하지 못하겠는가. 듣건대 경들이 정청庭請하고 있는데도 주상께서 아직껏 윤허하여 따르지 않고 있다고 한다. 이는 종묘사직의 대계가 걸려 있는 일이어서 사사로운 은혜는 돌아볼 겨를이 없다. 경들은 극력 간쟁하여 기어이 허락을 받도록 하라."

《인조실록》 권18, 6년1628 1월 20일

당시 인조는 만에 하나 인목대비가 밀지를 내렸을 지도 모른다는 의구심에 싸여 있었다. 게다가 인성군은 인조에게 삼촌이었다.

이런 상황에서 섣불리 인성군을 조사하면 제2의 광해군이란 비난을 받기 쉬웠다. 그래서 인성군에 대한 조사를 미루고 있었다.

하지만 이런 상황이 인목대비에게는 너무나 불안했다. 혹시라도 인조의 오해나 의구심이 깊어지면 광해군처럼 될 가능성도 있었다. 그러지 않도록 하기 위해 인목대비는 스스로 언문 교서를 내려 중신들로 하여금 인성군 처벌을 요청하도록 독려하였던 것이다. 물론 인성군과 무관함을 알리기 위해서였다. 이후 인성군은 진도에 유배되었다가 자결하라는 명령을 받고 죽었다.

이 해에 인목대비는 23구의 불상을 조성해 수종사水鍾寺에 모셨다. 이 절은 경기도 남양주 운길산에 있는데, 조선전기부터 왕실여성들이 불사를 거행하던 사찰이었다. 예컨대 1493년성종 24에 숙용 홍씨, 숙용 정씨, 숙원 김씨 등이 불상 6구를 만들어 수종사 팔각오층석탑에 모신 일이 있었다. 이런 전통을 이어 인목대비 역시 23구의 불상을 만들어 팔각오층석탑에 모셨다.

인목대비가 불상을 만들어 모신 이유는 '숭정 원년 무진년1628, 인조 6에 소성정의 대왕대비가 발원하여, 불상 23구를 조성해 보탑에 모시니 후세에 널리 전해 중생을 구제하여 주소서.'라는 발원문에 잘 나타나 있다. 인목대비는 반정 이후 행복을 누릴 것이라 기대했지만, 여전히 역모와 의구심이 횡행했다. 서궁에서 나와 궁궐에서 살아도 불안한 것은 매한가지였다. 서궁 유폐 때와 마찬가지로 인목대비가 의지할 곳은 부처님이었다. 그것은 정명공주 역시 마찬가지였다. 1628년 유효립 역모사건 이후 인목대비와 정명공주는 또다시 불안한 중생이 되어 부처님의 자비를 간구해야 하는 처지였던 것이다.

인목대비가
23구의 불상을 만들어 모신
운길산 수종사 팔각오층석탑

정명공주,
인목대비와 인조의 승하 후
새로운 국면을 맞이하다

　인조반정 직후 인목대비는 모든 문제가 해결되고 행복한 나날만 지속되리라 기대했다. 하지만 현실은 그렇지 못했다. 17세기 조선은 국내외의 도전으로 몸살을 앓았다. 명나라를 중심으로 안정되었던 동북아 국제질서는 임진왜란을 겪으면서 크게 요동쳤다. 만주에서 발흥한 여진족의 후금은 대륙의 패권을 놓고 명나라와 충돌했다. 일본에서는 도쿠가와 이에야스와 도요토미 히데요시의 계승자들이 열도의 패권을 놓고 경쟁했다. 조선에서는 인조반정의 후폭풍이 계속 몰아쳤다.

　첫 번째 후폭풍은 이괄의 난이었다. 반정공신 중의 일원이던 이괄은 논공행상에 불만을 품고 군사반란을 일으켰다. 1624년인조 2 1월의 일이었다. 반정이 있었던 1623년 3월부터 겨우 10개월 만이었다. 이괄의 반란군은 2월 10일에 한양을 점령하였고 선조의 11번째 아들인 흥안군을 왕으로 옹립하기까지 했다. 공주까지 파천

했던 인조는 2월 22일에야 한양으로 돌아올 수 있었다. 그 사이
한양은 쑥대밭이 되었다. 창덕궁도 불타고 없었다. 어쩔 수 없이
인목대비와 인조는 따로 살게 되었다. 인목대비의 거처는 인경궁
이었고, 인조의 거처는 경덕궁이었다.

이괄의 난 이후에도 안팎의 도전은 끊임없이 이어졌다. 1627년
인조 5 1월에는 만주의 후금이 정묘호란을 도발했고, 1627년 10월에
는 횡성에서 이인거의 무력반란이 일어났다. 그리고 1628년인조 6 1
월에 유효립의 역모사건이 있었다. 인목대비는 이런 혼란들을 잘
이겨냈다.

그런데 인목대비는 1631년인조 9 봄에 크게 병을 앓았다. 그 해에
인목대비는 48살이었다. 조선시대를 기준으로 보면 48살은 많다
면 많은 나이였고 적다면 적은 나이였다. 48살의 인목대비는 그
동안의 고난으로 많이 쇠약해진 탓인지 건강을 회복하지 못했다.
잦은 설사와 복통 그리고 고열 등으로 밤에는 잠을 자지 못했다.
가을 들어 조금 차도가 있었지만 해가 넘어 봄이 되자 병세가 다
시 도졌다. 증세는 작년보다 훨씬 심했는데 오뉴월 삼복더위가 시
작되면서 더더욱 악화되었다. 1632년인조 10 6월 28일, 인목대비는
파란만장했던 49년의 인생을 인경궁에서 접어야 했다. 당시 정명
공주는 30살이었다.

인목대비의 승하는 정명공주에게 일생일대의 위기를 불러왔다.

그동안 정명공주에게 지나친 배려와 지나친 비호를 보이던 인조가 돌연 지나친 의심을 하기 시작했기 때문이다. 의심은 인조의 질병으로부터 더욱 깊어졌다. 인목대비의 병세가 위중하자 인조는 시병하기 위해 인경궁으로 옮겨왔다. 1632년 6월 9일의 일이었다. 그때부터 인조는 제대로 먹지도 못하고 잠도 자지 못하며 병구완에 매달렸다. 인목대비가 세상을 떠난 후에는 10월 6일에 장례를 치르기까지 근 4개월 동안 여막에 거처하며 치상에 전념했다. 치상 동안 정신적으로도 또 육체적으로도 쇠약해진 인조는 결국 병에 걸리고 말았다.

인조가 병세를 느끼기 시작한 때는 7월 15일부터였다. 속에서는 불이 나듯이 더운데 겉은 얼음처럼 차가운 느낌이었다. 그러다가 속의 열기가 밖으로 뻗치면 온 몸이 불덩이처럼 뜨거워졌다. 이처럼 온몸이 추워졌다가 뜨거워지는 일이 반복되었다. 여기에 식은땀까지 났으며 오른쪽 관자노리 부분과 오른 팔에 마비증세가 오기도 했다. 처음에 인조는 더위 먹은 증상으로 보고 대수롭지 않게 생각했다.

하지만 이런 증세가 한 달 이상이나 지속되어 약방의 대신들까지 알게 되었다. 약방 대신들은 어의들에게 정밀검사를 받고 조용히 요양할 것을 건의했다. 그러나 인조는 인목대비의 치상을 위해 그럴 수 없다고 거절했다. 10월 18일의 삼우제가 끝나고 3개월이 지난 강일에 지내는 제사인 졸곡卒哭 때까지 인조는 치료를 거부한 채 치상에만 몰두했다. 인조는 시약청을 설치하자는 약방의 요청도 거절했다.

표면적으로만 보면 인조는 인목대비의 승하를 슬퍼하며 치상에 전념하는 모습이었다. 하지만 내막은 전혀 달랐다. 인조는 승하한 인목대비를 의심하며 크게 고민하고 있었다. 발단은 이른바 '백서삼폭帛書三幅'과 '저주의혹詛呪疑惑'이었다.

'백서삼폭'은 인목대비의 초상初喪 때에 인경궁에서 발견되었다는 '비단 3폭'이었다. 문제는 이 비단에 뭔가가 쓰여 있었다는 사실이었다. 그것도 심각하기 짝이 없는 내용이 쓰여 있었다. 《인조실록》에 의하면 그 내용은 '반고頒告나 주문奏聞에 임금을 폐위하고 세우는 것과 같았다.'고 한다. 조선시대에 '반고'란 국내에 반포하는 명령서였으며, 주문은 중국황제에게 국내 사정을 알리는 보고서였으므로 왕이나 대비만이 작성할 수 있는 문서였다.

인조를 의심스럽게 만든 것은 문서의 형식보다는 '임금을 폐위하고 세우는 것과 같았다.'고 하는 내용이었다. 엄연히 자신이 왕으로 군림하고 있는데 다른 누군가를 임금으로 세운다는 내용은 명백한 역모였다. 그 역모의 주모자는 문서의 형식으로 볼 때 인목대비가 분명했다. 혹 인목대비가 자신을 폐위하고 다른 누군가를 왕으로 옹립하려던 것이 아니었을까? 또는 왕으로 옹립할 사람의 이름이 쓰여 있지는 않지만 일이 성사되면 바로 이름을 쓰려 미리 준비한 것은 아니었을까? 인조는 이런 의심으로 고민했다. 인조의 의심을 불식시키려 '인목대비가 서궁에 유폐되었을 때 쓴 것입니다.'는 해명이 있었지만 완전히 불식시키지는 못했다. 인조는 반신반의했다. 하지만 결정적인 증거도 없고 어쨌든 자신에게 불리한 내용이라 백서삼폭을 친인척들에게 보여주고 불살라버렸다.

그런데 여기에서 짚고 넘어가야 할 문제가 있다. 인조가 백서삼폭의 존재를 어떻게 알아냈을까 하는 문제이다. 백서삼폭의 내용으로 볼 때 그것은 극비문서였다. 그러므로 백서삼폭의 존재는 인목대비 아니면 대비의 핵심측근만이 알 수 있었을 것이다.

그런 백서삼폭이 어떻게 인목대비 승하 후에 곧바로 인조에게 알려졌을까? 이유는 인조가 인목대비 측근에 첩자를 심어두었거나 아니면 인목대비 승하 후에 대비전을 샅샅이 수색한 결과라고밖에 볼 수 없다. 그런데 인조는 자기 입으로 '궁녀 옥지玉只 등 3, 4명이 밤중마다 문을 닫고 몰래 궁벽한 곳으로 가서 제사를 지내며 기도하였다고, 자전慈殿. 인목대비의 초상 때에 이 일로써 말한 사람이 있었다.'고 발언한 적이 있었다. 이 발언으로 미루어보면 아무래도 첩자를 심어두었던 듯하다. 인조는 겉으로는 인목대비를 떠받드는 듯 했지만 실제로는 혹시나 하는 의심을 품었음이 분명하다.

인목대비의 초상 때에 '궁녀 옥지 등 3, 4명이 밤중마다 문을 닫고 몰래 궁벽한 곳으로 가서 제사를 지내며 기도하였다.'고 인조에게 고한 그 누군가가 아마도 첩자였을 것이다. 그 첩자가 인조에게 밀고한 내용은 아주 심각했다. '밤중마다 문을 닫고 몰래 궁벽한 곳으로 가 제사를 지내며 기도하였다.'는 내용은 저주로 의심받을 소지가 다분했다. 당시에는 저주로 걸리면 사형이었다. 인목대비의 초상 때에 인조는 첩자를 통해 '백서삼폭'의 존재를 알았음은 물론 대비전의 궁녀들이 '저주'를 했을 지도 모른다는 의혹을 갖게 되었던 것이다. 하지만 인목대비의 초상 때까지만 해도 인조는 '저주'에 대한 물증은 찾지 못한 상태였다.

한편 인조의 발언으로 미루어보면, 인조가 심어둔 첩자는 옥지 등 3, 4명의 동향에 촉각을 곤두세웠음을 알 수 있다. 그 이유는 옥지 등 3, 4명이 바로 인목대비의 최측근이었기 때문이다. 그들이 구체적으로 누구인지는 다음과 같은 옥지의 진술에서 명확하게 드러난다.

"저는 선조대왕 때부터 궁중에 뽑혀 들어와 계축년1613, 광해군 5 이후로 주 상궁과 함께 자전을 모시다가, 계해년1623, 인조 1에 이르러 천일을 다시 보게 되었습니다. 계축년에 저주한 일로써 궁녀들이 많이 죽었기 때문에, 저주에 대한 말은 사람들이 모두 귀를 가리고서 차마 듣지 못합니다. 더구나 지금 자전과 대전께서 화합하시는데 어찌 이와 같은 마음을 품겠습니까. 본방本房, 인목대비의 친정어머니의 병환이 많기 때문에 제사를 지내며 기도하였는데, 무릇 기도하는 방법은 으레 조용한 곳에서 하는 것입니다. 만약 저주를 꾀하였다면 주숙朱淑, 백숙白淑 두 사람이 함께 거처하였으니, 또한 마땅히 그것을 알았을 것입니다. 이것이 어찌 나와 말질향末叱香, 윤귀희尹歸希 등 세 사람이 할 수 있는 것이겠습니까. 그리고 말질향이 죽은 것은 병으로 죽었다고 들었습니다. 만약 함께 도모하였다면 나도 마땅히 함께 죽어야 되는데, 어찌 말질향 혼자만 죽도록 하였겠습니까. 제사를 지낼 때에 침전寢殿 사람들이 그것을 모르는 이가 없었으니 이것은 숨긴 일이 아니었습니다. 그리고 자전이 노친을 위하여 기도하면서 항상 이르기를 '내가 살았을 때 효성을 다하고 싶을 뿐이다.'고 하셨는데, 이미 이런 말씀을 듣고 어찌 감히 기도하는 일을 꺼리겠습니까?"

《인조실록》 권27, 10년1632 10월 23일

위에서 언급된 주숙과 백숙은 인목대비가 1622년광해군 14에 사경한 금광명경에서 축복한 주숙이와 백예숙이었고, 옥지는 정옥이였다. 이들 옥지, 주숙, 백숙이 바로 정 상궁, 주 상궁, 백 상궁으로서 서궁 유폐 이전부터 인목대비의 핵심측근이자 정명공주의 핵심측근이기도 했다. 즉 정 상궁 옥지는 인목대비의 몸종 역할을 하던 측근이었고, 주 상궁 숙이는 정명공주의 보모 역할을 하던 측근이었다. 인목대비와 정명공주 그리고 정 상궁, 주 상궁, 백 상궁 등은 서궁 유폐 10년을 함께 겪으면서 운명공동체적 결속력을 갖게 되었다. 인목대비와 정명공주가 무언가 은밀한 일을 꾸민다면 정 상궁, 주 상궁을 통할 수밖에 없었다. 따라서 인조가 첩자를 심어 정 상궁과 주 상궁의 동향을 감시했다는 것은 결국 인목대비와 정명공주를 감시했다는 뜻이나 마찬가지였다.

그렇다면 인조는 왜 인목대비와 정명공주를 감시했을까? 아마도 1628년인조 6 1월의 유효립 역모사건 때문이었을 듯하다. 당시 역모사건을 조사하는 과정에서 인목대비가 밀지를 내려 인성군을 왕으로 옹립했다는 진술이 여러 차례 있었다. 그때 인목대비는 자신의 혐의를 벗기 위해 인성군 처벌을 앞장서서 요구했다. 인조 역시 인목대비와 인성군의 관계를 깊이 추궁하지 않았다. 겉으로는 그렇게 했지만 속으로는 혹시나 하는 의심이 없을 수 없었다. 인조가 첩자를 심어 인목대비와 정명공주를 감시한 이유가 아마도 여기에 있었을 듯하다. 그러던 중에 '백서삼폭'과 '저주의혹'이 불거지자 인조의 의구심이 폭발했던 것이다.

이런 상황에서 인조의 의혹을 폭증시키는 사건이 돌발했다.

1632년인조 10 10월 16일에 회은군 이덕인이 고변서를 올렸다. 인목대비의 졸곡을 2일 앞둔 시점으로서 장례가 있었던 10월 6일로부터 겨우 10일 지난 시점이었다. 고변의 내용은 '회은군이 이러이러한 일을 들었다.'는 소문이 있는데 자신은 '이러이러한 일'이 무엇인지 알지 못하니 소문을 낸 사람들을 잡아 그것이 무슨 내용인지 조사하자는 요청이었다. 생각하기에 따라서는 희한한 고변이라고 할 수도 있었다. 하지만 인조는 '이러이러한 일'이 뭔가 수상하다고 생각하여 관련자들을 체포하여 조사하게 했다.

'이러이러한 일'을 처음 소문낸 사람은 얼현이라는 여성이었다고 한다. 얼현은 임해군의 궁노宮奴인 철이의 부인이었다. 홍집이라는 사람의 첩인 응옥이 얼현으로부터 들었다는 이야기를 남편에게 했고, 남편이 또 여러 사람들에게 그 소문을 퍼뜨렸다. 그래서 소문이 크게 퍼졌는데 내용이 무시무시했다. 《인조실록》에 의하면 홍집이 자기의 첩에게서 들었다는 소문은 다음과 같았다.

"신의 첩이 신에게 말하기를, '동네에 있는 임해군의 종의 부인이 때때로 출입하는데 어느 날인가 와서 말하기를, 큰일이 있다고 하였습니다. 그래서 첩이 자세한 내용을 묻자 대답하기를, 경창군이 임해군 궁의 양자가 된 자기 아들을 위해 계해년의 일 인조반정을 도모하고자 하여 술사들을 불러 거사할 기일을 꼽았는데 대비도 또한 이 일을 알고 있습니다.' 하였습니다."

《인조실록》 권27, 10년 10월 16일

얼현은 10월 17일에 체포되었다. 그날 아홉 차례나 형장을 맞
은 얼현은 소문이 사실이라고 승복했다. 얼현의 승복은 무시무시
한 파장을 불러왔다. 인조가 의심을 품고 있던 '백서삼폭'과 '저주
의혹'이 분명해졌기 때문이었다.

'백서삼폭'은 인목대비가 임해군의 양자가 된 경창군의 아들을
왕으로 세우려던 물증이었고 '저주의혹'은 인목대비가 자신을 저
주해서 죽이려던 음모였다는 추론이 가능했다. 무엇보다도 인조
는 자신이 아픈 이유가 저주 때문이 아닐까 의심했다. 인조는 인
목대비의 측근 궁녀들을 내수사에 체포해 조사하기 시작했다. 이
들 중에서도 인목대비의 핵심 측근이던 정 상궁 옥지에게 조사가
집중되었다. 인조의 밀명을 받은 환관들은 정 상궁 옥지를 가혹하
게 고문하며 자백을 받아 내고자 했다. 설상가상 인조가 거처하는
경덕궁에서 다량의 저주물이 발견되었다. 저주물이 발견되게 된
과정은 알 수 없지만, 내수사에 수금된 궁녀들의 자백이 결정적이
었음이 분명하다. '백서삼폭'과 '저주의혹'은 사실로 굳어질 판이
었다.

문제는 인목대비였다. 만약 '백서삼폭'과 '저주의혹'의 배후가

실제로 인목대비라면 인조는 물론 반정 공신들에게도 치명적이었다. 인조반정의 명분이 인목대비였는데, 그 인목대비가 인조를 폐위하려 했다면 반정명분이 무색해지기 때문이었다. 인조는 진퇴양난이었다.

그런데 인목대비가 '백서삼폭'과 '저주의혹'의 실제 배후가 아닐 가능성도 높았다. 인목대비는 승하하기 2년 전부터 병으로 고생했으므로 다른 일을 신경 쓸 겨를이 없을 수도 있었다. 게다가 인목대비가 승하한 후에도 대비의 궁녀들이 은밀하게 제사를 했다는 것은 인목대비 이외의 인물이 대비를 명분으로 '백서삼폭'과 '저주'를 공작했을 가능성이 있었다. 무엇보다도 인목대비는 그 정도로 유능하지 못했다. 왕을 갈아치우려는 공작을 벌일 정도의 인물이라면 보통 배짱과 머리로는 불가능했다.

인조는 그런 공작을 할 만한 인물은 정명공주라고 의심했다. 정명공주의 배짱과 머리가 보통 사람보다 뛰어났으며 아울러 명문 노론가인 풍산 홍씨 시댁의 후광도 있었기 때문이었다. 이런저런 상황으로 볼 때 인목대비보다는 정명공주가 배후일 가능성이 높았다. 게다가 인조의 입장에서는 정명공주가 '백서삼폭'과 '저주'의 배후인 것이 훨씬 유리하고 편했다.

10월 24일 인조는 궁중에서 저주사건이 있었으며 저주물도 발견되었다고 조정중신들에게 알렸다. 궁중저주사건이 발견되면 공식적으로 추국청을 설치하고 조사한 후 혐의자들을 사형시키는 것이 관행이었다. 그렇게 되면 정명공주는 '백서삼폭'과 '저주'의 배후인물로 공식화되어 사형당할 것이 분명했다.

그러나 반정공신들은 '백서삼폭'과 '저주'에도 불구하고 그것을 인목대비나 정명공주에게 연루시키는 것을 결사적으로 반대했다. 어느 경우이든 인조반정의 명분을 해치기 때문이었다. 조선 후기의 학자 이긍익이 지은 역사서인 《연려실기술》에 이런 내용이 있다.

> "인목대비가 승하한 후에 궁중에 백서가 있었는데 부도한 말이 많았다. 임금이 정명공주의 집을 의심해서 어찰로 장유에게 물었다. 그러자 장유가 '옥사를 일으켜서는 안 됩니다.'라는 뜻으로 회답하였다. 임금이 세 번이나 물었는데 회답이 처음과 같았다. 이때 효종이 임금 옆에 있었는데 임금이 장유의 글을 땅에 던지며 불쾌한 안색을 드러내며 이르기를, '네 장인의 고집이 이러니 어떻게 가히 더불어 일을 꾀한단 말이냐?'라고 하였다."
>
> 《연려실기술》 인조조고사본말, 정명공주

공신들의 반대가 강경하자 인조는 내수사에서 조사를 마무리하려 했다. 내수사 자체에서 인목대비 궁녀들의 자백을 받아 공포하면 공신들도 어쩔 수 없기 때문이었다. 그러자 공신들은 내수사에 수금된 궁녀들을 국청에 내려달라 요구하였다. 자신들이 공식적으로 조사하여 인목대비와 정명공주의 혐의를 벗기겠다는 뜻이었다. 당시 반정공신들의 대표자나 마찬가지였던 이귀는 이렇게 주장했다.

"연평부원군 이귀가 다음과 같은 취지로 차자를 올렸다. '궁중에 저주물이 낭자하니 그 흉악한 역모가 대비에게 미치지 않으리란 보장이 없습니다. 이 역적을 속히 잡아내는 것은 한시가 급합니다. 삼사에서는 다만 한두 번 대비의 궁녀들을 국청에 내려줄 것을 요구하다 그만두었으니 역적을 토벌하는 의리를 모른다고 할 수 있습니다. 어리석은 신의 생각으로는 저주물이 궁중에 널렸으니 사숭邪崇, 헛것에 홀린 병이 미치지 않은 곳이 없을 것입니다. 대비께서 승하하신 것이 마침 이 때이니 신민의 원통함이 어찌 끝이 있겠습니까? 전하께서 대비를 위해 복수하려는 의리가 어찌 여러 신하들이 군부를 위해 복수하려는 것보다 뒤지겠습니까? 내수사의 흉악한 역적들을 속히 외정外庭에 내려 엄히 국문하여 실정을 얻도록 하여 한편으로는 대비의 원수를 갚고 또 한편으로는 신민의 원통함을 씻게 하소서. 전하께서 만약 신의 요청을 허락하지 않으신다면 신은 비록 대궐 마당에서 말라 죽더라

도 감히 물러가지 않을 것입니다.' 승정원에서 이 차자를 보고하
자 비망기備忘記로 연평부원군 이귀에게 전하게 하기를, '형체도
없는 말을 망령되이 진술하여 듣는 사람들을 의혹시켰으니 몹시
부당하다. 우선 추고推考, 엄히 문책하라.' 하였다."

《승정원일기》 인조 10년1632 10월 27일

이귀는 인조의 의심과는 반대로 인목대비 역시 저주의 피해자
라고 주장했던 것이다. 인목대비가 저주의 피해자라면 정명공주
역시 피해자였다. 어느 경우이든 인목대비나 정명공주가 '백서'와
'저주'의 배후가 될 수는 없었다. 이귀는 사실여부를 떠나 그렇게
되어야만 한다고 단정했다. 그런 단정을 공식화하기 위해 내수사

인조반정의 주역 이귀의
친필, 근묵(槿墨),
성균관대학교 박물관 소장

에 수금된 인목대비의 궁녀들을 국청에 내려달라고 요구한 것이었다.

며칠 동안 이귀의 요청을 묵살하던 인조는 결국 인목대비의 측근궁녀들을 국청에 내려주었다. 국청의 조사 결과는 예정대로였다. 저주의 배후는 인목대비나 정명공주가 아니라 인목대비의 측근궁녀들 자신으로 결론이 났다. 그것도 인목대비의 핵심궁녀였던 윤 소원과 정 상궁이었다. 상식적으로 생각하면 윤 소원이나 정 상궁이 인목대비를 저주할 이유는 전혀 없었다. 오히려 인목대비 또는 정명공주의 뜻을 받들어 인조를 저주했다고 보는 것이 사리에 가까웠다. 하지만 사실에 관계없이 윤 소원과 정 상궁이 '저주'의 주모자로 단정되어 참혹한 죽음을 당했다. 인조와 공신들은 자신들의 반정명분을 지키기 위해 엉뚱한 궁녀들을 희생양으로 삼은 셈이었다.

특히 당시의 저주사건 조사에서 특이한 점은 정 상궁이 주모자로 몰리면서도 주 상궁 숙이와 백 상궁 예숙에 대한 조사가 없었다는 사실이다. 정 상궁은 추국청 조사 때, '주숙, 백숙 두 사람이 함께 거처하였으니, 또한 마땅히 그것을 알았을 것입니다.'라고 진술했다. 당연히 주 상궁과 백 상궁에 대한 조사가 이루어져야 했다. 하지만 주 상궁과 백 상궁에 대한 조사는 필연적으로 정명공주에게 파급될 수밖에 없었다. 주 상궁이 정명공주의 보모였기 때문이다. 정명공주를 조사하게 되면 그것은 다시 인목대비에게 파급될 것이 분명했다. 그래서 반정공신들은 저주사건의 주모자로 몰린 정 상궁의 진술에도 불구하고 주 상궁과 백 상궁을 조사하지 않았던 것이다.

인목대비가 승하한 1632년인조 10에 정명공주는 30살이었다. 홍주원과 혼인한지 만 9년째로, 8살 된 첫째 아들과 2살 된 둘째 아들이 있었다. 만약 당시에 반정공신들이 인조를 말리지 못했다면 정명공주 자신은 물론 남편과 자식들도 살아남지 못했을 것이다. 시댁인 풍산 홍씨 가문도 참혹한 화를 피하기 어려웠을 것이다. 이렇게 보면 정명공주는 인조 10년에 생모를 잃은 비극에 더하여 지옥의 나락으로 떨어질 뻔한 위기까지 겪은 셈이었다. 그 위기는 인목대비의 고명딸이기에 왔고 또 그렇기에 벗어날 수 있었다. 하지만 위기에서 벗어났다고 해서 인조의 의심이 풀린 것은 아니었다. 의심이 가득한 인조가 살아있는 동안 정명공주는 살얼음판을 걷듯 아슬아슬한 위험 속에서 살아야 했다.

한편 1632년 10월 24일에 인조가 궁중에서 수많은 저주물을 발견했다고 하자 조정중신들은 저주 때문에 아픈 것이니 속히 다른 궁으로 옮기자고 했다. 이에 따라 인조는 창덕궁을 수리하게 하고 11월 9일에 그곳으로 옮겨갔다. 하지만 인조의 병세는 차도가 없었다. 인조는 내심 저주의 주모자인 정명공주가 살아 있어서 그럴 것이라 생각했을 듯하다. 하지만 내색할 수는 없었다.

인조가 창덕궁으로 옮겨가기 직전인 11월 6일에 약방에서는 이형익의 침술이 몹시 신묘하니 그를 어의로 특별채용하자고 했다. 이형익은 충청남도 예산지역에 있는 대흥 출신으로서 본래는 유학자였다. 하지만 이형익은 유학보다는 침술로 명성을 얻었다. 당시 이형익은 괴질怪疾이나 사질邪疾을 잘 치료한다는 소문이 있었다. 괴질이나 사질은 병명이 정확하지 않은 괴이한 병이나 사악한 병이었다. 저주 때문에 생긴 병도 괴질이나 사질이었다.

1632년 당시 이형익은 36살로서 한양에 와 있었다. 한양이 과거시험 준비나 환자 치료에 유리했기 때문이었다. 이형익은 본처와 자식들은 대흥에 남겨두고 우선 첩만 데리고 한양으로 올라와 있었다. 괴질이나 사질에 시달리던 많은 사람들이 이형익의 침을 맞고 치료되면서 그의 명성은 점점 높아졌다. 한양의 고관대작들이 앞다투어 이형익을 찾았으며 심지어 약방에서 어의로 특별채용하자고 할 정도였으니 이형익은 괴질이나 사질 치료분야에서 당대 최고의 권위자였다고 할만 했다.

이형익은 번침燔針을 이용해 괴질 또는 사질을 치료했다. 번침은 불에 달군 침이란 뜻인데 달리 화침火針이라고도 했다. 번침은 뜸과 침의 효능을 결합한 형태였다. 번침은 뜸을 무서워하는 사람 또는 뜸을 하도 많이 떠서 뜸뜰 자리가 없는 사람에게 사용되곤 했다.

이형익이 치료한 괴질이나 사질은 당시의 의학지식으로는 진단도 할 수 없고 치료도 할 수 없는 병들이었다. 즉 괴질은 공인된 한의학 지식이나 치료법으로는 치료될 수 없는 병들이었다. 이형익은 공인된 한의학 치료법이 아닌 독특한 방법으로 번침을 놓았다. 침을 놓는 자리가 공인된 자리와 달랐던 것이다. 그래서 일부 사람들은 그것을 불안해하며 요술妖術이라고 비판했다. 하지만 병명을 몰라 불치병 환자로 취급되던 많은 환자들이 지푸라기라도 잡는 심정으로 이형익의 번침을 맞았던 것이었다.

이형익을 어의로 특별채용하자는 약방의 요청에 대하여 인조는 아주 부정적으로 반응했다. 인조는 '거짓되고 헛된 설은 장려할 필요가 없다.'는 말까지 했다. 특이한 번침으로 사질을 치료한다는 이형익을 절대 믿을 수 없다는 뜻이었다.

그러나 해가 바뀌어 1633년인조 11이 되어도 인조의 병세는 차도를 보이지 않았다. 기왕의 증세에 더하여 현기증과 마른기침까지 더해졌다. 침 맞기도 거부하던 인조는 결국 1월 8일에 침까지 맞았다. 인중, 손, 발 등 여러 곳에 맞았는데 침의는 신득일, 유후성, 정지문, 박태원 등이었다. 이후 며칠에 한 번씩 계속해서 침을 맞았지만 효과가 없었다. 마침내 1월 17일, 약방에서는 이형익을 초청하자고 다시 요청했고 인조는 허락했다.

2월 10일부터 인조는 이형익의 번침을 맞았다. 2월 한 달 동안 여섯 번을 맞았는데, 효과가 있었다. 이형익의 번침을 맞고 인조는 완쾌되었다 .이후 이형익은 인조의 극진한 신임을 받는 어의가 되었다.

이형익의 번침은 정명공주에게 행운이자 불운이었다. 인조가 이형익의 번침을 신뢰한다는 점에서 또 그의 번침으로 치료된다는 점에서 행운이었다. 인조가 건강할 때 정명공주에 대한 의심이 누그러졌기 때문이었다. 반면 인조가 이형익을 신뢰한다는 것은 인조 스스로 자신의 질병을 괴질이나 사질로 확신한다는 증거였기에 불운이었다. 만에 하나라도 인조가 병들었을 때 그 병이 이형익의 번침으로도 치료되지 않으면 그 의심은 온통 정명공주에게로 향할 것이기에 불운이었다. 게다가 인조는 1632년 이후에도 여러 번 원인을 알 수 없는 병을 앓았다는 점에서 큰 불운이었다.

1639년_{인조 17} 때도 그랬다. 그해 가을 인조는 원인을 알 수 없는 병에 걸렸다. 설상가상 이형익의 번침으로도 잘 치료되지 않았다. 인조는 당장 정명공주를 의심했다. 의심을 증명하듯 궁중 여기저기에서 저주물이 발견되었다. 또다시 수많은 혐의자들이 체포되었다. 정명공주가 홍주원에게 시집갈 때 따라갔던 박열이, 명례, 향이, 애옥도 체포되어 의금부에서 조사를 받았는데, 다음과 같은 혐의였다.

"나이 46살의 열이가 아뢰기를, '너는 영안위궁에서 궁녀로 근무한다. 지난 4월 복개당 무녀 천금賤今이 국가의 신당철거 정책으로 말미암아 갈 곳이 없게 되자 어의궁於義宮, 인조가 왕위에 오르기 전 임시로 머물던 처소 창고지기 등에게 부탁해 그곳에 들어갔다. 그러자 너 열이는 동궁의 색장궁녀, 영안위궁의 무수리 등과 더불어 번갈아 왕래하며 혹 유숙하고 가기도 했고, 무녀는 간혹 영안위궁에서 말을 보내와 그곳으로 가서 10여일을 머물다 돌아오기도 했다. 그러면 너는 다음날 무녀에게 가서 보았고, 영안위궁의 무수리는 술과 음식을 그릇에 담아 자주 왕래하였다. 너희들 사이에 그토록 정이 친하고 종적이 주밀하니 숨길 수 없다. 그런데 어의궁을 조사하니 10여 곳에서 저주물이 나왔다. 이 저주물을 네가 모를 리 없다. 함께 모의한 사람과 저주한 절차를 숨기지 말고 사실대로 고하라.' 하셨습니다.

저는 어려서부터 상전上殿, 인목대비전에서 근무했습니다. 계축년 1613, 광해군 5에 병으로 나갔다가 그대로 서궁 유폐를 당하여 다시 들어가지 못했습니다. 3년 후, 광해군이 저를 자수에 능하다고 하여 불러 들였습니다. 계해년1623, 인조 1에 나와서 어머니의 집에 살았는데, 저의 어머니 4촌 형인 최 상궁이 어의궁의 궁녀였습니다. 이 인연으로 어의궁에 들어와 자수를 놓았는데, 얼마 안 되어 인목대비전에서 찾아 영안위궁으로 보냈습니다. 영안위궁의 아이가 여럿 요절하였고 또 생존한 아이도 병이 많았습니다. 그래서 신사神祀. 천신에게 지내는 제사를 했는데, 제가 주관하였으므로 늘 여러 신당에 왕래했습니다. 4월에 여러 신당을 철거할 때, 복개당 무녀는 조사한다는 말을 듣고 생모를 모시고 어의궁으로 들어갔습니다. 칙사가 왔을 때 또 조사한다고 하자 복개당 무녀는 영안위궁으로 와서 머물다가 5-6일 후에 돌아갔습니다. 그 후에도 또 영안위궁으로 와서 5-6일을 머물다 간 것이 두세 번입니다. 지난 6-7월 사이에 영안위궁의 큰 아이에게 병이 있어 신사를 하고자 했는데, 복개당 무녀가 혹 체포될까 두려워 신당에 혼자 가려하지 않았습니다. 그래서 제가 함께 신당에 간 것이 두세 번입니다. 그 후에 아이의 병세가 위급하여 기도하려고 어의궁에 갔다가 마침 비가 와서 자고 오기는 했지만, 복개당 무녀를 말을 보내 불러온 적은 없었습니다. 8월 초에 제가 복개당 무녀에게 술과 음식을 보낸 적은 있지만 달리 한 일은 없습니다. 여러 궁가의 사람들은 원손아기씨 문안으로 어의궁에 왕래했습니다. 이것은 괴이한 일이 아니고, 저주한 일은 전혀 모릅니다."

《추안급국안》, 기묘1639, 인조 17 내인등저주옥사추안

위에 의하면 1639년 여름과 가을 사이에 정명공주는 아이들이 아파서 여러 차례 굿을 했고, 그 굿은 측근 궁녀인 열이가 주관했

다. 1623년에 혼인한 정명공주는 1639년까지 아들만 6명을 출산
했다. 하지만 이 중에서 첫째, 다섯째, 여섯째는 요절하고 둘째,
셋째, 넷째만 살아남았다. 둘째가 1631년에 태어난 홍만용인데
첫째가 요절해서 사실상 그가 첫째였다. 1639년 당시 9살이던 홍
만용이 병들자 정명공주는 굿을 했다. 이미 3명의 아들을 잃은 상
황에서 또 홍만용까지 잘못될까 걱정했기 때문일 것이다. 이렇게
생각하면 전혀 의심할 일이 아니었다.

그러나 인조는 그 굿을 자신에 대한 저주의 굿이라 의심했다.
그런 인조가 이 문제를 깊이 파고들면 측근 궁녀는 물론 정명공주
와 영안위 홍주원 그리고 풍산 홍씨 일문 등이 저주사건에 연루될
것이 분명했다. 왕을 저주한 사건에 연루되면 그것은 곧 역적이었
다. 그렇게 되면 광해군 때의 계축 옥사나 서궁 유폐와 같은 참사
를 피할 길이 없었다. 이를 우려한 반정공신들은 이번에도 사건이
확대되는 것을 적극적으로 막았다. 그래서 열이, 명례, 애옥 등의
죽음으로 마무리 되고 정명공주에게까지 확대되지는 않았다. 이
와 관련하여 《연려실기술》에 이런 기록이 있다.

"기묘년인조 17, 1639에 임금이 병이 나서 자리에 누웠는데 궁중에서
저주의 변고가 일어났다. 임금이 한 외척 중신을 최명길의 집에
보내 이르기를, '과인의 병이 날로 중해지는데 의심스러운 단서가

이미 드러났다. 부득이 장차 외정外庭으로 나가서 치료해야겠으니 마땅히 경은 이 뜻을 알라.' 하였다. 대개 임금은 정명공주를 의심한 것이었다. 이에 최명길이 아뢰기를, '선조대왕의 골육으로는 다만 정명공주가 있을 뿐입니다. 이제 만약 옥사를 일으키면 반정한 뜻이 어디에 있겠습니까? 또 저주의 일은 예로부터 애매해서 밝히기 어려운 것이 많습니다.' 하였다. 그런데 며칠 뒤에 과연 임금이 궁중 저주의 일로 정명공주의 여종들을 체포하려 했다. 최명길이 빈청에 들어가 아뢰기를, '다만 별궁으로 이어하여 궁인들을 잡아 문초하소서.' 하고 청하니, 임금이 엄한 비지批旨, 상소에 대해 임금이 내리는 답를 내리고 허락하지 않았다. 최명길이 여러 번 청하자 임금이 크게 노하여 마침내 특명으로 최명길에게 심양에 사신으로 갈 것을 명령하였다. (중략) 최명길이 의주에 이르러 글을 올려 아뢰기를, '지금 궁중 저주의 변은 온 나라 신민이 함께 분하게 여기는 바입니다. 신의 어리석은 생각에 쥐를 잡으려다 그릇을 깰 우려가 있다고 판단하여 좋은 대책을 구하려 했으나 도리어 난처하게 되었습니다. 선조대왕은 왕자와 왕녀가 비록 많지만 정명공주와 영창대군을 만년에 보아 성장하기도 전에 승하하셨습니다. 지난 일은 말할수록 답답할 뿐이고 지금은 홀로 정명공주만 남아 있습니다. 지금 만약 애매한 일로 정명공주를 연루시켜 공주로 하여금 놀라고 근심하여 마음을 상하게 해서 천수를 누리지 못하고 죽게 한다면 오늘날의 수상이 된 자가 어찌 그 책임을 변명하겠습니까? 또 장차 무슨 얼굴로 선왕을 지하에서 뵐 수 있겠습니까?' 하였다."

정명공주의 삶에서 인목대비가 세상을 떠난 1632년인조 10부터 인조가 세상을 떠난 1649년인조 27까지 17년간은 서궁 유폐 10년 못지않게 불안한 시절이었다. 어떻게 보면 더 위험한 시절이었다. 서궁 유폐 시절 정명공주는 10대에 불과했기에 광해군의 표적이 되지는 않았다. 게다가 인목대비가 방패막이가 되어 주었다.

하지만 인목대비가 세상을 떠났을 때 정명공주는 30대로 접어들었다. 세상을 알만한 나이를 지나 세상을 바꿀만한 나이였기에 인조의 표적이 되기에 충분했다. 인목대비라는 든든한 방패막이도 사라진 상황이었다. 정명공주는 인생의 절정기인 30대와 40대를 숨죽이고 살아야 했다.

정명공주는 서궁 유폐의 10대 시절 붓글씨에 매달렸다. 절망에 빠진 인목대비를 위로하기 위해서였다. 하지만 정명공주는 30대와 40대에는 붓글씨를 일체 끊었다. 붓글씨로 명성이 올라가도 큰일이었고 붓글씨를 매개로 양반들과 교류해도 큰일이었기 때문이다. 정명공주는 '문한은 부인들이 할 일이 아니다.'라고 하며 한문 자체를 쓰지 않았다. 어쩔 수 없이 집안 식구 사이에 소식을

주고받을 일이 생기면 한글편지를 이용했다. 그러면서 정명공주
는 정치문제를 의도적으로 외면하였다. 나라소식을 전하는 저보
邸報 등은 보지도 않았다. 혹시라도 정치에 욕심이 있다는 의심을
받을까 두려워서였다. 정명공주는 몸소 바느질을 하며 가사에만
전념했다. 그렇게 인조의 의심에서 벗어나고자 노력했다.

　그런 노력은 종교문제에서도 나타났다. 1613년광해군 5의 계축옥
사 이래 1639년인조 17까지 30년 가까이 정명공주는 사경, 굿, 불공
등의 종교 활동에 몰두했다. 사람의 힘으로 어쩔 수 없는 막다른
골목에서 정명공주는 부처님, 옥황상제, 무속신 등에 매달렸던 것
이다. 그런 종교 활동으로 마음의 위안을 얻고 실제적인 효과를
보기도 했다. 그러나 인목대비가 세상을 떠난 이후, 정명공주의
종교 활동은 저주 활동으로 의심받았다. 그런 의심을 받지 않기
위해서는 사경, 굿, 불공 등을 그만두어야 했다.

　1639년인조 17의 위험천만한 사건을 겪은 후 정명공주는 기왕의
종교 활동을 접었다. 당시 정명공주는 37살이었다. 현실을 움직
이는 힘이 무엇인지 충분히 알 만한 나이였다. 사경, 굿, 불공 대
신 정명공주가 택한 것은 《소학》 등 주자학 공부였다. 조선시대
양반들이 존경해 마지않던 주희의 저작으로 알려진 《소학》을 공
부한다는 것은 정신적으로도 조선의 주류가 됨을 의미했다. 그것
은 곧 인목대비와의 종교적 단절을 의미하기도 했다. 정명공주와

인목대비는 사경, 굿, 불공 그리고 측근 궁녀들을 매개로 강력한 종교적 유대를 맺고 있었다. 그러나 1639년 시점에서는 인목대비도 없었고 측근 궁녀들도 없었다.

정명공주가 인목대비와 종교적으로 단절한다는 것은 핍박받는 약자나 소수자의 생각에서 벗어남을 의미했다. 계축옥사 이래 10여 년간, 인목대비는 핍박받는 입장에 있었다. 그때 인목대비는 사경, 굿, 불공 등의 종교 활동에 몰두했다. 인조반정 이후 대왕대비가 되어서도 여전히 사경, 굿, 불공에 몰두했다. 정신적으로 인목대비는 여전히 핍박받는 약자나 소수자의 입장에 있었던 것이다.

그러나 정명공주는 사경, 굿, 불공 등을 버리고 주자학으로 돌아섬으로써 저주 의혹에서 벗어날 수 있었을 뿐만 아니라 정신적으로도 주류의 입장에 설 수 있었다. 이는 유교사회 조선에서 정명공주가 살아남을 수 있는 방법이었고, 또 후손들이 조선의 주류로 성장할 수 있는 방법이기도 했다. 실로 멀고 먼 고난과 시행착오 끝에 정명공주는 명실상부 조선의 주류사회에 편입되었던 것이다.

이 같은 정명공주의 경험과 깨달음이 '자위수택慈闈手澤'이라는 글 속에 잘 드러나 있다. 자위수택은 정명공주가 80살 되던 1682년숙종 8년 8월에 막내아들 홍만회에게 써 준 것인데,《소학》에서 발췌했

다. 구체적으로는《소학》가언嘉言 광입교廣立敎 편에 들어있는 마원
馬援範의 '계자문戒子文'과 범질范質의 '계아시戒兒詩'이다. '가언'은 말 그
대로 성현들의 훌륭한 말씀이며, '광입교'는 가언 중에서 교육의
길을 넓히는데 관련된 글들이다.

마원은 중국 후한 때의 사람으로서 반란을 진압하기 위해 현재
의 베트남인 교지交趾에 출정했다. 그때 조카인 마엄과 마돈이 남
들을 비판하고 평가하는 것을 좋아하며 경박하고 건달 같은 사람
들과 어울린다는 소문을 들었다. 그래서 마엄과 마돈을 경계하기
위해 편지를 보냈는데, 그것이 소학에 실렸으며 다음과 같은 내용
이었다.

"나는 원하건대 너희들이 다른 사람의 허물을 들었을 때, 마치
부모의 이름을 들었을 때처럼 귀로만 듣고 입으로는 말하지 않았
으면 한다. 다른 사람의 장점과 단점을 논의하기 좋아하고 정치와
법령을 망령되이 시비하는 것을 나는 가장 미워한다. 차라리 죽을
지언정 자손들 사이에 이런 행실이 있다는 말을 나는 듣지 않기
원한다."

범질은 북송의 유학자로서 노국공에 봉해졌다. 범질이 재상이
되었을 때, 조카가 관직을 올려달라는 청탁을 했다. 그러자 범절

은 시를 지어 그를 타일렀는데, 그것이 소학에 실렸다. 내용은 성급히 관직을 구하지 말고 효경孝敬과 학문에 힘쓸 것, 치욕을 멀리하고 공손할 것, 방탕하지 말 것, 술을 즐기지 말 것, 말을 많이 하지 말 것, 헛된 명예를 추구하지 말 것 등이며, 다음과 같은 시구로 마무리 되었다.

만물은 성하면 반드시 쇠하는 법	物盛則必衰
일어남이 있으면 다시 폐함이 있네.	有隆還有替
빨리 이뤄지면 견고하지 못하고	速成不堅牢
빨리 달리면 넘어지는 일도 많네	亟走多顚躓
활짝 핀 정원의 꽃은	灼灼園中花
빨리 피면 먼저 지고	早發還先萎
더디게 자라는 시냇가 소나무는	遲遲澗畔松
울창하게 늦게까지 푸르구나.	鬱鬱含晚翠
타고난 운명에는 더디고 빠름이 있어	賦命有疾徐
청운은 힘으로 도달하기 힘든 것	靑雲難力致
말을 보내 제군들의 부탁을 거절하니	寄語謝諸郎
조급한 승진은 헛된 것일 뿐이리.	躁進徒爲耳

위의 시구에 나오듯 정명공주는 중년이 되어서야 '타고난 운명

에는 더디고 빠름이 있음'을 깨달았다. 그런 운명을 바꾸기 위해 사경을 하고 굿을 하고 또 불공을 드려도 부질없음도 깨달았다. 정명공주는 효경과 공손 등 유교의 핵심 덕목이 굿이나 불공보다 훨씬 요긴함을 깨달았던 것이다. 유교국가 조선에서 주류인물로 살아가기 위해 꼭 필요한 덕목은 굿이나 불공이 아니라 효경과 공손이었다.

정명공주는 항렬로 치면 인조에게 고모였지만 나이는 8살이나 아래였다. 정명공주가 워낙 늦둥이였기 때문이었다. 정명공주는 인조가 세상을 떠난 후에도 36년을 더 살았다. 그 36년은 지난 47 년간의 고난과 조심을 보상하듯 영광과 축복으로 가득했다.

인조 이후의 효종, 현종, 숙종은 정명공주에게 최고의 예우를 바쳤다. 이뿐이 아니었다. 83살까지 산 정명공주는 조선시대 공주들 중에서는 가장 장수한 공주였다. 또한 7남 1녀의 많은 자녀들을 두었으며 그 자녀들과 후손들이 크게 영달하였다는 점에서도 오복五福을 두루 누린 공주로 칭송받았다. 예컨대 우암 송시열은 '정명공주묘지貞明公主墓誌'에서 '공주는 부인의 존귀함으로 겸손하고 공손하며 어질고 후덕하여謙恭仁厚 오복을 향유하였다.'고 극찬했다.

정명공주가 말년에 큰 복을 받고 또 그 자손들까지 큰 복을 받은 것은 송시열의 언급대로 '겸손하고 공손하며 어질고 후덕하여'

서였다. 정명공주는 어렵고 힘든 세월 속에서 '겸손하고 공손하며 어질고 후덕하게' 사는 것이 목숨을 부지하는 길이며 나아가 복 받는 길임을 깨닫고 실천했던 것이다. 이런 정명공주의 일생을 송시열은 이렇게 묘사했다.

"우리 선조 35년1602에 주상이 말씀하시기를, '왕비 자리는 오래 비워둘 수 없다' 하셨다. 이에 우리 인목대비께서 간택에 응해 선발되셨다. 다음해 계묘1603에 정명공주를 탄생하시고, 또 왕비 되신지 4년 만에 영창대군을 탄생하셨다. 선조가 승하하시자, 간신들이 후계 왕을 선동하여 영창대군을 죽이고, 대비의 친정아버지 김제남을 사사하였다. 이어서 인목대비를 서궁에 유폐하여 조정의 예의를 모두 폐지하였다. 당시 공주는 겨우 10여 살이었는데 대비를 모시면서 곤궁한 상황에서도 정성과 효도를 다하셨다. 대비가 늘 자진하시고자 하다가도 말씀하시기를, '내가 너 때문에 차마 죽지 못한다.' 하셨다. 천계 계해1623 3월 13일, 인조대왕이 충의 신하들과 더불어 서궁에 가서 대비를 모시고 창덕궁으로 가 대왕대비의 호를 올렸다. 이에 인목대왕대비는 광해군을 폐위하라 명령하셨다. 공주가 그대 나이 21살이었다. 주상은 인목대비의 명령을 받들어 여러 명문대가에서 부마를 골랐다. 당시 홍주원이 여러 자제 중에서도 홀로 뛰어나셨다. 홍주원의 할아버지는 대사헌 홍이상이고, 할아버지는 참판 홍진으로서 월사 이정구가 그 외할아버지이시다. 선조 때 공주는 이미 '정명貞明'이라는 호를 하사받았다. 그해 12월 11일에 혼례가 이루어져 홍주원에게 영안위라는 칭호가 하사되었다. 살림집이 안궁방에 있었는데 공주는 이미 출합하고도 오히려 대비를 떠나지 못했다. 대비가 가라고 한 후에야 억지로 나가셨다. 그때 인목대비는 비록 온 나라의 봉양을 받으셨지만, 친정의 참화를 생각하시고 늘 슬퍼하셨다. 오직 정명공주가 대비를 측은히 여겼고, 인조 또한 대비의 뜻을 곡진히 받들어 공주의 집과 복장을 몹시 넉넉하게 하였다. 공주는 스스로 억제하였고 성품 또한 사치를 기뻐하지 않았다. 늘 말하기를, '선왕의 검소한 덕을 내가 직접 보았노라.' 하셨다. 무릇 궁에서 하사품이 있으면 여러 옹주의 가난을 생각하고 말하기를, '적은 것을 걱정하지 말고 고르지 못한 것을 걱정해야 한다.'라고 했다. 무릇 친척 중에 가난한 자가 있으면 친소를 따지지 않고 성심을 다해 도왔으며 고아나 과부가 있으면 더 도왔다. 그러므로 모든 친척이 말하기를, '나에게 덕을 베푸셨다.' 하였다. 공주가 홍씨의 제사를 올릴 때면 직접 제물을 잡고 예를 다하여 조금도 소홀히 하지 않았다. 그러므로 홍씨의 친척 중에 심지어 눈물을 흘리는 사람도 있었다. 공주는 직접 길쌈질을 하여 서궁 유폐 때와 다름이 없었다. 여러 아들들이 과

거에 연이어 합격하자 집안 사람들에게 말하기를, '나는 번성하고 가득 차는 것이 두렵다.' 하였다. 영안위 홍주원은 무하無何라고 스스로 호를 삼았는데, 무하공은 사람들을 사랑하여 집에 사람이 늘 가득했다. 공주는 마음을 다해 대접하고 친소나 귀천으로 차별하지 않았으니, 부귀를 보존하는 방도가 안팎으로 구비되었다. (하략)"

송시열, 정명공주묘지

세상을 떠난 정명공주는 영안위 홍주원의 무덤에 합장되었다. 영안위는 공주보다 13년 전인 1672년현종 13 9월 14일에 세상을 떠났고 개성 남면 조강리祖江里에 묻혔다. 그때 영안위의 묘비글 즉, 신도비명神道碑銘을 송시열이 썼는데, 정명공주의 묘지명 역시 송시열이 썼다.

정명공주의 죽음에 대하여《숙종실록》16권의 11년1685 8월 10일자 기사에는 '공주가 졸卒 하였다. 공주는 선조대왕의 딸로서 인목대비가 낳았다. 어려서 인목대비를 따라 서궁에 유폐되었지만, 인조가 반정한 후 영안위 홍주원에게 시집가 자손의 영달과 번창을 누리고 80살 넘도록 장수한 후 죽었다.'는 내용이 실려 있다. 이 짧은 기록에 정명공주의 파란만장한 삶이 압축되어 있다. 고귀한 공주의 신분으로 태어났지만 그 고귀한 신분 때문에 사바세계

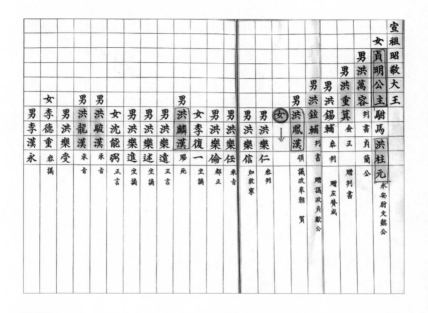

홍봉한, 홍인한, 혜경궁 홍씨 등 정명공주의 유명 후손들을 한 페이지 분량으로 가장 잘 보여주는 《돈녕보첩(敦寧譜牒)》, 한국학중앙연구원 장서각 소장

의 환난을 두루 겪어야 했던 정명공주! 그리고 40살 가까이 되어서야 '타고난 운명에는 더디고 빠름이 있음'을 깨달은 후 자손의 영달과 번창 그리고 80살 넘는 장수를 누리게 되는 정명공주!

이런 정명공주의 인생은 서정주 시인이 노래한 '내 누님같이 생긴 꽃'을 닮았다. 한 송이 국화꽃을 피우기 위해 봄부터 소쩍새는 그렇게 울었듯, 원숙한 깨달음을 얻기 위해 정명공주의 어린 시절은 그렇게 고통스러웠나 보다. 한 송이 국화꽃을 피우기 위해 천

둥은 먹구름 속에서 또 그렇게 울었듯, 원숙한 깨달음을 얻기 위해 인조 연간의 정명공주는 또 그렇게 위태위태했나 보다. 그립고 아쉬움에 가슴 조이던 머언 먼 젊음의 뒤안길에서 이제는 돌아와 거울 앞에 선 내 누님같이 생긴 꽃처럼, 사바세계의 환난을 두루 겪은 후 '타고난 운명에는 더디고 빠름이 있음'을 깨닫게 되는 정명공주의 굴곡진 인생은 보는 이들의 가슴을 저릿하게 울린다.

돌아보면 이 세상의 인생치고 그 어느 인생이 고귀하지 않으랴? 그런데 그 고귀한 인생들이 너나할 것 없이 사바세계의 환난으로 괴로워한다. 과거의 인생도, 현재의 인생도 또 고귀한 인생도, 비천한 인생도 그렇지 않은 인생이 없다. 그러나 노오란 꽃잎을 피워내기 위해 간밤의 무서리를 참아내는 국화꽃처럼 우리네 인생 역시도 원숙한 깨달음을 위해서는 사바세계의 환난을 이겨나가야만 한다. 그렇게 이 땅을 살아갔고 또 살아가고 있는 인생들 하나하나가 한국의 역사이고 철학이고 문화이다.

| 원전사료 및 간행자료 |

《선조실록宣祖實錄》

《선조수정실록宣祖修正實錄》

《광해군일기光海君日記》

《인조실록仁祖實錄》

《효종실록孝宗實錄》

《현종실록顯宗實錄》

《숙종실록肅宗實錄》

《승정원일기承政院日記》

《추안급국안推案及鞫案》

이익, 《성호사설星湖僿說》

남구만, 《약천집藥泉集》

이긍익, 《연려실기술燃藜室記述》

《돈녕보첩敦寧譜牒》(장서각 도서분류 2-1686)

《풍산홍씨대동보豊山洪氏大同譜》

| 단행본 및 논문 |

김용숙, 《조선조 궁중풍속연구》, 일지사, 1987

민영대, 《계축일기 연구》, 한남대학교 출판부, 1990

숙명여자대학교 박물관, 《조선조 여인의 삶과 생각》, 1996

한명기, 《광해군》, 역사비평사, 2000

지두환, 《선조대왕과 친인척》, 역사문화, 2002

지두환, 《광해군과 친인척》, 역사문화 2002

작자 미상, 조재현 옮김, 《계축일기》, 서해문집, 2003

홍기원, 《인목대비의 서궁일기》, 민속원, 2004

신명호, 《궁녀》, 시공사, 2004

김종민, 《조선시대 사경연구》, 대구가톨릭대학교대학원 예술학과 박사학위논문, 2007

신명호, 《조선왕비실록》, 역사의 아침, 2007

신명호, 《조선공주실록》, 역사의 아침, 2009

이미지 자료

본 저서에 삽입된 이미지의 대다수는 2004년 민속원에서 출간된 홍기원 저자의 《인목대비의 서궁일기》 내 자료들을 저자 및 출판사 허가 하에 수록하였음을 알려드립니다. 일부 출처에 대한 문의사항이 있으시다면 출판사로 문의주시기 바랍니다.

생각정거장

생각정거장은 세상의 수많은 생각들이 함께 머무는 공간입니다. 그리고 저자와 독자, 낯선 둘의
생각이 만나 신비로운 여행을 시작하는 곳입니다. 그 여정의 충실한 길잡이가 되어드리겠습니다.

화정, 정명공주

초판 1쇄 2015년 6월 10일

지은이 신명호
펴낸이 전호림 **편집총괄** 고원상 **담당PD** 이영인 **펴낸곳** 매경출판㈜
등 록 2003년 4월 24일(No. 2 - 3759)
주 소 우)100 - 728 서울특별시 중구 퇴계로 190 (필동 1가) 매경미디어센터 9층
홈페이지 www.mkbook.co.kr
전 화 02)2000 - 2610(기획편집) 02)2000 - 2636(마케팅) 02)2000 - 2606(구입 문의)
팩 스 02)2000 - 2609 **이메일** publish@mk.co.kr
인쇄 · 제본 ㈜M - print 031)8071 - 0961

ISBN 979 - 11 - 5542 - 301 - 1(03910)
값 14,000원